SALOMON REINACH
Membre de l'Institut

ÉPHÉMÉRIDES
DE
GLOZEL

Quod praecipuum munus annalium rear ne virtutes sileantur utque pravis dictis factisque ex posteritate et infamia metus sit (Tacite, Ann., III, 65).

« Le premier devoir des annales est de ne pas laisser le mérite dans l'oubli et d'effrayer ceux qui disent ou font le mal par la crainte de la postérité et de la flétrissure. »

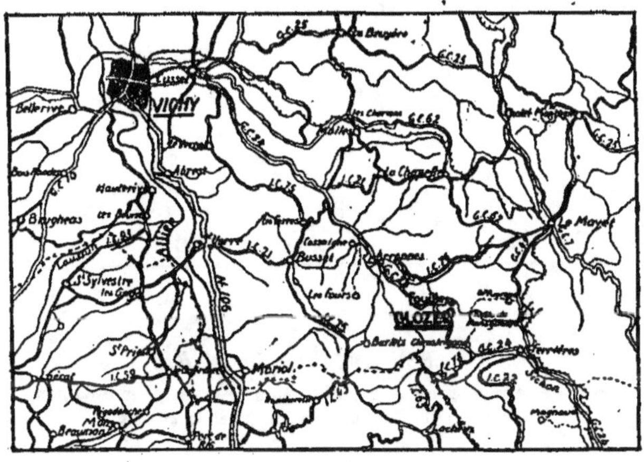

KRA - ÉDITEUR - PARIS

1re édition

ÉPHÉMÉRIDES

DE

GLOZEL

OUVRAGES DU MÊME AUTEUR

Manuel de Philologie classique, 2 vol., 1883-1884. (Nouveau tirage, 1907).

Traité d'épigraphie grecque, 1885.

Grammaire latine, 1886.

La colonne Trajane, 1886.

Conseils aux voyageurs archéologues, 1886.

Catalogue sommaire du Musée de Saint-Germain, 1887 (3e éd., 1899).

E. POTTIER et S. REINACH. *La nécropole de Myrina*, 2 vol., 1887.

Atlas de la province romaine d'Afrique, 1883.

Voyage archéologique de Le Bas en Grèce et en Asie Mineure, 1888.

Esquisses archéologiques, 1888.

Époque des alluvions et des cavernes, 1889.

Minerva, 1889 (6e éd., 1909).

Les Gaulois dans l'art antique, 1889.

L'histoire du travail en Gaule, 1890.

Peintures de vases antiques, 1891.

KONDAKOF, TOLSTOI, S. REINACH, *Antiquités de la Russie méridionale*, 1891.

Chroniques d'Orient, 2 vol., 1891, 1896.

Antiquités du Bosphore cimmérien, 1892.

L'origine des Aryens, 1892.

A. BERTRAND et S. REINACH, *Les Celtes du Pô et du Danube*, 1894.

Bronzes figurés de la Gaule romaine, 1894.

O. MONTELIUS et S. REINACH, *Les Temps préhistoriques en Suède*, 1895.

Épona, la déesse gauloise des chevaux, 1895.

Pierres gravées, 1895.

La sculpture en Europe avant les influences gréco-romaines, 1896.

Répertoire de la statuaire grecque et romaine, 5 vol., 1897-1924.

Répertoire de vases grecs et étrusques, 2 vol., 1899-1900.

Guide illustré du musée de Saint-Germain, 1899. (Nouv. éd., 1922).

H. C. LEA, *Histoire de l'Inquisition*, trad. par S. REINACH, 3 vol., 1900-1902.

La représentation du galop, 1901.

L'album de Pierre Jacques, 1902.

Recueil de têtes antiques, 1903.

Un manuscrit de la Bibliothèque de Philippe le Bon à Saint-Pétersbourg, 1904.

Apollo, histoire générale des arts, 1904 (11e éd., 1926).

Répertoire de peintures du Moyen-Age et de la Renaissance, t. I-V, 1905-1922.

Cultes, mythes et religions, t. I-V, 1905-1922.

Tableaux inédits ou peu connus, 1906.

Album des moulages et modèles en vente à Saint-Germain, 1908

Répertoire de reliefs grecs et romains, 3 vol., 1909-1912.

Répertoire de l'art quaternaire, 1913.

Orpheus, histoire générale des religions, 1909 (30e éd., 1921).

Chronologie de la guerre, 10 vol., 1915-1919.

Histoire de la Révolution russe (1905-1917), 1918.

Histoire sommaire de la guerre de quatre ans, 1919.

Catalogue illustré du Musée de Saint-Germain, 2 vol., 1917, 1921.

Répertoire de peintures grecques et romaines, 1922.

A short history of Christianity, 1922.

Monuments nouveaux de l'art antique. 2 vol., 1925.

Lettres à Zoé sur l'histoire des philosophies. 3 vol., 1926.

AVERTISSEMENT

Les Éphémérides, *qui sont le mode le plus détaillé de la chronologie, forment comme l'ossature de l'histoire et lui survivent, car, pour continuer la métaphore, quel que soit l'éclat ou le charme de la chair qui l'enveloppe, le squelette seul peut braver les siècles.*

Toutes les histoires de Napoléon ont vieilli ou sont appelées à bientôt vieillir ; mais le livre d'A. Schuermans, Itinéraire général de Napoléon (1908), *est, en sa sécheresse voulue, immortel. C'est dans cette conviction que j'ai déjà publié plusieurs chronologies qui, bien que modestes d'apparence, ne laisseront pas d'être longtemps utiles aux travailleurs : celles de la Vénus de Milo* (1), *de la Tiare d'Olbia* (2), *des découvertes et controverses sur l'art quaternaire* (3), *de la Grande Guerre* (4), *des fouilles d'Alesia* (5). *Voici donc la sixième, plus détaillée que*

(1) *Chronique des Arts*, 9 janvier 1897, p. 16.
(2) *Revue archéologique*, 1903, II, p. 104, et à part.
(3) *Répertoire de l'art quaternaire*, Paris, Leroux, 1913 (Introduction).
(4) *Chronologie de la guerre*, Paris, Berger-Levrault, 10 vol., 1915-1919.
(5) *Revue archéologique*, 1925, I, p. 26-100, et à part.

1

les précédentes. J'ai pu la composer, comme celle de la
Guerre, parce que j'ai pris des notes au jour le jour, dans
la pensée que c'était la plus mémorable querelle qui eût
encore divisé les savants et passionné l'opinion dans les
deux mondes. Mon épigraphe, empruntée à Tacite, en
dit plus long ; il est inutile de la commenter. Chacun trouvera ici ce qui lui est dû et l'avenir distinguera sans peine,
à la lumière de citations textuelles, les chercheurs honnêtes, les dupes et les « naufrageurs ».

Les excellentes chroniques du Mercure de France,
seul périodique qui, dès le début, ait assumé la lourde
tâche de faire accepter les découvertes extraordinaires
de Glozel, m'ont été d'une grande utilité ; je veux, une
fois de plus, en remercier les auteurs.

S. R.

PREMIERS INDICES
D'UNE ÉCRITURE PRÉHISTORIQUE
EN EUROPE

1752. — Le savant Velasquez de Velasco (de Malaga) affirme que les caractères ibériques sont antérieurs à la conquête de l'Espagne par les Romains, thèse approuvée en 1837 par Gesenius.

1863. — Ed. Lartet et H. Christy, fouillant dans la grotte de La Madeleine (Dordogne), y trouvent un os portant des caractères gravés, publié plus tard dans l'ouvrage posthume *Reliquiæ aquitanicæ* (1875), pl. B, xxvi [voir pl. 12, 1].

1864. — Brouillet fils et Meillet publient à Poitiers un ouvrage intitulé : *Époques antédiluvienne et celtique du Poitou*. Quelques gravures de ce livre reproduisent des os portant des caractères sanscrits; la fraude, bientôt démasquée, était due à Meillet. (S. Reinach, *Alluvions et Cavernes*, p. 128).

[Les détracteurs de Glozel n'ont jamais expliqué pourquoi le prétendu faussaire n'aurait emprunté aucun caractère aux alphabets sanscrit et hébreu.]

1872. — A l'Institut britannique d'anthropologie (3 déc.), T. Rupert Jones lit un mémoire sur les os des cavernes du Périgord portant des signes (réimprimé *Reliquiæ aquitanicæ*, p. 183-201).

1885. — Le prof. A. Sayce, dans l'*Ilios* de Schliemann (trad. franç., p. 901), écrit, à propos d'inscriptions sur fusaïoles et vases trouvés à Troie : « De tous les résultats des fouilles d'Hissarlik, un des plus considérables est la découverte, à la pointe N.-O. de l'Asie Mineure, d'une écriture certainement très antérieure à l'introduction de l'alphabet phénicien ou grec dans cette région. »

Le caractère *européen* et non *asiatique* de la civilisation d'Hissarlik ne fait plus doute pour personne.

1890. — Flinders Petrie découvre en Égypte, sur des poteries très archaïques de Kahun et de Gurob, des signes linéaires gravés à la pointe. Amélineau et J. de Morgan en découvrent d'analogues à Abydos (Égypte) et à Negadah, d'où l'expression de « linéaire d'Abydos » employée par Piette (*Anthropologie*, 1905, p. 11).

1891. — Le portugais Estacio de Veiga, commentant un tesson de vase avec signes linéaires, écrit *(Antig. monumentaes do Algarve*, t. IV, p. 298) : « Il est démontré que, pendant le dernier âge de la pierre, il existait dans la Péninsule un langage écrit, figuré par des caractères graphiques, identiques à ceux d'outre-Tage à l'âge du

bronze et des inscriptions d'Algarve appartenant au
premier âge du fer. »

C'est, à ma connaissance, la première affirmation de l'existence
d'une écriture néolithique, source indigène de ces écritures ibériques dont on n'a cessé à tort d'admettre l'origine phénicienne
(voir HÜBNER, *Monum. linguæ ibericæ*, Berlin, 1893, p. XXXI).

1892 (?) — On trouve, en déboisant une partie du
champ dit *des Durantons* à Glozel, dominant le gué du
Vareille, des poteries et des briques qu'on brise (*Merc.*,
1er juillet 1926, p. 94).

1893. — Francis Pérot publie une notice sur un atelier
de fabrication de bracelets en schiste dans l'Allier,
sur la colline de Malbruno, cne de Montcombroux. C'est
plus tard seulement qu'on trouva, sur un de ces fragments de schiste, des signes glozéliens (*Bull. Soc. naturelle d'Autun*, t. v, tir. à p. à Saint-Germain, no 9884).

MÊME DATE. — S. Reinach publie dans l'*Anthropologie* (p. 539, 699) et à part un mémoire intitulé : *Le
mirage oriental* (réimprimé *Chroniques d'Orient*, Leroux,
t. II, appendice). Il n'y est pas question de l'alphabet,
mais « d'une civilisation néolithique primitive ayant
rayonné en éventail de l'Europe centrale ou de l'Europe du Nord. »

P. 27 du tir. à p. : « Cette civilisation primitive d'Hissarlik et
de Chypre est identique, comme on le sait aujourd'hui, à celle
de l'Archipel et de la Grèce préhistorique ; *on est donc amené à en
chercher l'origine en Occident.* »

MÊME DATE. — Arthur Evans constate l'existence

d'un système graphique inconnu sur les intailles de
l'Archipel.

Evans commença ses fouilles à Cnossos en Crète au début de
1895. Dès 1880, l'Américain Stillman avait constaté, le premier,
des signes graphiques à Cnossos et les avait publiés en 1881.

1894. — Les R. P. Brenha et Rodrigues, religieux
portugais, découvrent sous un dolmen de la région d'Alvao (N.-E. du Portugal), dans un milieu où il n'y a pas
la moindre trace de métal, des sculptures, gravures et
inscriptions de l'âge de la pierre, publiées en 1903 seulement (voir à cette date).

La Serra d'Alvao est une région montagneuse, proche du bourg
de Pouca d'Aguiar, où il y a de nombreux dolmens de type très
ancien.

1894-1896. — S. Reinach publie dans l'*Anthropologie* (1894, p. 15, 173, 288 ; 1895, p. 18, 393, 549, 662 ;
1896, p. 168) une suite d'articles illustrés sous le titre :
*La sculpture en Europe avant les influences gréco-ro-
maines* (à part, 1896), d'où il convient de détacher les
passages suivants qui semblent annoncer les découvertes de Glozel (la pagination est celle du tir. à p., devenu très rare) :

P. 5 : « Rien n'est venu confirmer les hypothèses téméraires qui
cherchaient à mettre l'art des Troglodytes en relation avec celui
de l'Égypte et de la Babylonie. Mais je me demande si un avenir
prochain ne me fera pas condamner les lignes suivantes, écrites
par moi il y a cinq ans (1889) et depuis citées et même louées plus
d'une fois : « Le caractère qui frappe tout d'abord quand on étudie
cet art, c'est son isolement dans la suite des temps. On ne voit
point de tradition plus ancienne d'où il dérive ni de tradition plus
récente qui lui doive son origine. » Une telle manière de voir im-

pliquait l'hypothèse, aujourd'hui très compromise, d'un *hiatus*
effectif entre l'époque du renne et le début des temps actuels qui
lui font suite. Une fois cette idée de l'*hiatus* écartée, celle de la disparition brusque et complète de l'art quaternaire devient singulièrement problématique. Il suffirait d'une seule fouille heureuse
(Glozel!) pour mettre fin à cette illusion... L'hiatus entre le paléolithique et les temps actuels tend à se combler. »

p. 31 : « Le fait que les urnes à visage de Troie sont plus anciennes de beaucoup que celle de la Prusse orientale ou de la vallée du Rhin n'établit nullement que le type en question soit d'invention troyenne et ait rayonné de là vers le nord de l'Europe.
Les sculptures de la Marne représentent un stage antérieur du
même type, exactement comme les ornements en fer à cheval de
Gavrinis sont le prototype, sur granit, des éléments décoratifs de
vases mycéniens. Ce que nous trouvons dans l'Europe de l'ouest
et dans celle du nord, ce sont les survivances de modèles très anciens, qui se sont conservés longtemps à l'abri d'influences étrangères, tandis qu'en Grèce et sur le sol de l'Asie-Mineure ils ont pour-
suivi une évolution rapide. »

p. 102 : « L'avenir dira s'il est possible d'établir une connexion
quelconque entre ces dernières œuvres (les femmes nues en ronde-
bosse sculptées à l'époque quaternaire en France) et les divinités
nues de l'Archipel. Pour le moment, il y aurait presque folie à l'affirmer ; mais qui peut dire qu'il en sera encore de même dans dix ans ? »

p. 141 : « Je refuse de croire que toute lumière nous est venue de
l'Euphrate et du Nil ; je pense que le Danube et le Rhin ont quelque droit à n'être pas négligés et que les barbares d'avenir qui
habitaient les bords de ces fleuves n'étaient pas réduits à tout
recevoir du dehors. » ·

1896. — Édouard Piette publie et commente, dans
l'*Anthropologie* (p. 385 et suiv., avec atlas), les galets
coloriés, avec signes graphiques peints, qu'il a découverts au Mas d'Azil (Ariège) et que le public savant avait
vus pour la première fois, non sans suspicion, à l'exposition universelle de 1889 (*Anthropologie*, 1891, p. 141).

P. 397 : « On ne sculpte plus ; on ne grave plus ; on peint. On ne représente plus des hommes et des animaux ; on figure des signes graphiques. »

p. 413 : « *Peut-être plus tard la découverte heureuse de quelques anciennes inscriptions*, soit dans la péninsule ibérique, soit sur d'autres terres plus éloignées, permettra d'intérpréter les vieux graphiques des galets coloriés dont le sens nous paraît actuellement impénétrable. »

p. 425: « Neuf signes graphiques du Mas d'Azil sont identiques à des caractères du syllabaire chypriote. Huit signes aziliens, dont quelques-uns sont aussi chypriotes, font partie de l'alphabet égéen. En retrouvant dans les alphabets chypriote et égéen et dans l'écriture usitée en Asie Mineure avant la guerre de Troie des caractères aziliens, on est fondé à croire ou que des invasions d'Occident aient porté dans ces régions, à une époque très réculée, l'écriture en usage dans les pays pyrénéens, ou que l'écriture rudimentaire du Mas d'Azil ait été, aux temps préhistoriques, le patrimoine commun du littoral septentrional de la Méditerranée et de l'Archipel... La tradition nous a conservé le souvenir d'une civilisation très ancienne dans la péninsule ibérique. D'autre part, nous savons par les Égyptiens qu'une émigration partie de l'Atlantide, avant l'effondrement de cette île, se dirigea vers la Grèce où l'une de ces bandes fut défaite par les Athéniens (1)...

« Si l'on joint aux peintures du Mas d'Azil la gravure sur renne de Gourdan et si on les compare aux caractères de l'alphabet phénicien, on voit que *onze* signes de notre écriture préhistorique ont passé, avec leur forme azilienne, dans cet alphabet... *Les Phéniciens étaient un peuple de marchands ; ils ont pris partout, et notamment dans le voisinage des Pyrénées, les signes graphiques qui leur semblaient les plus commodes pour traiter et correspondre.* Ces signes ont changé de valeur entre leurs mains, mais non de forme. Les Grecs, dont les anciens syllabaires avaient beaucoup de caractères communs avec l'alphabet azilien, ont adopté la réforme phénicienne avec d'autant plus de facilité qu'ils retrouvaient, dans les lettres phéniciennes, des formes qui leur étaient familières. »

p. 426-27 : « Ces cailloux peints qui nous semblaient d'abord couverts de simples barbouillages sont l'expression d'une des plus grandes conquêtes de l'esprit humain. Aux préoccupations artistiques avaient succédé les préoccupations intellectuelles, et la grotte

(1) Mythe de Platon, sans valeur historique. — S. R.

du Mas d'Azil, aux temps aziliens, nous apparaît comme une vaste école où l'on apprenait à lire, à compter, à écrire et à connaître les symboles religieux du dieu solaire. » [Voir pl. 12].

Ce mémoire génial de Piette ne fut point apprécié des archéologues officiels, qui firent le silence à son sujet ; mais il trouva, comme nous le verrons, des lecteurs moins sceptiques parmi les amateurs d'Allemagne et du Portugal. ·

1897, 17 juin. — Piette lit, à la Société d'anthropologie de Paris, un mémoire intitulé : *Origine de nos alphabets* (voir l'*Anthropologie*, 1905, p. 8).

1900. — Dans la *Revue des études anciennes* (t. II, p. 136), Camille Jullian étudie une inscription sur plaque de plomb, en caractères inconnus, trouvée à Carpentras, conservée au musée Calvet d'Avignon et publiée par Espérandieu. Il y a là des lettres ibériques, avec quelques éléments lyciens (?) [Voir pl. 12, 8]. L'auteur écrit (p. 136) ces lignes mémorables :

« Il est probable qu'en cherchant avec soin... on constaterait l'existence, même en Gaule propre, sinon d'un alphabet complet, du moins de caractères autres que ceux de Grèce et de Rome et apparentés ou empruntés aux alphabets ibériques ou italiotes. »

Au début des trouvailles épigraphiques de Glozel, Camille Jullian proposait à Morlet d'y reconnaître « l'aphabet carpentoractien ». C'est seulement plus tard qu'il céda au mirage d'une cursive latine inexistante.

1902. — On constate, sur des vases découverts à Or-
chomène en Béotie, l'existence de l'écriture égéenne dans
la Grèce continentale (*Rev. archéol.*, 1903, I, p. 426).

MÊME DATE. — A propos de la pendeloque de
S. Marcel (Indre), au revers de laquelle sont gravés
des caractères, Breuil écrit *(Anthrop.*, 1902, p. 154) :

« Il me semble impossible de n'y voir qu'un simple griffonnage
sans signification et de nier qu'on soit en présence d'une sorte
d'inscription. Ce sentiment a été partagé par toutes les personnes
qui l'ont examinée, en particulier par M. S. Reinach. »

1903. — Ricardo Severo publie un long article illustré
sur les découvertes d'Alvao (voir 1894) dans la Revue
Portugalia, Materiaes para o estudio do povo portuguès,
t. I, 4e fasc., Porto, 1903, p. 687 et suiv. Des publications partielles avaient été faites en 1895 et 1898
(*Archeologo Portuguès*, t. I et IV) et dans Leite, *Religioes*,
t. I, 1897. Les objets sont conservés, depuis 1898, à
Povoa de Varzim, où ils ont été vus et jugés authentiques par Breuil, Mendes Correa et autres :

P. 689. R. Severo rappelle les doutes qui l'ont d'abord tourmenté
en voyant un mélange d'objets magdaléniens et néolithiques.

p. 690. Les ustensiles communs de pierre polie se sont rencontrés dans toutes les *antas* (dolmens), tandis que les pierres sculptées et inscrites ont été trouvées dans un seul mégalithe mieux
conservé que les autres, nᵒ VIII de la fig. 9 (p. 697).

p. 691. Rapport des R. P. José Brenha et Raph. Rodrigues.
Pierres polies, éclats divers, galets avec cupules (pl. XXXI ;
objet presque identique à Glozel, Morlet I, p. 8). — Cupules dispo-
sées symétriquement (pl. XXXII). — Galets triangulaires percés,
objets ronds avec point central et rayons gravés (pl. XXXIV).
— Idoles féminines à seins proéminents, sans jambes, d'un style

affreux (pl. XXXVI). — Dessins au trait d'animaux, parfois sur galets troués, comme un sanglier avec inscription de trois lettres (pl. XXXVII). — Animaux gravés, chasseur (pl. XXXVIII). — Animaux gravés, oiseau (pl. XLI). — Sanglier gravé (pl. XLII). — Animaux gravés, chasseur de cerf (pl. XLIII). — Quatre inscriptions sur pierres (pl. XLIV). — Deux inscriptions (pl. XLV). — Quelques objets ont été reproduits dans le texte en photographie et témoignent de la bonne foi du dessinateur inexpérimenté. — Une pierre zoomorphique acquise par Leite de Vasconcellos est publiée dans son ouvrage, *Religioes* I, p. 342 [Voir pl. 14-16].

Ricardo Severo fixa sans hésiter la date des trouvailles d'Alvao (prov. de Tras os Montes) : station néolithique, avec survivances de l'âge du renne. S'inspirant des travaux de Piette (1896), il soutint la thèse de l'origine occidentale non seulement de l'écriture ibérique d'Espagne, mais des écritures linéaires de la Méditerranée orientale. La difficulté était de faire accepter l'authenticité des trouvailles, témoin l'article que S. Reinach publia dans la *Revue archéologique*, 1903, II, p. 430 :

« Il est question, à propos d'un groupe de dolmens dans la province de Tras os Montes, d'une série bien extraordinaire de pierres sculptées et gravées. A la suite de pierres à cupules, on trouve des silex en forme d'hommes et d'animaux, des pierres sur lesquelles sont gravées à la pointe des figures d'animaux et des inscriptions à facies mi-celtibérien, mi-égéen. Jusqu'à nouvel ordre, c'est-à-dire jusqu'à preuve formelle du contraire, je considère ces pierres sculptées et gravées comme le produit d'une mystification. J'aimerais à connaître, à ce sujet, l'opinion des autres savants du Portugal. »

1904. — Au congrès préhistorique de Beauvais (1909, p. 250-53) et dans l'*Homme préhistorique* (1904, p. 74), il est question d'un anneau de schiste découvert par Debruge à Canneville près de Creil, portant des

traces peu distinctes de caractères gravés (cf. *Merc.*
1er nov. 1926, p. 705).

MÊME DATE. — E. Cartailhac rend compte à son
tour (*Anthrop.*, 1904, p. 389) de l'article de R. Severo
et conclut aussi à une mystification :

« L'auteur est le disciple fidèle de nos regrettés amis Ribeiro et
Sarmento... C'est avec une véritable stupéfaction que j'ai lu son
mémoire... Le mobilier funéraire offre des pierres avec écuelles
ou godets disposés de telle manière que l'on nous donne pour terme
de comparaison les galets coloriés du Mas d'Azil ; puis ce sont des
pierres trouées, d'autres avec des soleils radiants, avec une collection d'animaux gravés ou sculptés en ronde bosse — une véritable
arche de Noé. Et ce n'est pas tout !

On nous parle encore de pierres à inscriptions, de tablettes épigraphiques ! Le résultat de mon examen m'a obligé d'écrire à
M. R. Severo que si son nom ne figurait pas dans ce mémoire, je
n'hésiterais pas à croire à une mystification grossière. Notre confrère a bien voulu me répondre. Il a fait une enquête qu'il me dé-
taille et il n'a trouvé aucune raison de se méfier. Les premiers doutes se sont sensiblement dissipés. Il est bien facile à rassurer !...
J'ai jugé trop vite les peintures préhistoriques d'Altamira et j'ai
dû faire naguère (1902) mon public *mea culpa*. Certes, c'est une
leçon qui ne doit pas être perdue. Mais il y a cependant des limi-
tes qu'il ne faut pas franchir et j'attendrai, pour m'occuper davantage de ces découvertes portugaises, des démonstrations plus favorables (?) que celles que j'ai lues. »

1905. — Ed. Piette publie dans l'*Anthropologie* (p. 1-11)
un article sur les écritures de l'âge glyptique, où il étudie les os gravés de signes à l'âge du renne :

« Les deux seules inscriptions linéaires des temps glyptiques que
nous possédions ne sont pas de la région pyrénéenne, mais de la
partie septentrionale du bassin de la Garonne *et du centre de la
France*... La découverte des écritures pleistocènes apporte un
précieux adjuvant aux idées de M. Petrie qui prétend qu'à une

époque très reculée, dans toutes les régions baignées par la Méditerranée, une même écriture a été en usage, ne présentant que des
différences peu considérables. » [Voir pl. 12].

1906. — Ricardo Severo répond à ceux qui ne croient
pas à l'authenticité des découvertes d'Alvao (*Portugalia*, 1906, t. II, p. 113). Il allègue l'appui qu'il a trouvé chez le Rev. H. J. Dukinfield Astley (*Athenaeum*,
31 jr. 1904), qui s'autorisait d'Alvao pour faire accepter
des découvertes de John Bruce au nord de la Clyde, à
l'est de Dumbarton *(Proc. Soc. Antiq. of Scotland*,
XXXIV, 1899-1900), découvertes crues authentiques
par A. Lang, mais contestées par R. Munro et
beaucoup d'autres (1) :

P. 114 : « Il est vraiment curieux qu'en Écosse on ait fait des
découvertes analogues à celles de Villa Pouca. »

1907. — Au Congrès préhistorique de France, Paul de Mortillet, un des fils de Gabriel, étudie (p. 370) les anneaux néolithiques
en pierre, très fréquents dans l'Allier, en particulier d'après les
découvertes de Pcrot (1893). Il rappelle que dans les grottes du
Petit-Morin (Marne) on a trouvé 24 fragments de bracelets de
schiste percés d'un trou à chaque extrémité et 6 fragments percés
d'un seul trou (cf. *Revue du Bourbonnais*, 1892, p. 85).

1908. — A la p. 235 du tome I de son *Manuel d'ar-*

____

(1) Voir Rob. Munro, *Archaeology and false antiquities*, Londres,
Methuen, s. d. p. 169 : « J'ai vu l'article de *Portugalia* et les conclusions
de M. Astley *(Journal of the British Archeol. Assoc.*, avril-août 1904. »
Munro n'admet pas qu'il existe aucun rapport entre ces antiquités et
cite l'article de la *Rev. archéol.* (1903) pour déclarer fausses celles du Portugal. Cf. Dukinfield Astley, *Portuguese parallels to the Clydeside dis-
coveries*, 1904. — La question a besoin d'être reprise, mais ne peut l'être
qu'en Angleterre, les pièces du procès faisant défaut dans nos bibliothè-
ques. — S. R.

chéologie, Déchelette réunit les inscriptions et marques alphabétiques sur os de renne (excepté l'inscr. de S. Marcel, 1902 ; voir pl. 12, 3). Déchelette repousse la tentative de Letourneau (1893) pour reconnaître le caractère alphabétique de signes gravés sur les dolmens, mais ajoute sagement (p. 608) :

« Depuis que nous connaissons, par de récentes découvertes, l'existence d'une écriture égéo-crétoise primitive répandue dans les régions méditerranéennes jusqu'en Espagne, il ne serait pas trop téméraire de rechercher avec circonspection sur nos dolmens, et particulièrement dans les provinces du sud-ouest, quelques traces de ce même système graphique. »

1912. — Flinders Petrie publie son ouvrage *The formation of the Alphabet*, résumé plus tard par l'auteur lui-même dans *Scientia*, 1918, p. 438 et par Gsell, *Hist. de l'Afrique du Nord*, t. VI, 1927, p. 193 : « Un corps d'écriture, d'origine non pictographique, aurait été constitué en Égypte au moyen de marques usitées dans ce pays ; au cours du second millénaire av. J.-C., il se serait répandu à travers différents pays et, par suite de sélections et de modifications, aurait donné naissance à diverses écritures, syllabaires et alphabets depuis l'Espagne jusqu'au sud de l'Arabie. »

« Il est impossible, dit Flinders Petrie, que le court alphabet phénicien ait été le point de départ de tous les systèmes d'écriture connus. L'origine des alphabets ne peut être trouvée que dans un corps de signes très étendu. Nous ne sommes qu'au début de ce grand problème et un jour viendra où un plein panier de tessons, trouvés dans quelque ville inconnue d'Asie-Mineure ou de Mésopotamie, ouvrira un nouveau chapitre (1). »

(1) Trad. de Morlet, *Merc.*, 15 déc. 1927, p. 566-67.

Sur quoi Morlet a fait observer (1927) : « Il semblerait que les Égyptiens eux-mêmes aient tout d'abord puisé dans le fonds néolithique, puisque dans les fragments d'écriture linéaire que représente Fl. Petrie nous retrouvons nos signes de Glozel. »

MÊME DATE. — Un médecin militaire allemand, G. Wilke, publie à Würzbourg un ouvrage intitulé : *Südwesteuropäische Megalithkultur und ihre Beziehungen zum Orient.* S. Reinach en rend compte dans la *Revue archéol.*, 1914, I, p. 142 :

« Encore un adversaire du Mirage oriental (1) ! A l'encontre de Montelius et de la grande majorité des savants, l'auteur admet que les plus anciens types des dolmens et allées couvertes se trouvent en Espagne et en Gaule, que les allées couvertes de la Grèce préhistorique en représentent un développement très postérieur et que la civilisation mégalithique a cheminé, transportée par des navigateurs, d'Occident en Orient. Le centre de diffusion doit être dans le S.-O. de l'Europe. »

L'opinion de Wilke fut adoptée par R. von Lichtenberg dans un article de *Mannus*, p. 295, tiré en partie du mémoire de R. Severo et intitulé : *L'ancienneté de l'écriture alphabétique aryenne.* L'épithète *aryenne* est naturellement absurde, mais en rapport avec les tendances du groupe de *Mannus*.

1913. — H. Breuil, *La Pasiega*, p. 364. Dans cette caverne de la province de Santander, Breuil figure et décrit ce qu'il appelle une *inscription symbolique*, comprenant, entres autres signes, « un E majuscule dont la petite barre centrale serait géminée ». Il ajoute que des

____

(1) L'opuscule de S. Reinach avait été popularisé en Allemagne par un démarquage du Viennois Much. Cette thèse des origines occidentales et, par suite, non sémitiques, trouva faveur dans le milieu des préhistoriens *racistes* et antisémites qui suivaient les impulsions de Kossina, professeur à Berlin, et de son organe *Mannus*. Ce serait une histoire amusante à raconter.

figures en forme d'E existent sur les galets coloriés du Mas d'Azil et sur le plafond d'Altamira. « L'inscription est certaine, mais elle ne dira jamais son secret. »

MÊME DATE. — Nouvel ouvrage du médecin militaire allemand Wilke (voir 1912, 2), intitulé : *Kulturbeziehungen zwischen Indien, Orient und Europa.* L'auteur parle des dolmens d'Alvao, qu'il place au 5e ou au début du 4e millénaire av. J.-C. (p. 5). Il compare les pierres à cupules d'Alvao à une semblable du Bohuslän (Suède) et à une autre du N.-O. de l'Inde (p. 15). Les anneaux-disques en pierre appartiendraient, à son avis, au néolithique le plus ancien et seraient plus anciens dans l'ouest de l'Europe qu'en Égypte ; il y voit des anneaux de jet *(Wurfringe)*, ce qui n'est ni neuf ni vrai. Wilke a publié une statuette néolithique de Babska, Espagne, au musée de Vienne, qui ressemble aux menhirs sculptés de l'Aveyron (p. 12).

S. Reinach, dans la *Revue archéologique* de 1913 (I, p. 96), a rendu compte de ce travail sous le titre : *Les débuts de l'écriture* :

« Une théorie très hardie sur l'origine de l'écriture a été exposée par M. Wilke. Les sépultures mégalithiques (1) de Pouca d'Aguiar (N. du Portugal) ont fourni des dessins et des sculptures ainsi que de nombreux signes... dont les similaires se sont rencontrés sur d'autres points de la presqu'île ibérique. Les signes de Pouca d'Aguiar, les plus anciens de tous, font songer à d'autres pictographes (2) signalés en Orient, tant en Égypte et en Crète qu'en Lycie, à Chypre et à Mycènes. M. Wilke admet un rapport de parenté

(1) Faux, il n'y en a qu'*une.* — S. R.
(2) Expression vicieuse ; il s'agit de signes linéaires abstraits. — S. R.

entre les signes portugais et les signes crétois; les premiers seraient
les plus anciens et une survivance de la pictographie azilienne. De
même, les dessins pictographiques du Portugal seraient des survivances de l'art du Mas d'Azil. On trouve déjà une théorie analogue dans le mémoire téméraire (1) publié par Piette (1896) au
sujet des galets peints du Mas d'Azil. »

1917, décembre. — Dans le *Bulletin de la Société
préhistorique française* (p. 507), Fr. Perot, qui l'a
reçu de l'instituteur Clément, publie un morceau de
schiste noir de l'atelier de bracelets de Malbruno à
Montcombroux, près de la gare de Peublanc, sur lequel
se voient des signes glozéliens (cf. *Merc.*, 1ᵉʳ janv. 1927,
p. 198 ; voir pl. 12, 7).

Il publie aussi une hache de schiste polie, avec signes
gravés dont l'un ressemble à un X, trouvée dans la commune de Saussat (Allier). En 1918, dans le même recueil, il fait connaître un autre schiste gravé et une pierre
gravée sur les deux faces qui affecte vaguement la forme d'un animal.

A en croire Vayson, suivi (hélas !) par Sir A. Evans, c'est le premier schiste, montré par Clément à Émile Fradin, qui aurait
suggéré à ce dernier toutes les inscriptions glozéliennes !

1918. — La famille Fradin acquiert la ferme et la
terre de Glozel, où elle travaillait depuis 1870 environ ;
un premier labour superficiel est exécuté sur le terrain
dit *les Durantons* (1892) qui jusque-là et puis jusqu'en
1924 a servi de pacage (*Rapport de la commission*, 1927,
p. 7, d'après des renseignements oraux).

(1) « Téméraire » est bientôt dit. S. Reinach n'est pas fier du tout d'a-
voir écrit cela en 1913. Du moins avait-il pris la peine de rendre compte
d'un livre sur lequel on a fait le silence presque partout.

1923. — Glotz écrit ces lignes à retenir dans son livre *La civilisation égéenne*, p. 425 : « Le plus simple est d'admettre... que les Crétois et les Égyptiens puisèrent également à la source primitive des écritures néolithiques. »

DÉBUT DES FOUILLES DE GLOZEL

1924

JANVIER 11. — L'inspecteur d'Académie invite les instituteurs et institutrices de l'Allier à lui faire connaître, à l'occasion, les richesses archéologiques de leur commune.

MARS 1. — Émile Fradin, né en 1906, labourant le champ abrité des Durantons (1), face au gué de la rivière le Vareille, affluent du Sichon, ramène, avec le soc de la charrue, deux briques à cupules. Le soir, il fouille encore un peu et met au jour une longue fosse ovalaire ; les terres de remblai contenaient des poteries et des scories (Morlet, I, p. 1 ; IV, p. 5 ; *Merc.*, 15 août 1926, p. 185).

MARS 2. — Émile découvre, à 0ᵐ50 de la fosse, une brique avec signes et la met à sécher dans le jardin de la ferme.

Cette découverte, qui gêne la thèse de M. Dussaud, a été, sans l'ombre de raison, contestée par lui.

(1) On écrit aussi : *Les Duranthons.*

MARS 15 (environ). — Mlle Picandet, institutrice
à Ferrières-sur-Sichon, se rend en promenade avec ses
élèves à Glozel. « En outre de la superbe fosse ovalaire
que M. Fradin avait fort bien conservée et dont les
murs, recouverts d'un suintement de verre, resplen-
dissaient au soleil, la collection comprenait déjà deux
empreintes de main, la première brique à signes, deux
tranchets, une petite hache, le tranchant d'une hache
brisée (1), de nombreux débris de poterie et plusieurs
morceaux de supports de creuset. » (Picandet, *Mercure*,
15 août 1926, p. 185).

MARS 20. — Mlle Picandet envoie une lettre à l'inspecteur d'Académie (*Merc.*, 1er mai 1927, p. 710. avec
erratum, 1er juin, p. 484). Glozel occupe, suivant les
propos qu'elle a recueillis, l'emplacement d'une très
ancienne ville dite *des Clairières*, remontant à 300 au
moins av. J.-C. ; d'après la légende, cette ville de près de
7000 âmes était située entre *Chez Gentil* et *Chez Demon*.
Les sacrifices aux dieux avaient lieu sur la montagne
de Clairières. La ville aurait été détruite par les Visi-
goths.

Émile montra à Mlle Picandet, qui venait voir les restes de la
ville détruite, une dalle de 30 × 15 portant l'empreinte d'une main
très large, déterrée par la charrue. Elle proposa à Émile de fouiller
un peu, sur quoi, à 1 mètre du sol, on découvrit un dallage de
briques semblables, posées deux à deux à plat sur le sol, sur une
longueur d'environ 2^m^ 50 ; sous les dalles, une couche de pierres,

---

(1) Cet objet, en silex blanc, ne peut provenir de la couche archéologique ; il est plus récent. — S. R.

puis du ciment, puis une terre rouge. « Plus profond, des débris
d'ossements, un morceau de fer qui semble avoir été façonné ;
de nombreux morceaux de poterie qui semblent avoir été des
urnes funéraires. A l'extrémité du dallage se trouve une énorme dalle placée verticalement et qui devait émerger du sol de l'é-
poque, simple repère probable d'une sépulture. Nous trouvâmes
également de petites briques percées de trous en nombre variable
et d'autres portant des aspérités à demi-sphériques, semblant devoir s'emboîter dans les premières. Nos recherches s'arrêtèrent là,
mais de chaque côté un sondage superficiel laisse entrevoir un dallage identique... Les curieux affluent déjà et emportent tous quelque chose. M. Fradin assiste impuissant au pillage de nos découvertes, dont les pièces les plus curieuses sont cependant à l'abri...
Je joins à ma lettre un dessin montrant l'emplacement des sépultures et vous adresserai sous peu un rapport détaillé. »

L'inspecteur porta la lettre de l'institutrice à la
connaissance du Dr de Brinon, alors président de la
Société d'Émulation du Bourbonnais.

JUILLET 9. — Envoyé par le Dr de Brinon, l'instituteur Clément, dont Émile avait quelque temps été élève,
va à Glozel et y trouve Mlle Picandet et les Fradin. Il dit
qu'aucune dalle du fond de la fosse n'était alors en place,
qu'elles étaient éparpillées, cassées ; lui-même n'a rien
détruit et n'a emporté quelques objets qu'avec l'autorisation des propriétaires (*Merc.*, 1er août 1926, p. 705).
Le 13 juillet 1926, il écrivait mystérieusement : « A la
suite d'un incident que je ne veux pas rapporter ici,
j'ai cessé de m'occuper des fouilles de Glozel. » C'est, dit-
on, qu'il refusait de rendre ce qu'il avait emporté.

A cette date, Clément se croyait en présence d'une
sépulture ; il emprunta à Émile la brique à signes pour
la photographier.

JUILLET 28. — Avisé de la découverte par la lettre de Mlle Picandet, le procureur Viple se rend à Glozel et y rencontre les Fradin, Mlle Picandet et Clément ; il était accompagné de Giron, photographe à Vichy. Alors qu'on avait parlé jusque-là d'une sépulture, Viple eut l'impression qu'il s'agissait d'un four. Il prélève alors, avec le consentement des Fradin, divers fragments et les expédie à Capitan le 3 août par colis postal de 5 kilos (*Merc.*, 1er août 1926, p. 704).

MÊME ANNÉE, SANS DATE PRÉCISE

J. de Serra-Rafols, article *Alvao* dans Ebert, *Reallexicon der Vorgeschichte*. Je traduis :

« Alvao est le nom d'une chaîne de montagnes comprise dans le district de Villa Pouca d'Aguiar (prov. de Tras os Montes). Les dolmens du groupe d'Alvao sont d'un type très primitif, avec une seule pierre de couverture ; il y en a une centaine. L'inventaire, assez pauvre, est typique de la fin du néolithique. Quelque haches ; céramique non ornée. Un problème singulier est posé par les trouvailles faites dans le dolmen n° 8 : pierres en forme d'animaux ou d'hommes, pierres avec animaux gravés et signes alphabétiques. Ce groupe est unique dans le néolithique européen et suggère tout d'abord l'idée d'une falsification. Ce sera toujours un matériel douteux, dont l'importance est réduite par son isolement. Un autre problème difficile et non résolu est celui des plaques d'ardoise avec inscriptions qu'on a rapprochées des inscriptions ibériques. Si elles sont authentiques, on peut douter si vraiment elles appartiennent à l'inventaire des dolmens. »

— La même année, Schulten publie un mémoire sur les deux alphabets ibériques (*Zeitschr. der d. morgenlændischen Gesellschaft*, 1924, p. 1-8).

— Le 14 mars 1924, Dussaud lit à l'Académie et
publie plus tard dans *Syria* (t. V, p. 135 et suiv.) un
important mémoire sur l'alphabet phénicien, question
renouvelée par la découverte de l'inscription funéraire
du roi Ahiram de Byblos (xiiie siècle ?). Dussaud reprend et développe la thèse de Gesenius, repoussant
(avec raison) celle de Rougé et conclut (p. 155) :

« Il faut rendre aux Phéniciens ce qui décidément leur appartient. Ils ont été les auteurs d'une des plus grandes inventions de
l'humanité le jour où ils ont rompu délibérément avec les écritures
si compliquées qui étaient alors en usage, où ils ont démêlé 22
sons simples permettant de noter les diverses articulations con-
sonantiques de leur langue et où ils ont créé de toutes pièces un
système de signes dans lequel chaque lettre se distingue à première
vue de toutes les autres. »

Après avoir énoncé cette théorie, il était évidemment
difficile à Dussaud d'accepter le démenti soudain qui
lui venait de Glozel... *sed perseverare diabolicum.*

1925

PREMIÈRES RÉVÉLATIONS

JANVIER 5. — Ayant remarqué, au début de l'année, qu'une des briques qu'il avait transférées dans son jardin portait des signes, Émile la donna à Clément qui en présenta un estampage à la société d'Émulation, demandant une subvention de 50 francs pour quelques journées de travail. Le procès-verbal dit : « La société, manquant de fonds, ne peut s'engager dans la voie des subventions. L'idée émise d'une souscription n'est pas acceptée. »

FÉVRIER 2. — Procès-verbal de la Société : « M. Clément, instituteur à La Guillermie, nous envoie l'estampage des signes d'une écriture inconnue qu'il a trouvée sur une brique rouge provenant de la sépulture des Clairières de Glozel. Il y joint une série d'estampages de signes analogues qu'il a trouvés : 1º sur une hache de schiste et un galet roulé de la même sépulture ; 2º sur un nodule de bracelet de schiste de Sorbier ; 3º sur une hache polie de Saussat *(Merc.,* 1ᵉʳ mai 1927, p. 709).

AVRIL 26. — A la suite d'une note parue dans le *Bull. Soc. Émul.,* au sujet du crédit qui n'avait pu être

accordé, le Dr Morlet (élève du docteur préhistorien
Girod et familier avec l'archéologie gallo-romaine) vint
à Glozel et s'assura qu'il n'y avait rien de romain dans
ces découvertes. Clément a raconté (*Débats*, 5 janvier
1928) qu'à la date ci-dessus, ayant déjeuné chez les
Fradin, il vit arriver après déjeuner Morlet qui, désignant quelques objets provenant du champ, aurait dit
aux propriétaires : « Vous avez là une vraie fortune !
Entourez le terrain d'un fil de fer. Vous gagnerez à l'ex-
ploiter tout ce que vous voudrez et les savants du
monde entier défileront chez vous comme ils ont défilé
à Java pour voir le pithécanthrope. » L'inexactitude et
même la sottise de cette dernière phrase autorise à suspecter la véracité des précédentes.

Morlet loua le terrain pour neuf ans. Il était temps,
car les Fradin, découragés, allaient tout remblayer et
reprendre le labour. Dès la fin du mois, Morlet et
Émile, fouillant ensemble — sauf Mme Morlet et quelques
savants en visite, on n'a jamais admis de tiers — dé-
terraient une petite poterie, une tablette inscrite, un
galet gravé d'un renne, etc. (*Excelsior*, 8 nov. 1927).

MAI 20. — Clément rédige, pour la Société d'Émulation, un rapport dont copie est envoyée au Dr Capitan.
Il abandonne l'hypothèse de la sépulture pour celle
du four de verrier. Les objets signalés par lui sont les
suivants : débris de vases en grès bleuté, à pâte très
fine ; débris de tours de potier vitrifiés ; débris de bois
ayant subi l'action du feu ; pierres et mortier, prove-

nant de la voûte de la construction. Aux environs im-
médiats : brique en terre rouge avec de nombreux signes, 155×130 ; fragment de hache polie ; hache
triangulaire polie avec signe gravé ; autre avec *tau*
gravé ; fragment de galet avec signes ; cinq briques en
terre rouge, non cuites, avec empreintes de main.

JUIN 4. — Clément rencontre à Glozel le D_r Capitan, qui séjour-
nait à Vichy.

SEPTEMBRE. — Dans le *Bull. Soc. Émul.*, Clément publie
une description de la fosse ovalaire que Mlle Picandet, qui l'a vue
intacte, traite d'« absolument fantaisiste » *(Merc.*, 15 avril 1926,
p. 185).

SEPTEMBRE 25. — Morlet, qui a tenu à s'associer
Émile Fradin sur le titre de la publication, fait
paraître à Vichy son premier fascicule : *Nouvelle station néolithique.*

I. Historique des fouilles. — II. Tombe plate néolithique. —
III. Empreintes de main. — IV. Briques à signes. — V. Rondelle
à signes. — VI. Industrie lithique ; outils avec signes. — VII.
Céramique. — VIII. Verroterie.
P. 42 . « Les découvertes apportent, semble-t-il, une nouvelle
preuve que le verre existait dès le néolithique dans l'Europe occidentale. » Les pièces signalées sont: 1° Le fond d'un grand creuset
contenant encore une couche de verre. 2° Des fragments d'un sup-
port de creuset recouvert en partie d'une couche de verre tombée
pendant la fusion. 3° Deux petits vases en verre de forme tron-
conique ; morceau du rebord supérieur et fragments d'un vase plus
grand. 4° Beaucoup de larmes bataviques. 5° une partie du four où
l'on fondait le verre, le tout dans un même foyer.
p. 49. Parmi les objets cultuels, la première idole néolithique.
p. 50. Après examen d'autres possibilités, Morlet conclut que la
station est de la première période néolithique, « vraisemblable-

ment entre le 10ᵉ et le 8ᵉ millénaire » (chronologie généralement reçue, mais fantaisiste). Morlet insiste sur les creusets en grès, le bord supérieur retourné en dedans, comme les autres poteries de la station. (Il n'avait pas encore remarqué que les fragments de grès ne se trouvent *jamais* dans l'argile profonde, mais en bas de la couche végétale et sont, par suite, plus récents). Morlet parle d '« influences égéennes » mais cite aussi (p. 73) le *Mirage oriental* sur la marche possible de la civilisation du N.-O. au S.-E. Finalement, il admet que les fouilles ont révélé une couche nouvelle de culture néolithique, le *Glozélien*, caractérisée par les briques à signes et l'industrie du verre. A 30 kilomètres de Ferrières, au village dit *La Verrerie*, il a trouvé une quantité de débris vitreux, de larmes bataviques, mêlés à des pics, racloirs, hache à soie, perçoirs absolument semblables à ceux de l'industrie de Glozel, ainsi que des fragments identiques de vases en grès.

Un exemplaire de cette brochure étant arrivé au *Mercure*, A. Van Gennep est prié d'en parler dans sa *Chronique préhistorique* (*Merc.*, 15 juillet 1927, p. 470).

OCTOBRE 25. — Le *Matin* de ce jour publie une nouvelle envoyée par le colonel de Saint Hillier et ainsi conçue :

On trouve en France des inscriptions égéennes.

« Aux environs de Ferrières-sur-Sichon, dans l'Allier, le docteur Morlet vient, en procédant à des fouilles, de découvrir une nouvelle station néolithique d'un intérêt capital et qui ne peut manquer de passionner les milieux archéologiques.

Aux abords d'une fosse ovalaire qui, de l'avis du docteur Capitan, ne rappelle en rien les murs vitrifiés d'un oppidum gaulois, M. Morlet a trouvé des briques recouvertes de caractères alphabétiformes qui ne seraient autres que dès caractères égéens.

Ce serait la première fois qu'on repérerait, en Occident, les traces de cette grande et merveilleuse civilisation crétoise qui nous surprend par ses caractères modernes et qui est la plus ancienne civilisation méditerranéenne. Ainsi se trouverait confirmée l'hypo-

thèse historique des grands voyages accomplis par les sujets de
Minos à travers l'Europe, à la recherche de l'étain et de l'ambre.

A proximité des inscriptions, le docteur Morlet a mis au jour également des tranchets, une herminette, divers instruments agricoles
en éclats de roche éruptive, des cornes sacrées, un atelier de verroterie et des empreintes de mains. »

Cette note a été réimprimée par S. Reinach dans la *Revue archéologique* (1926, I, p. 143), sous le titre d'*Opinion téméraire* et avec
ce commentaire :

« Le docteur Morlet n'est pas responsable de l'insertion de cette
note, faite pour discréditer l'archéologie, mais il s'agit de découvertes qui, sans être le moins du monde égéennes, ont un réel intérêt. On y reviendra. »

NOVEMBRE 7. — Venu à Paris sur l'invitation
d'A. Van Gennep, Morlet y voit différents archéologues.
Dussaud, au Louvre, lui dit que les textes des tablettes
ne sont ni du phénicien ni de l'égéen, et exprime des
doutes sur leur authenticité, allant jusqu'à prétendre
qu'on peut y voir des chiffres romains.

Morlet a vu aussi, au cours de ce voyage, A. de Mortillet,
Marc. Boule, Jullian, S. Reinach, Breuil et Champion.

NOVEMBRE 29. — Boule écrit à Morlet :

« Je vous souhaite bonne chance pour la continuation de vos très
intéressantes recherches archéologiques, au succès desquelles je
continuerai à applaudir de tout cœur. » (*Temps*, 21 nov. 1927).

DÉCEMBRE 1. — L'article de Van Gennep sur
Glozel paraît dans le *Mercure* (p. 487-90). En voici des
extraits :

« Une de ces découvertes révolutionnaires, si son authenticité
se confirme, semble avoir été faite récemment, par le plus grand des

hasards, dans un hameau de la commune de Ferrières-sur-Sichon. Le titre de la brochure où le Dr Morlet et le propriétaire du terrain É. Fradin décrivent leurs trouvailles, ne rend pas justice à l'importance des problèmes posés... Ce qu'il y a de nouveau, c'est d'abord l'apparition de briques et de dalles en argile dès l'époque néolithique ; les briques avec empreintes de mains ; la connaissance de la fabrication du verre et tout un jeu de signes qui semblent appartenir à un alphabet proprement dit. » Van Gennep admet d'ailleurs qu'en Auvergne l'outillage néolithique peut avoir persisté jusqu'à l'époque historique. « On pourrait donc supposer que les signes sur briques et la technique de la verrerie sont gallo-romains » (p. 488), mais alors même que cela serait, la survivance tenace du néolithique apparaîtrait comme un fait de premier ordre. « Espérons que les auteurs ne tarderont pas à publier les fascicules suivants et à détruire certains bruits fâcheux qui ont couru sur l'authenticité de leurs découvertes. Ces bruits fâcheux ont été mis en circulation par un préhistorien que je ne nommerai pas (le Dr Capitan) et qui comptait mettre la main sur les découvertes de Morlet pour en accaparer la gloire. Le Dr Morlet est venu à Paris et a montré les originaux à MM. Boule, Jullian, S. Reinach, Breuil, Dussaud et l'auteur de cet article ; notre accord est unanime en ce qui concerne l'authenticité des trouvailles et l'intérêt révolutionnaire qu'elles présentent. [Van Gennep s'avançait beaucoup, car les soupçons de tous étaient, pour le moins, éveillés].

p. 490 : « J'ai pu manier les briques et les pierres à inscriptions, les morceaux vitrifiés et les poteries ; je maintiens que le type de civilisation est relativement tardif ; deux objets non encore décrits, des galets, l'un avec une représentation gravée d'un cervidé et l'autre d'une scène de pêche, sont de très beaux spécimens d'art, sinon préhistorique, du moins primitif. Les signes ont pu être gravés avec un stylet de pierre ; ils appartiennent à un alphabet. Lequel ? Il y a des ressemblances à la fois avec l'étrusque, le phénicien, l'égéo-crétois, le romain de basse époque. » Il existait donc dans l'Allier « sinon un cycle de civilisation original, du moins un apport méditerranéen, par essaimage ou par colonisation épisodique. Plusieurs journaux ont répandu sur ces découvertes des notions fausses. M. Morlet a exigé la cessation de ces articles qui discréditaient à la fois son œuvre personnelle et la science. Ici on tient à prendre une attitude impartiale... Aussi est-il nécessaire de s'opposer à une tentative nouvelle d'accaparement par le préhistorien cité ci-dessus, qui voudrait se faire donner par le gouvernement le monopole des fouilles ultérieures. Le Dr Morlet les a commencées; il a le droit de les continuer, puisque par chance il en a les moyens et ne demande rien à personne. »

DÉCEMBRE 3. — Dans un article de M. le Dr de Brinon publié dans le *Bull. Soc. Émul.*, Mlle Picandet n'est pas nommée et Clément est donné comme « le véritable inventeur de Glozel » ; sur quoi Clément remercie Brinon « d'avoir précisé son rôle dans la question de la priorité de la découverte de Glozel ». (*Merc.*, 15 août 1926, p. 183).

Ce même *Bulletin* (nov.-déc., p. 357) apporte un essai fantaisiste de traduction des textes.

1926

PREMIÈRES CONTROVERSES

JANVIER-FÉVRIER. — Le fascicule du *Bulletin de la Soc. d'Émul.* (p. 20) contient un exposé de la genèse des fouilles par Viple, vice-président, et un rapport de Clément, du 20 mai 1925, sur le prétendu four de verrier, une tablette inscrite et un galet avec signes.

JANVIER 11. — Au Comité des Travaux historiques, Capitan rend compte de la brochure de Morlet et parle très inexactement de la fosse ovalaire, où il signale un morceau de fer cylindrique, des débris de céramique gallo-romaine archaïque, le tout du 3ᵉ ou du 4ᵉ âge du fer. Visitant les lieux dans l'été de 1925, il a mis Morlet en garde contre une supercherie, à l'aspect d'objets hétéroclites ; mais il laisse ouverte l'hypothèse qu'il s'agit de débarras ensevelis, de *favissae.* « Seules des fouilles régulières et dirigées de façon très compétente peuvent permettre, etc. » Sur quoi, Jullian, présent à la séance, a dit que la plupart des objets, sauf une dizaine de briques, sont d'époque indéterminée et sans intérêt. (*Merc.*, 15 nov. 1927, p. 201).

FÉVRIER 20. — Mlle Picandet écrit à M. Viple, administrateur de la Soc. d'Émul., pour protester contre les inexactitudes voulues qui commencent (*Merc.*, 15 août 1926, p. 184).

Elle s'étonne d'avoir lu, dans le *Bull.* de nov.-déc., que Clément, autrefois instituteur à La Guillermie, serait le véritable inventeur de Glozel. Au début de 1924, le *Bull. de l'Instr.* primaire avait invité les instituteurs à collaborer à la recherche de monuments préhistoriques. Ayant entendu parler de la découverte de Fradin, elle se rendit à Glozel avec ses élèves, puis envoya un rapport détaillé à l'inspecteur d'Académie. Cinq ou six mois après, elle reçut une lettre de M. de Brinon disant que, de Paris, on lui avait communiqué son rapport et demandant des précisions, notamment si des squelettes avaient été trouvés dans la fosse. «Je répondis à M. de Brinon, qui crut devoir s'adresser à M. Clément dont je reçus la visite et à qui je confiai les briques à cupules et débris de poterie que je possédais chez moi », (qui ne lui furent jamais rendus). Alors Viple lui écrivit et lui demanda un rendez-vous à Glozel : « J'amenai avec moi M. Clément. Les fouilles vous parurent intéressantes, mais en restèrent là. » Elle ajoute que Clément a très inexactement décrit la fosse, n'ayant pu voir les fouilles qu'après six mois de recherches.

MARS 1. — Le *Bull. Soc. Émul.* de nov.-déc. 1925 ayant attaqué Morlet et Fradin, Morlet donne sa démission de la Société (*Merc.*, 15 août 1927).

MARS 11. — Émile Fradin écrit à son tour à Brinon pour protester contre l'assertion que Clément serait « le véritable inventeur de Glozel ». Clément est venu à Glozel six mois après la découverte ; il n'a fait aucune fouille, mais démoli, avec Viple, pour emporter des échantillons de briques à cupules et des morceaux de terre de liaison vitrifiée, les murs de la fosse ovale, conservée avec soin. « Le rôle de M. Clément a consisté à venir plusieurs fois à Glozel voir mes trouvailles et à me demander de les lui prêter pour les photographier. » Dans la suite, il demanda à la Société « un crédit pour Glozel ; ce crédit fut refusé. » — P. 187 : « C'est alors que, découragé et sur le point de combler la fosse, je me suis rendu à Vichy auprès de M. Morlet qui, visitant les fouilles un mois environ auparavant, avait paru leur trouver un grand intérêt. M. Morlet m'a dit y avoir vu les vestiges d'une station préhistorique d'une grande importance scientifique. C'est alors que nous nous sommes entendus. »

MARS 15. — Deuxième brochure de Morlet et Fràdin, avec sous-titre : *L'Alphabet de Glozel*. En cours d'impression, les fouilles avaient donné 9 tablettes inscrites, ajoutées aux 21 qu'on possédait.

Avant-propos. — I. Outil de pierre à signes alphabétiformes. — II. Anneau de schiste avec inscription, rapproché de ceux de Montcombroux. — III. Grattoir-burin avec caractères et figures stylisés. — IV. Renne sur galet, avec inscription. — V. Tablettes inscrites. — VI. Conclusion : théorie de l'emprunt des lettres aux tribus péri-méditerranéennes auxquelles les Phéniciens apportèrent en échange l'alphabétisme.

P. 21, tableau de l'alphabet de Glozel (81 signes au 28 déc., 1925). — p. 24, comparaison (d'après Rougé) du hiératique, du phénicien, du glozélien ; signes inédits des dernières briques, relevés le 18 février 1926.

Morlet a remarqué que quelques inscriptions ont été gravées *boustrophédon*. [On peut être frappé, dès lors, de plusieurs séquences de caractères, AXT (fig. 2), AXT (fig. 4 et 6), XTA (fig. 7), sur pierre, à rapprocher de C (?) TX sur le galet au renne. Il y a TX (fig. 12), ITX (fig. 13), ATTX (fig. 14), etc].

p. 11. fig. 11, gravure d'une des pointes en pierre éruptive ayant servi à graver les signes sur les pierres.

p. 19. « L'alphabet particulier aux Falisques et les nombreux alphabets italiotes, cependant fortement remaniés sous l'influence de l'étrusque, n'en conservent pas moins des lettres particulières dont la forme décèle l'origine ancestrale néolithique. Chacun d'eux contient des lettres qui ne sont ni phéniciennes, ni étrusques et qu'on retrouve sur les tablettes de Glozel comme si chaque peuplade y avait puisé. » [On peut en dire autant de certaines lettres des alphabets grecs archaïques, comme le X avec barre en haut et en bas de Sicyone et le T à barres descendantes *(ts)* d'Asie Mineure qui se trouvent parmi les signes de Glozel].

[Lue avec savoir et bonne foi, la seule observation pénétrante de Morlet aurait dû suffire à lever tout doute sur l'authenticité des inscriptions. — S. R].

AVRIL 1. — Le *Mercure* publie (p. 35-50) un important article de Morlet : *Invention et diffusion de l'alphabet néolithique.*

AVRIL 10. — Morlet à S. Reinach :

« S'il y avait seulement la possibilité d'un doute, je ne continuerais pas à m'en occuper. D'ailleurs, on a découvert à Montcombroux des anneaux de schiste avec les mêmes signes alphabétiformes. Je crois que la crise de scepticisme touche à sa fin. »

AVRIL 15. — S. Reinach écrit à Morlet et à Jullian que le renne sur galet paraît copié sur Brehm *(Mammifères*, éd. franç., t. II, p. 478). Morlet répond que la même figure est dans le *Dictionnaire* de Gazier ; S. Reinach rétorque que la gravure de Gazier dérive sans doute de Brehm. Sur quoi Morlet, avec beaucoup de bon sens, fait observer qu'il ne doit pas y avoir des manières bien différentes de figurer de profil un renne marchant.

AVRIL-MAI. — Morlet va voir Boule au Muséum et lui montre le galet au renne. Boule dit : « C'est bien un renne ; alors, je ne marche plus. » Il se fait apporter une loupe montée, frotte énergiquement à l'aide d'une brosse à dents une partie de la gravure, puis met la loupe sur le galet et prétend que les traits n'ont pas de patine. Puis il fait une rayure à l'envers du galet. Il n'a jamais été question de gélatine ni de colle forte (*Temps*, 21 nov. 1927).

JUIN 13. — A. Van Gennep passe la journée à Glozel et rend compte de sa visite dans le *Mercure* du 1er juillet (cf. *ibid.*, 1er nov. 1926, p. 569). La conviction de cet ethnographe est complète.

« Reste seulement le problème des vases dont la contexture ressemble à du grès. » Van Gennep écrit qu'il a donné une solution de ce problème à Morlet qui l'a publiée plus tard (*Journées mémorables de Glozel*, p. 8.). Les vases de grès auraient été fabriqués à l'aide de roches locales, réduites en poudre agglomérée et surcuite. Morlet et Mosnier, correspondant du ministère à Vichy, ont admis cette hypothèse. Il est à noter que les poteries de grès se trouvent toujours « au début de la couche archéologique ».

JUIN 22. — Le Directeur des Beaux-Arts, Léon, a écrit à Morlet que la Commission des monuments historiques (section préhistorique) manifestait l'intention d'envoyer une délégation à Glozel. Mosnier répond que Morlet est tout disposé à accueillir cette délégation. (*Merc.*, 15 oct. 1927, p. 448).

JUIN 23. — Morlet répond au Directeur qu'il recevra avec plaisir une délégation un dimanche, à condition qu'aucune photographie ne soit prise, qu'A. Van Gennep fasse partie de la commission et que le Dr Capitan qui, depuis un an, le fait passer pour un faussaire, n'en fasse pas partie. Il ajoute : « J'avais écrit trois fois à l'abbé Breuil pour lui demander de venir à Glozel ; il m'a opposé une fin de non-recevoir et je sais que, s'il y venait maintenant, ce serait sur le désir formel du Dr Capitan qui lui en a écrit. » Aussi le nom de Breuil ne figure pas sur la liste alphabétique, allant de Jullian à Pottier, que Morlet envoie aux Beaux-Arts, désignant ainsi les savants parmi lesquels il serait heureux de voir choisir les membres de la délégation (*Merc.*, 15 oct. 1927, p. 449).

JUILLET 1. — Dans le *Mercure* de ce jour : Morlet, *L'alphabet néolithique de Glozel et ses ascendances* ; A. Van Gennep, *Une visite à Glozel* (voir 13 juin).

JUILLET 7. — Joseph Viple, procureur de là République à Moulins, correspondant de la Commission des monuments préhistoriques et membre de la Société d'Émulation, proteste contre le récit fait par Van Gennep (*Merc.*, 1er juillet) de la destruction par Clément, lui et d'autres, de la fosse ovalaire (*Merc.*, 1er août, p. 702).

JUILLET 10. — Troisième fascicule de Morlet-Fradin. L'exemplaire envoyé à S. Reinach porte cette dédicace : « Au père du Mirage oriental, un enfant non reconnu. »

Avant-propos : réponses aux sceptiques qui s'étonnent du nombre et de l'intégrité des trouvailles, du manque de patine, de la grossièreté des gravures sur pierre, qui allèguent l'emploi d'instruments en métal, se plaignent de l'absence d'un journal des fouilles, dénoncent celle de lettres groupées se répétant, la ressemblance du renne du galet avec celui de Brehm, etc. En *post-scriptum*, remerciements à Van Gennep qui a fait des sondages aux points choisis par lui et a rencontré Mlle Picandet sur le terrain des fouilles.

P. 6 : « A Glozel, le verre recueilli se trouve surtout dans le voisinage d'un morceau de mur où adhérait encore un fragment de creuset et qui devait être un four de fusion détruit depuis longtemps. »

p. 9 : « L'industrie du silex à Glozel est un héritage direct de l'industrie magdalénienne. »

p. 10, meules à bras avec molettes (?), mortier et broyeur, galets perforés.

p. 11, anneaux en schiste avec caractères gravés.

p. 15, flèche polie en schiste (type nordique) et harpon de pierre.

p. 17, aiguilles à chas.

p. 27, grande coupe avec emblèmes solaires (?) et signes.

p. 30, bobine (?)

p. 32, 33, les deux plus grandes tablettes inscrites, l'une avec 115 signes. [C'est celle où S. Reinach a cru d'abord lire GLOSET à la fin et où l'on pourrait aussi bien lire au milieu IHΣO (υ) X (ρισ) T (ου) si l'on voulait, à toute force, se rendre ridicule].

p. 37 et suiv., idoles ; p. 38, type bissexué très net.

p. 40 et suiv., galets gravés.

p. 47 : « Le synchronisme des signes alphabétiformes relie les différents objets entre eux. » Ainsi tablettes, anneaux, harpons, vases à inscriptions appartiennent à la même culture comme au même niveau.

p. 52, harpon en corne de cervidé, avec inscription.

p. 53, vase « tête de mort ».

JUILLET 13. — Répondant à Van Gennep (*Merc.*, 1er avril, p. 705), B. Clément, directeur de l'école de Chantelle, écrit qu'il n'a rien détruit, qu'il n'a emporté quelques objets qu'avec autorisation. « A la suite d'un incident que je ne veux pas rapporter ici, j'ai cessé de m'occuper des fouilles de Glozel et j'ai

renvoyé à M. Fradin tous les objets recueillis ou donnés. » Viple n'emporta rien non plus sans l'assenti-
timent de Fradin.

P. 706 : Morlet écrivit à Clément pour demander à voir chez lui
quelques-uns des objets recueillis. « Il vint en effet et avec moi se
rendit à Glozel où rien ne fut trouvé ce jour-là. La brique à inscription avait été découverte depuis longtemps. Morlet ne l'a
pas ramassée près de la fosse, mais l'a prise chez Giron, photographe à Vichy, où je l'avais déposée pour avoir des photographies
réclamées par M. S. Reinach, à qui l'existence de cette brique avait
été signalée. »

Ibid. Van Gennep répond ; il demande que Capitan rende aux
Fradin les objets détournés et aussi qu'on publie le plus possible
de détails sur les découvertes, car « des bruits de faux continuent
à courir... » « M. Bruel m'écrit que la Soc. d'Émul. possède un long
rapport avec photographies, dessins etc. de M. Clément. Pourquoi la Soc. ne publie-t-elle pas ce rapport ? »

JUILLET 14. — Dans la *Nature*, Morlet expose la
question de Glozel et de son alphabet « idéographique
passant au syllabique ». Il en rapproche les quelques
signes paléolithiques et l'alphabet phénicien, mais non
le hiératique, qui est tout différent.

JUILLET 15. — Le Directeur des Beaux Arts, Léon,
écrit à Morlet qu'il ne lui est pas possible d'exclure Capitan, vice-président de la commission, ni de faire appel à Van Gennep, qui n'appartient pas à ladite commission (*Merc.*, 15 oct. 1927, p. 450).

— Dans le *Mercure* (p. 470), Van Gennep, rendant compte de
la *Civilisation phénicienne* de Contenau, le loue d'avoir été prudent
dans la question des alphabets « qui acquiert une importance
nouvelle par la découverte des signes de Glozel lesquels, étant
néolithiques, remontent au bas mot à 10.000 ans. » [Ces dates

fortement exagérées ont été surtout mises à la mode par A. Evans,
à cause de prétendus calculs faits par ce savant sur la couche néolithique de Cnossos]. — « On a fait prématurément des rapproche-
ments entre les signes de Glozel et l'alphabet phénicien... Il existait plusieurs alphabets phéniciens, très différents. Le plus ancien,
celui d'Ahiram, est celui qui s'éloigne le plus de celui de Mésa...
Je ne suis nullement persuadé, comme M. Contenau, que c'est
de l'alphabet phénicien que sont dérivés tous les alphabets modernes ; on doit, je crois, partir de la polygénèse. » [En pareille
matière, la théorie de la polygénèse n'a guère de sens ; quand on
rencontre les mêmes signes à Glozel et à Sidon, comment admettre
qu'ils ne soient pas apparentés ?]

JUILLET 16. — Morlet écrit que la délégation devrait venir avant les pluies de septembre ; il maintient
l'exclusive à l'endroit de Capitan.

JUILLET 28. — Le Directeur Léon écrit à Morlet
que la Commission des Monuments historiques n'estime pas possible d'envoyer une délégation dont Capitan
ne ferait pas partie et renonce à la visite des fouilles
de Glozel (*Merc.*, 15 oct. 1927, p. 451).

[On voudrait le procès-verbal de la séance où la Commission
a pris cette décision fâcheuse. Morlet avait parfaitement le droit
d'éloigner de ses fouilles un savant qui les avait diffamées].

JUILLET 30. — Morlet regrette que le ministère
des Beaux Arts renonce à envoyer une délégation à
Glozel.

« J'aurais sincèrement désiré que nos trouvailles, restant dans
le domaine scientifique français, soient étudiés sur place par des
membres du Collège de France et de l'Institut, à votre choix. »

AOUT 1. — Van Gennep, *Mercure*, p. 707 :

« La localité s'appelle, d'après mon enquête sur place, à volonté

Clozet, Glozet et surtout Glozel, c'est à dire un petit clos (cf. Mas, Mazet, Mazel). Les Fradin disent tous *Glozel ;* d'ailleurs, *Glozélien* est plus euphonique que *Glozétien.* »

AOUT 11. — Dans l'*Écho de Paris* (et dans les *Débats* du 12), H. de Varigny tend à accepter l'opinion de Morlet que « c'est l'Occident qui aurait inventé le premier alphabet linéaire ».

« Est-ce que vraiment nous tiendrions l'alphabet néolithique ?... Le glozélien serait la source des écritures méditerranéennes ! »

Cet article est reproduit, mais « sous toutes réserves », dans la *Revue archéol.*, 1926, II, p. 90-1, le directeur de cette Revue, S. Reinach, doutant encore.

AOUT 13. — A l'Académie des Inscriptions, le président Chabot s'exprime ainsi :

« J'ai reçu de M. de Saint-Hillier la photographie d'une des briques, couvertes de caractères, trouvées à Glozel, près de Ferrières-sur-Sichon (Allier). Cette photographie est accompagnée d'un essai de déchiffrement et de traduction. Comme on a déjà fait dans là presse quelques articles bruyants sur « les inscriptions phéniciennes de Glozel », il me semble opportun de déclarer ne pas reconnaître sur la brique un seul signe de l'alphabet phénicien, et que l'essai de traduction, quelle que puisse être la valeur des caractères, est dénué de toute vraisemblance. »

AOUT 15. — Morlet écrit au *Mercure :*

« Je n'ai nullement la prétention d'avoir trouvé la première tablette à inscription, qui fut découverte le 2 mars 1924 par Fradin ; si je suis allé la prendre chez le photographe en 1925, c'est qu'alors elle m'appartenait. Plusieurs membres de la Soc. d'Émul. avaient visité Glozel bien avant moi. Tard venu à Glozel, j'ai été le seul à prévoir de nouvelles trouvailles et à vouloir reprendre méthodiquement les fouilles au moment où Fradin était découragé, comme il le dit, et sur le point de combler la fosse, parce que les membres de la Société, dont M. Clément fut bien le délégué, refusaient d'assumer les premiers frais. »

AOUT 19. — Averti par S. Reinach qu'on trouvait à Glozel des choses surprenantes, le Roi Ferdinand de Roumanie, en traitement à Vichy, visite la ferme de Glozel, mais ne peut descendre aux fouilles. Ce même jour il écrit à la princesse Marthe Bibesco :

« Hier, je suis allé avec un Dr Morlet qui fait les fouilles à l'endroit dont S. Reinach me parlait à Paris. Je dois dire que ce qu'on a trouvé là est extrêmement intéressant, surtout les plaques en terre cuite avec des signes alphabétiformes ; on a pu distinguer jusqu'à présent 90 signes. Est-ce vraiment un alphabet, ou des signes indiquant des syllabes ? On ne peut encore se prononcer, mais si cela s'avérait, cela ferait une vraie révolution. Pensez si l'on trouvait la clef et si nous — c'est à dire certains savants — pouvions lire l'écriture néolithique ! On y a trouvé aussi de la poterie et des silex portant des dessins qui ressemblent à ceux de l'époque magdalénienne, mais qui, en outre, montrent les mêmes signes alphabétiformes gravés dans la pierre. Cela m'a énormément intéressé. »

AOUT 20. — Jullian écrit à H. de Varigny une lettre que publient les *Débats*. L'alphabet de Glozel n'a rien de néolithique : c'est de l'écriture cursive latine, du temps des empereurs romains, et ce qu'il y a de tracé sur les briques représente des formules magiques comme nous en possédons déjà un grand nombre. La découverte est assez curieuse au point de vue archéologique, mais elle rentre dans le domaine banal de la sorcellerie classique. [Jullian n'était pas allé à Glozel ; à la date de janvier 1928, il n'y est pas encore allé.]

AOUT 23. — Breuil, qui est en Écosse, écrit à Mme Déchelette une lettre dont il a envoyé copie à l'auteur de ces *Éphémérides* le 4 janvier 1928, en l'autorisant à s'en servir.

« Je suis porté à croire qu'il y a là (à Glozel) des faits intéressants, mais pas préhistoriques. C'est du reste l'opinion de Jullian qui dit lire du bas latin sur les briques écrites, celle de Hubert qui déclare la fosse un four de verrier de basse époque. A mon sens, aucun rapport avec le préhistorique : la céramique grossière *imite* des types faits au tour et réalise des objets inutilisables, probablement purement votifs. M. Loth m'a proposé d'y aller avec lui ; je n'ai pas dit non, mais ai dû renvoyer à la fin des vacances un examen de cette affaire.

» Je suis disposé à croire à l'intérêt des trouvailles du Dr Morlet, mais à leur *non rapport* avec ma spécialité ; c'est pourquoi je ne suis pas très emballé pour m'en occuper... Si j'ai à dire : *c'est gaulois ou romain*, on me dira : Ça. Vous n'y entendez rien — et on aura raison... Je vous retourne la lettre du Dr Morlet et je vous remercie vivement de votre aimable pensée de m'écrire à ce sujet et de votre proposition d'y aller ensemble. »

[*Commentaire.* Le prince Albert de Monaco, ami de la vérité et de la justice, a fondé avant la guerre et richement doté un Institut de paléontologie humaine, logé dans un palais construit, 1 rue René Panhard, par Pontremoli. Le directeur de cet Institut est Marc. Boule ; il y avait, à l'origine, deux professeurs, les abbés Breuil et Obermaier, mais ce dernier étant allemand, il n'est plus resté, depuis la guerre, que Breuil. L'Institut dispose de moyens considérables. Depuis la mort du prince, il est présidé par le conseiller d'État Dislère qui, pas plus que S. Reinach, vice-président, ne peut intervenir dans la direction scientifique. Dès le premier appel adressé par Morlet à Boule et à Breuil, ils devaient immédiatement, par respect pour les habitudes et les intentions du fondateur, partir pour Glozel. Or, Boule avait déclaré qu' « il ne marchait pas » et il n'a « marché » en 1927, sans aller à Glozel, que pour déclarer que les trouvailles étaient des faux. Quant à Breuil, on vient de voir quelle était son humeur ; un peu plus tard, entraîné par Loth, il ira à Glozel, écrira un article bougon pour reconnaître l'authenticité, puis, en 1927, dira que tout est faux. Les millions du prince Albert n'ont pas reçu, du moins en cette circonstance grave, l'affectation qu'il leur avait destinée].

AOUT 24 et 25. — S. Reinach se rend à Glozel avec Seymour de Ricci, qui, malgré l'insistance de S. Reinach pour y aller seul, lui a imposé, mû par une idée fixe, sa compagnie. Ricci n'assiste qu'à une matinée de fouilles, au cours de laquelle il s'imagine que Fradin a apporté un petit objet qu'il découvre et le dit en grec à S. Reinach. Le soir, partant pour Néris, il déclare à Morlet, dans sa maison de Vichy, que tout est faux, sauf la moitié d'une hache polie et les fragments de grès. S. Reinach assiste à une seconde matinée de fouilles et, sceptique avant cette expérience concluante, se déclare absolument convaincu (relation détaillée dans le *Mercure*, 1er nov. 1926, p. 570 et suiv.). Le comte de Bourbon-Busset, voisin de campagne, qui a pris part aux fouilles du second jour, a trouvé lui-même un anneau de schiste. Émile Fradin, par excès de scrupule, ne fouillait pas.

AOUT 26. — Ricci rédige, mais ne publie pas (il l'a communiqué plus tard au ministre Herriot) un rapport détaillé sur la matinée du 24 août, dont une copie est au musée de Saint-Germain :

« Tout s'est passé dans ces fouilles comme si un mystificateur habile, après des premiers essais assez timides, avait acquis peu à peu de la sûreté et de l'audace. On croirait qu'il a fait son fruit des brochures successives du Dr Morlet. Qui serait l'auteur de ces mystifications ? On ne peut s'empêcher d'éprouver quelques soupçons à l'égard du jeune Émile Fradin. Dès 1915, il montrait,

pour les arts graphiques, quelques dispositions (1). Depuis 1924,
il a acquis quelques notions d'archéologie préhistorique. Un
témoin non suspect nous a assuré lui avoir prêté plus d'un livre
sur la matière (2)... Ce que je puis, dès maintenant, écarter d'une
façon formelle, c'est l'hypothèse émise par M. Camille Jullian
d'un établissement gallo-romain de basse époque... Il n'y a rien
de cette époque à Glozel. »

[*Commentaire.* On trouve ici en germe toutes les extravagances
qui ont constitué l'arsenal des « naufrageurs » de Glozel. *Nec pos-
tera credant Saecula !...*]

AOUT 27. — Séance de l'Académie des Inscriptions.
S. Reinach exprime à l'Académie sa conviction entière
de néophyte, mais, sur la requête pressante de Seymour
de Ricci, il ajoute que son compagnon (dont il fait cas)
croit à « une mystification ».

« Je suis revenu, dit M. Reinach, avant-hier des berges abruptes
du Vareille, sous-affluent de l'Allier, où se poursuivent depuis 1924,
avec une prudente lenteur, par les soins dévoués de MM. le docteur Morlet et Fradin, les fouilles dites de Glozel. Tel est le nom
d'un hameau situé à 1 kilomètre environ du lieu des fouilles, commune de Ferrières, à 30 kilomètres au S.-E. de Vichy.

« Pendant deux longues matinées, on a exploré sous mes yeux,
à portée de ma main, la terre vierge. On a découvert, parmi d'autres objets moins importants, une tablette d'argile couverte de
caractères et une assez grande statuette en argile du type dit
bissexué, à tête sans bouche dite de *chouette*, qui rappelle, mais
seulement d'une manière générale, les idoles néolithiques ou énéo-
lithiques signalées depuis la côte d'Asie jusqu'en Espagne.

« Les nombreuses tablettes inscrites, les statuettes, les galets
ornés de figures animales et de signes alphabétiformes, les vases,
les objets de parure, etc., sont conservés, à l'abri de toute injure,
chez le docteur Morlet à Vichy et chez M. Fradin, propriétaire du
terrain fouillé à Glozel. La plupart de ces objets, que j'ai presque

---

(1) Faux, il dessine très mal et n'a aucun talent. — S. R.
(2) Déformation d'un propos du Dr Morlet, qui dit avoir *montré* quelques ouvrages d'archéologie à Fradin. — S. R.

tous vus, ont été publiés par le docteur Morlet dans trois brochures ; une quatrième paraîtra sous peu.

« J'affirme sans hésitation, ne pouvant récuser le témoignage de mes yeux et l'évidence des découvertes faites en ma présence, que tous ces objets, quelque extraordinaires qu'ils paraissent, sont authentiques, non retouchés, de même provenance, et que l'hypothèse d'une mystification, la première qui s'offre à l'esprit, est désormais insoutenable. J'affirme également que dans les tranchées ouvertes, comme dans le terrain avoisinant que j'ai examiné avec M. Seymour de Ricci, il n'y a pas la moindre trace de métal, pas le moindre fragment de poterie gauloise ou romaine. Les pierres polies et les petits silex — il n'y a pas de silex dans la région — sont relativement rares.

« Les tablettes sont en argile très friable ; on en trouve qui ne portent pas d'inscriptions gravées, mais qui étaient peut-être peintes.

« Les inscriptions, au nombre de plus de cinquante, sont naturellement indéchiffrables. Elles sont écrites avec des signes alphabétiformes *nombreux*, mais *dénombrables*, qui se retrouvent sur des galets gravés et des anneaux plats en pierre dure. Beaucoup de signes sont nouveaux ; beaucoup ressemblent à ceux d'alphabets archaïques du type phénicien.

« Les figures animales gravées, bien que d'un art médiocre, se rattachent évidemment à celles du bel âge du renne, mais, chose remarquable, sans stylisation. Ce sont des dessins inexpérimentés faits d'après nature, à la mode *magdalénienne*, non des copies de copies.

« Nous serions donc, comme l'a vu le docteur Morlet, à une époque intermédiaire entre le bel âge du renne et le début de celui des métaux. Les hommes de cette époque connaissaient, du moins en Auvergne, un système très développé d'écriture alphabétiforme, n'ayant rien de commun avec les écritures de la Babylonie et de l'Égypte, bien des siècles avant les premiers monuments de l'écriture phénicienne. C'est un résultat que n'auraient osé prévoir, à la fin du xviiie siècle et au début du suivant, les plus enthousiastes des celtomanes. MM. Morlet et Fradin, auxquels la science doit cet enseignement inattendu, paradoxal, mais à mes yeux incontestable, ont bien mérité d'elle. Ils continueront.

« J'ai le devoir d'ajouter que j'ai été accompagné, le premier jour, par M. Seymour de Ricci ; ce savant me prie de déclarer que

« les circonstances de la découverte des objets exhumés, non seu-
« lement lui inspirent les plus graves soupçons, mais lui permet-
« tent d'affirmer que nous serions en présence d'une mystification
« nettement caractérisée ». A part un petit fragment d'une hache
polie, les seuls objets de Glozel dont M. de Ricci admette l'authenticité sont des briques vitrifiées ou des débris céramiques « ne pa-
raissant pas avoir plus de cinq siècles de date. »

« A ce scepticisme de mon savant compagnon, je ne puis qu'opposer l'expression réitérée d'une conviction contraire.

« Incrédule avant d'avoir vu et touché, je ne le suis plus du tout
depuis que j'ai touché et vu. Ce n'est pas la première fois que l'invraisemblable doit être tenu pour vrai. »

Le président, qui a reçu au sujet de ces briques chargées de
signes alphabétiques une lettre de M. Jullian, fait connaître que
notre confrère voit dans ces objets des monuments d'une date
beaucoup plus récente.

SEPTEMBRE 3. — Séance de l'Académie des Inscriptions. On lit une lettre de Jullian affirmant sa théorie du « bric à brac de sorcière » et ajoutant qu'il y a
des tablettes apocryphes, celles qui résistent à la vio-
lence de ses lectures.

« Ciboure, 29 août 1926.

« Monsieur le Président et cher Confrère,

« Le bruit extraordinaire fait autour des fouilles de Glozel
(Allier) m'oblige à intervenir, surtout après la communication
faite à la dernière séance de notre Compagnie.

« Les objets dits trouvés à Glozel sont de deux sortes : les uns
ne sont pas authentiques ; les autres le sont. Je ne m'occupe que
de ces derniers, pour le moment.

« Ceux-ci proviennent tous d'une *officina feralis*, d'un logis de
sorcière attenant à quelque sanctuaire rural, de source ou de forêt.
Il n'importe qu'il y ait parmi ces objets des fragments d'instruments en silex ou des têtes de hache en pierre polie : c'était une
chose banale, dans ces sanctuaires, de recueillir tous les objets
que nous appelons préhistoriques. Le sanctuaire d'où proviennent

les objets de Glozel est de l'époque des empereurs romains, Antonins ou Sévères. Les figurines où l'on croit voir des idoles sont de ces poupées d'envoûtement si communes chez les sorciers. Quant aux briques à inscriptions, ce sont les *laminæ litteralæ* dont parle Apulée, les tablettes où on inscrivait les formules magiques, d'incantation, d'envoûtement, de recettes, etc. Les formules inscrites sur les briques dites de Glozel se réfèrent surtout à la chasse, à la pêche, à la vie rurale ou à l'amour. Elles sont gravées en cursive latine, soit par lettres isolées, soit par lettres liées.

« *Je ne parle, je le répète, que des briques authentiques.* — De toutes manières, il faut exclure absolument l'époque néolithique ou préhistorique. »

M. le secrétaire perpétuel fait remarquer que cette lettre, non plus que la communication faite lors de la dernière séance, n'engage en rien la responsabilité de l'Académie.

M. Salomon Reinach annonce qu'il reviendra ultérieurement sur la question des fouilles de Glozel.

SEPTEMBRE 6. — Morlet parle de la ressemblance des objets de Glozel avec ceux d'Alvao *(Journal)*.

SEPTEMBRE 7. — Morlet écrit au *Moniteur du Puy-de-Dôme* une lettre reproduite dans le *Mercure*, 1er oct. 1926, p. 198 :

« Comment M. Jullian peut-il nier l'authenticité de certains objets et croire à l'authenticité des autres puisqu'il n'est pas venu les voir ? Où M. Jullian voit-il des ligatures ? Comment M. Jullian peut-il ramener aux 22 lettres latines les 90 types relevés sur nos tablettes ? Tous les épigraphistes et celtisants consultés en France et à l'étranger déclarent qu'ils ne voient rien là qui se rapproche de l'épigraphie latine. Dans l'hypothèse gallo-romaine, on trouverait, dans le champ des fouilles, des débris de poteries de cette époque.... Il est possible qu'avec les nombreux caractères de Glozel, combinés tant de fois entre eux, on puisse croire reconnaître des mots latins ; on a bien cru y reconnaître des mots arabes et on a également traduit ! »

SEPTEMBRE 8. — A la Société des Antiquaires de France, Clément Pallu de Lessert lit, au nom d'A. Mallat, une note sur Glozel. « Il n'est pas possible qu'il y ait supercherie. » L'auteur de la note se porte garant de la moralité de Morlet et de Fradin. Seymour de Ricci prend ensuite la parole pour exprimer ses doutes, d'ailleurs édulcorés par la rédaction du *Bulletin*.

SEPTEMBRE 9-11. — Pendant trois jours Espérandieu suit les fouilles et en pratique lui-même à son gré (*Merc.* 15 oct. 1926, p. 441 ; 1er déc. 1926, p. 314). Le 10 sept., le prof. Leite de Vasconcellos assiste à la fouille ; le 11, c'est Mosnier. On trouve une tablette inscrite, une idole, des silex taillés, une dent de daim. Espérandieu considère la fosse ovalaire comme un sanctuaire : « De toute façon, ce ne pouvait être qu'un édifice où l'on ne pénétrait pas après achèvement. Ainsi s'élimine la possibilité d'un four de potier ou de verrier. » Pour lui, la question de la « cursive latine » ne se pose pas. Les boules à pointes seraient bien des bobines où les néolithiques enroulaient le fil de lin ; le peson d'argile devait servir au tissage.

SEPTEMBRE 10. — Séance de l'Académie des Inscriptions.

M. Salomon Reinach lit la note suivante :

« J'ai l'honneur de présenter à l'Académie de la part de M. le docteur Morlet, directeur des fouilles de Glozel, quinze photographies, dont quatorze inédites, d'après des objets provenant de ces fouilles. Je les ai fixées sur quatre cartons :

« 1º A gauche en haut, une des statuettes dont on possède déjà plusieurs exemplaires, caractérisés par la partie supérieure d'un visage humain et une indication exagérée du sexe. C'est un exemplaire de ce genre qui a été découvert sous mes yeux. — Puis, trois vases d'une texture grossière, faits à la main, dont les deux premiers offrent comme décor le visage sans bouche, bien connu depuis les fouilles de Schliemann à Hissarlik (1).

« 2° En haut, deux galets gravés : on distingue, sur l'un, deux cervidés, sur l'autre, un ours, surmonté de trois caractères très nets. En bas, deux galets avec inscriptions et deux anneaux plats, dont l'un brisé, sur lequel sont gravés avec soin des caractères.

« 3° Une grande pierre plate découverte ces jours derniers, portant une gravure dont une interprétation figure sur le feuillet droit. Il semble que l'artiste inexpérimenté ait voulu représenter de jeunes équidés. Plus bas, deux galets creusés de cupules, non pas analogues mais identiques à ceux qui, se sont rencontrés dans un dolmen portugais dont je parlerai à l'instant (2).

« 4° Quatre plaques d'argile cuite sur lesquelles sont gravées des inscriptions. La première à gauche est traversée de part en part par une racine qu'on a laissé subsister (je l'ai vue). La troisième a été endommagée, longtemps avant la fouille, par l'humidité ; la quatrième n'est qu'un fragment.

« Un doctrinaire disait qu'on ne fait pas au scepticisme sa part. En l'espèce, Royer-Collard a raison. Tous ces objets — il y en a déjà près d'un millier — sont sortis du sol sur le même terrain, tirés de l'argile jaune qui les englue, par les couteaux de MM. Morlet et Fradin, aucune autre personne n'ayant pris part à leur travail, dans des conditions identiques de sûreté et, je l'ajoute avec conviction, de probité. Tout étant authentique, on ne peut ni suspecter l'ensemble ni en suspecter une partie. Ce n'est pas, comme on dit, à prendre ou à laisser, mais à prendre tel quel.

« La chronologie relative du gisement est définie : 1° par l'absence de tout métal, de tout fragment de poterie gauloise ou romaine, de toute représentation d'animaux appartenant à une faune disparue ; 2° par la survivance maladroite, mais évidente, des pro-

---

(1) Le premier à reconnaître l'analogie de ces figures avec celles des grottes funéraires de la Marne fut Quatrefages de Bréau, *Hommes fossiles*, 1884, p. 124 ; voir aussi *C. R. de l'Acad.*, 1874, p. 85 (Longpérier).
(2) Voir les notes qui suivent.

cédés de dessin au trait chers aux artistes de l'âge du renne ; 3°
par la grossièreté de la poterie faite sans l'aide du tour ; 4° par la
présence d'anneaux-disques en pierre, trop petits pour avoir servi
de bracelets, que l'on trouve exclusivement au néolithique, jamais
à l'époque des armes de métal.

« Un fait nouveau, que je signale avec insistance, enlève à ces
découvertes sinon leur intérêt, qui est de premier ordre, du moins
une partie de leur étrangeté. Deux moines portugais fouillèrent,
en 1894, un dolmen du district montagneux d'Alvao, province
de Tras_os Montes (1) ; leurs trouvailles ne furent publiées complétement qu'en 1903, par M. Ricardo Severo. Elles comprennent
des objets étroitement apparentés à ceux de Glozel : des inscriptions en caractères de même espèce, des galets gravés avec figures
d'animaux mal venues et signes alphabétiformes, d'autres avec
des cupules symétriques. Un sanglier gravé sur un galet d'Alvao
est surmonté d'une inscription qui se retrouve parmi celles de
Glozel et marque peut-être le caractère votif de ces objets.

« La publication de M. Ricardo Severo fut mal reçue : Cartailhac
et moi, dans deux articles, conclûmes, sans nous être donné le
mot, à une mystification (2). Severo, tombé malade, ne répondit
à ces critiques qu'en 1906 (3), et sans convaincre les savants ibériques eux-mêmes, qui firent le silence sur les trouvailles d'Alvao (4).
Seuls, à ma connaissance, un archéologue anglais, le Rév. Dukinfield Astley, et un archéologue allemand, Wilke, se déclarèrent
convaincus. Wilke, en 1912, alla jusqu'à dire, adoptant la doctrine
de Piette, que ces objets impliquaient l'origine ouest-européenne
de notre écriture. Je rendis compte du volume de Wilke, mais res-
tai sceptique (5). Cet état d'esprit est justifiable, car un corps de
doctrine est un organisme qui se défend contre l'intrusion d'éléments perturbateurs. En archéologie, cette défense se manifeste tantôt par l'hypothèse d'une supercherie, tantôt par la ten-

(1) *Concelho de Villa Pouca d'Aguiar. Ces dolmens sont du type le
plus ancien. Le premier rapport sur ces fouilles est dans l'*Archeol. Portu-
gués*, t. I, p. 36, 344.
(2) *Rev. archéol.* 1903, II, p. 430 ; l'*Anthropologie*, 1904, p. 389.
(3) *Portugalia*, II, p. 113. Voir la bibliographie de l'art. *Alvaô* dans
le *Reallexicon* d'Elbert (1924).
(4) Voir Rob. Munro, *Archæology and false antiquities*, Londres, 1906.
(5) *Rev. archaeol.*, 1913, I, p. 96 ; 1914, I, p. 142. Voir aussi G. Wilke
Kulturbeziehungen zwischen Indien und Europa, 1913, et *Mannus*, IV,
1912, p. 295. (R. von Lichtenberg).]

dance de rabaisser la date des objets nouveaux pour les rendre, si l'on peut dire, inoffensifs. L'Académie, au cours des deux dernières séances, a eu des exemples de ces deux formes de réaction.

« Le premier, je crois, qui ait affirmé de nos jours, sur des indices d'ailleurs assez faibles, l'origine européenne et occidentale de l'alphabet, est un Portugais, Estacio de Veiga (1891) (1). En 1896, Piette se prononça indépendamment dans le même sens et à bon escient (2), car il avait découvert des galets peints, portant des signes nettement alphabétiformes, dans ses fouilles célèbres du Mas d'Azil. Il fut aussi le premier à dire que les Phéniciens, en bons commerçants, avaient emprunté à leurs clients d'outre-mer les éléments de leur alphabet réduit. Un peu plus tard, la révélation des écritures égéennes par Sir Arthur Evans (1900) (3) porta un coup décisif à la vieille thèse phénicienne. En 1903, Ricardo Severo abonda dans le sens de Piette ; en 1908, sans aller aussi loin, Déchelette se montra ébranlé (4). Mais aucun savant faisant autorité n'a encore adopté la doctrine que les découvertes d'Alvao et surtout celles de Glozel semblent maintenant imposer. Je m'assure que cela ne tardera pas, et ce complément d'une évolution sera presque une révolution dans notre science. »

M. Reinach lit enfin la dépêche suivante qu'il vient de recevoir du commandant Espérandieu :

« Vichy, 9 septembre.

« Authenticité découvertes Glozel ne doit faire aucun doute. Ai vu les objets et assisté aux fouilles. Deux trouvailles faites sous mes yeux. ´

« ESPÉRANDIEU. »

— Ce même jour, Begouen publie dans les *Débats* une lettre ouverte à S. Reinach. Sans avoir été à Glozel,

____

(1) *Antiq. monum. de Algarve*, t. IV, p. 298.

(2) *L'Anthropologie*, 1896, p. 385 sq., surtout p. 425-7. Voir aussi Sàyce, dans l'*Ilios* de Schliemann, trad. fr. p. 901 (à propos des signes graphiques de Troie).

(3) La première tablette de Cnossos parut dans l'*Athenaeum*, 19 mai 1900, p. 634.

(4) DÉCHELETTE, *Manuel*, I, p. 608.

il exprime des soupçons injurieux et réclame l'envoi
d'une commission de contrôle.

[*Commentaire*. La commission de contrôle, cé sont les savants
compétents et honnêtes qui vont assister aux fouilles de Glozel et
publient leurs impressions. Cette commission n'a rien de commun
avec celle que Begouen rêve dès lors de choisir lui-même parmi
les *naufrageurs* de Glozel, leurs dupes ou leurs obligés].

SEPTEMBRE 12. — Morlet écrit au *Moniteur du
Puy-de-Dôme* (*Merc.*, 1ᵉʳ juin 1927, p. 476) : « Nous
avons convié à Glozel les premiers savants de France
et de l'étranger. Que M. le comte Begouen veuille
bien nous pardonner de n'avoir pas pensé à lui. »

SEPTEMBRE 13. — Le professeur portugais Leite
de Vasconcellos, qui a assisté aux fouilles, écrit à Morlet : « Tout le monde savant retentira bientôt des découvertes de Glozel. » (*Merc.*, 1ᵉʳ oct. 1926, p. 201).

SEPTEMBRE 14-23. — Depéret, géologue, doyen
de la Faculté des Sciences de Lyon, membre de l'Académie des Sciences, et Viennot, président de la Société
géologique de France, viennent assister aux fouilles.
Viennot est frappé de l'analogie des tablettes avec
celles qu'il a vues en Mésopotamie : même matière première, même forme, même patine. Depéret détermine
les dents d'animaux : daim, petit bœuf, sanglier, chèvre. Les deux ensemble étudient la formation et le *facies*
du terrain (argiles jaunes de décomposition). Ils découvrent, dans l'argile jaune *entièrement vierge de tout
remaniement* (ce sont eux qui soulignent), une tablette

inscrite : « Des racines de plantes avaient pénétré profondément dans l'argile et entouraient le fragment de tablette recueilli par nous, corroborant ainsi l'ancienneté de l'enfouissement. Il ne saurait rester dans l'esprit d'un géologue aucun doute sur la situation parfaitement en place de ce précieux objet, et nous pouvons donner à cet égard notre attestation la plus formelle. » (*Merc.*, 1er déc. 1926, p. 322 et suiv.) — Le 23 sept. Depéret était accompagné de H. de Varigny.

SEPTEMBRE 15. — Dans le *Mercure* de ce jour, Morlet étudie les idoles phalliques et bissexuées (fig. p. 565, 566). Jusque là, il y a 9 idoles et 5 vases « tête de mort » (fig. du vase, p. 563).

« On peut voir dans l'idole glozélienne l'ancêtre de la déesse funéraire des tombes égéennes et portugaises... La représentation de la mort, qui est le grand silence, demandait la suppression de la bouche. Le masque néolithique était l'effigie de la Mort. On étendit ensuite cette image aux idoles gardiennes de tombeaux qui se rencontrent à Glozel soit avec des attributs virils seuls, soit avec les deux sexes (haut. moyenne, 0m 15). Ce n'est pas la statue complète d'une divinité nue, mais *le masque néolithique sur la paroi scrotale.* Le témoin droit descend toujours plus bas que le gauche... Une de nos figures était recouverte de poudre d'ocre jaune... S'agit-il d'un objet rituel, destiné à rendre moins douloureuse l'initiation des filles nubiles ?... Comme les organes qui créent la vie entourent, sur ces idoles, le facies sans bouche, qui est l'effigie de la mort, peut-être indiquent-ils la croyance à une nouvelle vie. »

SEPTEMBRE 16. — Depéret et Viennot écrivent à Morlet pour affirmer leur conviction. Ils ont déterminé deux molaires d'un cerf de la taille du daim, animal complétement étranger à la contrée (*Merc.*, 1ᵉʳ oct. p. 200).

SEPTEMBRE 18. — Dans les *Times*, le prof. Elliot Smith opine qu'il faut retrancher un zéro des 30.000 ans d'ancienneté attribués au magdalénien.

SEPTEMBRE 20. — Espérandieu *(Temps)* exprime sa conviction absolue.

« Aucun truquage n'est possible... Pourquoi les hommes qui ont tracé les décorations d'Altamira n'auraient-ils pas eu l'idée de rendre avec des signes les modulations de la parole ?... Les briques de Glozel provoquent aujourd'hui le même scepticisme que les silex de Chelles ou les os gravés de la Madeleine... La part des Phéniciens demeure du reste intéressante dans la constitution de l'alphabet... Il s'agirait (à Glozel) d'un petit sanctuaire où auraient été particulièrement en honneur les forces génératrices. » Espérandieu rapproche aussi des idoles les statues-menhirs du Tarn, de l'Aveyron et de l'Hérault (réimpr. *Merc.*, 1ᵉʳ oct. 1926, p. 202).

SEPTEMBRE 21. — Espérandieu adresse au *Mercure* une lettre imprimée là le 15 oct. 1926, p. 440 :

« Aucun soupçon ne doit effleurer les fouilles de Glozel... Leur analogie avec les statues-menhirs, les trouvailles du N.-E. du Portugal, du S.-O. de l'Espagne, de l'Archipel et d'Hissarlik vient à l'appui de leur authenticité. »

SEPTEMBRE 24. — A l'Académie des Inscriptions, le secrétaire perpétuel communique une lettre d'Espérandieu. S. Reinach donne lecture d'un témoignage formel de Depéret et Viennot. Il lit aussi un télégramme de Depéret qui est sur les lieux et annonce la mise

au jour de nouveaux objets. — Lettre d'Espérandieu
(de Nîmes, 20 septembre) :

« Les fouilles de Glozel, près de Vichy, que fait M. le docteur
Morlet, en collaboration avec M. Émile Fradin, attirent et inquiè-
tent l'attention publique.

« Leurs résultats sont, en effet, tellement extraordinaires, que le
scepticisme qui les accueille ne doit pas surprendre. Je voudrais
essayer d'établir qu'il n'est pas fondé.

« Dans le principe, ces fouilles ne furent pas sans m'inspirer
aussi beaucoup de méfiance. J'y voyais comme une sorte de renou-
vellement de la mystification de Neuvy-sur-Barangeon, en 1861 (1).

« A la demande de M. le docteur Morlet, je les ai suivies pendant
trois jours, les 9, 10 et 11 septembre courant, et je puis garantir
qu'aucune fraude ne s'est produite en ma présence.

« Je ne disconviens pas qu'il eût été relativement facile de pro-
fiter d'un court moment d'inattention de ma part pour laisser
tomber, dans les déblais, quelque objet de très petit volume. Mais
les tablettes d'argile cuite, qui constituent la partie la plus importante des trouvailles, sont extrêmement friables. Leur extraction
exige beaucoup de soin et certaines de ces tablettes se fragmentent
sous l'effort des doigts. Il est donc impossible qu'un faussaire —
dans l'espèce celui des fouilleurs qu'on a soupçonné — puisse,
sous les yeux d'un assistant, introduire dans le sol des tablettes
de cette sorte.

« Reste l'hypothèse d'une préparation du terrain en l'absence
de tout témoin. Cela se pourrait, s'il s'agissait d'une fouille dans
une tranchée déjà ouverte. Mais j'ai choisi moi-même les emplacements sur lesquels on a creusé ; ils ne présentaient à la surface
aucune trace de travail récent et la fouille a, chaque fois, établi
qu'elle était faite en terrain vierge, parfois traversé par des racines
d'une assez forte grosseur. Une tablette, un fragment de tablette
et une dizaine d'autres objets, dont une idole phallique de terre
cuite, sont, devant moi, sortis de terre dans ces conditions. Si leur
authenticité n'était pas acceptée, il faudrait admettre que la fraude
date déjà de plusieurs années. Or le fouilleur dont je parle est un
cultivateur âgé de vingt et un ans, qui n'a fait aucune étude d'ar-

(1) [Voir l'expression de ses doutes, 5 mai et 25 août 1925, in *Bull.
Soc. Émul.*, 1926, p. 278. — S. R.].

chéologie et chez lequel l'intelligence, quelque grande qu'on la suppose, ne saurait suppléer au manque d'instruction en préhistoire.

« Je crois me souvenir qu'on a laissé entendre que l'idée d'une mystification aurait pu lui venir en visitant les Musées, durant son service militaire. Ce cultivateur, ajourné de l'année dernière, n'a pas encore été soldat.

« Mais, les tablettes mises à part — bien qu'il n'y ait pas lieu de les suspecter plus que le reste, — les objets, au nombre de deux ou trois centaines, recueillis dans les fouilles de Glozel, sont sûrement antiques. Un archéologue portugais, M. J. Leite de Vasconcellos, correspondant de l'Académie, est nettement d'avis, comme moi-même, qu'ils portent en soi la preuve de leur authenticité. Leur réunion, en vue d'une fraude, eût, par suite, demandé passablement de temps et coûté une assez forte somme.

« Certes, ces arguments, tout moraux, ne sont pas des preuves. Je ne suppose pas qu'il en soit de même de la matérialité de trouvailles faites, comme je l'ai dit, en terrain vierge, en présence de témoins, sur des emplacements choisis par eux.

« Tous les objets mis au jour, dont la forme n'est pas nouvelle, sont de l'époque néolithique. Il ne peut qu'en être de même des autres.

« Le but de cette note n'est pas de les décrire, ni de tenter d'expliquer leur grand nombre autour des restes d'une construction grossière pavée de briques. M. le docteur Morlet a pensé que cette construction pourrait être une tombe ; comme on n'y a pas trouvé d'ossements, l'hypothèse d'un endroit sacré semble préférable.

« En somme les découvertes faites à Glozel ne méritent ni suspicion, ni dédain.

« M. le docteur Morlet — on le conçoit aisément — ne désire pas des fouilles trop fréquentes de démonstration qui, le plus souvent, sont accomplies à la hâte, non sans dommage pour les trouvailles. Mais je sais qu'il sera toujours heureux d'accueillir les savants qualifiés qui, pour se former une opinion, lui demanderont de pratiquer des fouilles de cette sorte.

« Il est à souhaiter que ces savants soient assez nombreux pour que tombent des préventions, à mon avis tout aussi peu fondées que celles dont furent l'objet, en 1838, les découvertes de Boucher de Perthes ; en 1875, les premières peintures d'Altamira. »

A la suite de la communication de M. le commandant Espéran-

dieu, M. S. Reinach donne lecture d'une lettre écrite de Glozel par
M. Depéret, géologue, de l'Académie des Sciences, qui, assistant
aux fouilles ces jours-ci, a vu d'importants objets sortir de l'argile
vierge, atteste formellement leur authenticité et précise la nature
du gisement au point de vue géologique. M. Depéret était accompagné de M. P. Viennot, de la Société géologique de France, qui
souscrit à ces affirmations.

. « On peut vraiment en croire des observateurs qui parlent de ce
qu'ils ont vu, ajoute M. S. Reinach. La question de l'authenticité
intégrale des extraordinaires trouvailles de Glozel doit être considérée comme définitivement résolue ; celle de leur interprétation
occupera désormais les archéologues, et les occupera sans doute
longtemps. »

SEPTEMBRE 26. — H. de Varigny, qui a été sur
les lieux avec Depéret, décrit avec détail le gisement
(*Débats*, réimpr. *Merc.* 15 oct. p. 443). Il rapporte que
ce géologue a reconnu un daim sur le galet où Morlet
avait cru voir un renne « qui était peu vraisemblable ».
Il conclut :

La station de Glozel est du néolithique franc, non du prénéo-
lithique... Ce qu'une visite à Glozel doit d'abord introduire dans
l'esprit du visiteur, c'est que le gisement est en place, naturel,
spontané, authentique. »

SEPTEMBRE 27. — S. Reinach, dans le *Times*
(reprod. *Merc.*, 15 oct. p. 445), n'admet pas qu'on mette,
avec Elliot Smith, le magdalénien vers 3.000, mais
croit qu'il faut le faire descendre vers 5-6000 à cause
du néolithique ancien de Glozel contenant : 1º des
objets analogues à ceux du néolithique égéen ; 2º des
inscriptions analogues à celles d'Alvao ; 3º des gravures
dans le style magdalénien dégénéré. Comme les séries
1 et 2 sont de 4.000-3.000, le magdalénien dégénéré ne

peut être plus ancien et le vrai magdalénien doit finir
vers 5.000 environ.

SEPTEMBRE 29. — Viennot seul procède avec Morlet à de nouvelles fouilles qui donnent une bobine, une
lampe, une brique à cupules, un fragment de tablette
inscrite, une dent fossilisée de chèvre, une plaque de
schiste gravée profondément de trois animaux (*Merc.*,
1er déc. 1926, p. 325).

SANS DATE PRÉCISE

JUILLET-SEPTEMBRE. — Jullian rend compte
(*Revue des Études anciennes*, p. 13 et suiv.). du fascicule 2 de Morlet :

« Je ne peux que répéter ce que j'ai dit. L'alphabet est sans doute
une cursive des temps impériaux... Il y a dans ces découvertes
des éléments de mystère qu'il importe d'abord de dissiper... Cet
alphabet se retrouve identique dans un bracelet de schiste trouvé
à Sorbier dans l'Allier et peut-être sur une hache polie trouvée à
Saussat (découvertes de Clément ; voir Pérot, *Bull. Soc. Préh.*,
27 févr. 1917), sur une hache trouvée sur l'emplacement du fameux
atelier de bracelets de Montcombroux (en 1925, par Clément),
enfin sur un ou plusieurs éléments de bracelets du même atelier.
J'ajoute que l'enquête doit porter sur d'autres signes gravés çà
et là sur des haches polies, ceux de la plaque de Guérande *(Rev.
ét. anc.*, 1915, p. 68), la brique d'Aix (*ibid.*, 1909, 51), la pastille de
verre de Muensingen (Déchelette, II, p. 1321)... Je ne peux que
souscrire aux réserves et observations au sujet de ces fouilles par
M. J. Viple, dans le *Bull. Soc. Bourb.*, janv.-fév. 1926. »

Ibid., p. 21 : « Je reçois et examine la photographie des briques
(envoi de Morlet par l'entremise de Van Gennep). Toutes les lettres
sont de la cursive latine à survivances italiotes. Ce sont *laminæ
litteratæ* à formules magiques et tout cet ensemble vient de quel-

que sanctuaire de source et date des empereurs romains. Voilà
du beau travail pour M. Audollent qui est sur place. »

[*Commentaire*. Audollent, doyen de la Faculté de Clermont,
s'est en effet distingué par la lecture et l'interprétation d'inscriptions magiques latines très difficiles. Il examina, à la prière de
Jullian, les inscriptions de Glozel et, comme il obéit à sa conscience
de savant, déclara à Jullian qu'il n'y avait là ni cursive ni latin.
Voir plus bas, 31 octobre].

SEPTEMBRE-OCTOBRE. — La Société d'Ému-
lation du Bourbonnais publie, dans son *Bulletin*, une
bibliographie des fouilles de Glozel ; elle étudie, entre
autres, les formes du nom de ce hameau depuis Cassi-
ni : Le Glozet, Clozet, Glozet, Glozel (*Merc.*, 15 janv.
1927, p. 466).

OCTOBRE 1. — Dans le *Mercure* de ce jour, première *Chronique de Glozel* (p. 193 et suiv.).

OCTOBRE 11. — Depéret motive son adhésion
dans une communication à l'Académie des Sciences
(reprod. *Merc.*, 1er nov. p. 701 ; *Débats*, du 13). Le dessin sur galet ne représente pas un renne, mais un daim
au 3e bois ; le gisement est néolithique franc, non de
la fin du paléolithique. A propos des caractères d'écriture, Depéret rappelle ceux d'Alvao et de Montcombroux. En ce qui touche l'opinion de Jullian, il demande
à voir des traductions.

La fosse ellipsoïdale, délimitée par des murs formés
de grosses pierres, jointes par de l'argile et du sable
siliceux, en partie vitrifiée par le feu, est, *à n'en pas
douter*, une sépulture.

OCTOBRE 14. — Dans la *Dépêche* de Toulouse, Haraucourt propose d'expliquer Glozel par la civilisation de l'Atlantide, ce qui est *obscurum per obscurius* (voir *Merc.*, 1 nov. 1926, p. 104).

OCTOBRE 15. — Mendes Correa, professeur à Porto, sollicité par Jullian, va voir les objets d'Alvao, les dit authentiques, mais observe que rien ne prouve que dolmen et inscriptions soient de même date ; le dolmen a pu être utilisé comme fabrique d'objets votifs. Alvao, au point de vue chronologique, n'infirme ni ne confirme Glozel (*Merc.*, 1er juin 1927, p. 479).

— A l'Académie des Inscriptions, Loth se range à l'opinion de Morlet sur le symbolisme des idoles néolithiques sans bouche. La mort est le grand silence ; le repas funéraire, *silicernium*, est le « repas du silencieux ». Les morts sont appelés par Claudien *populus silentum* (*Merc.*, 1er nov. 1926, p. 707).

— Dans le *Mercure* de ce jour (p. 257), Morlet étudie la décoration céramique des vases de Glozel. Convaincu (à tort) par Depéret et Mayet, il admet que l'animal qu'il a pris pour un renne est un daim.

1º Ornés ou non, les vases sont de même époque, d'argile grossière, mal cuite, non travaillée au tour. Quand ils sortent de l'argile, les vases sont malléables et doivent être mis à sécher à l'ombre. Le bord supérieur est généralement tourné en dedans. Il n'y a pas deux pièces identiques.

2º Six vases ont des décors incisés ; l'ouverture y est plus grande que celle des vases à masque, exclusivement funéraires.

3º Les vases à masque, en forme de crânes dans le haut, sont le symbole de la mort.

4º Les vases dits à tête de chouette de Schliemann (Hissarlik) sont beaucoup plus évolués.

5º Toutes les parties de masque néolithique ont concouru, en se stylisant, à la décoration de la céramique néolithique. Les arcades sourcilières proéminentes deviennent des moyens de préhension ; ainsi semble avoir été créée l'anse.

6º Les mêmes caractères se trouvent sur des vases et des tablettes.

7º La décoration céramique est née en partie de la dissociation du masque néolithique et de la stylisation.

OCTOBRE 16. — Parlant à l'*University College* (*Times*, 15 oct. 1926) des révélations dues aux fouilles de Glozel, en particulier des tablettes inscrites et des éléments de décoration égéens, le professeur Smith a soutenu : 1º que le magdalénien a probablement pris fin vers l'an 2000 ; 2º que l'alphabet crétois a pu fort bien se propager de l'est à l'ouest.

Même thèse dans un article bien illustré sur Glozel (*Illustrated London News*, 23 oct. 1926). [La date assignée à la fin de l'âge du renne, en réaction extrême contre des évaluations trop élevées, ne sera admise par aucun préhistorien].

OCTOBRE 18. — Boule écrit à Morlet (*Temps*, 21 nov. 1927) :

« L'affaire de Glozel ne saurait me laisser indifférent. Ne pouvant moi-même aller à Vichy pour répondre à votre aimable appel, je me fais un plaisir de prier mon collaborateur et ami M. Breuil de se rendre auprès de vous pour étudier la question, en qualité de délégué de l'Institut de paléontologie humaine. »

OCTOBRE 19-23. — Loth et Breuil se rendent à Vichy et à Glozel (*Merc.*, 15 déc. 1926, p. 328). Le 19, ils voient la collection de Morlet, le 20 celle de Fradin. Ils reconnaissent qu'on y retrouve (sur le galet avec groupe de chevaux) « une réminiscence de l'art magdalénien de la période finale ». Breuil considère les minuscules éclats de silex comme détachés d'une hache polie, à quoi Morlet objecte qu'ils peuvent aussi venir d'un tranchet ; tous les petits éclats ont été recueillis sur le même point. « C'est bien du néolithique, dit Breuil, mais c'est une colonie orientale, une civilisation fixée dans une phase archaïque. » Breuil croit voir un daim dans le renne gravé sur galet et dit qu'il l'accepterait comme magdalénien, mais d'un art inférieur, s'il le trouvait dans un gisement de cette époque. Il va jusqu'à admettre « une certaine consanguinité » entre les Magdaléniens et les Glozéliens. Sur la gravure 53 du fasc. 3 de Morlet, Breuil croit reconnaître une tête de buffle, inconnu en Europe jusqu'au moyen âge : les Glozéliens seraient venus d'Orient avec leurs animaux (!)

Le 22 au soir, fouilles à Glozel sous la pluie. On trouve des morceaux de poterie à contexture de grès, une fusaïole, une extrémité de hache en serpentine

Obligé de repartir le même soir, Breuil dit à Morlet : « Je vous remercie, vous m'avez convaincu. »

Le 23, Loth va seul aux fouilles avec Morlet ; il trouve une brique à cinq cupules avec caractères de l'autre côté, la première de ce genre. « Cette brique, remarque Morlet, relie la fosse ovalaire, où de nombreuses briques à cupules étaient incluses, aux tablettes couvertes d'inscriptions. »

Le Bourbonnais est une région à mégalithes ; il n'y a rien de mégalithique à Glozel ; Loth en conclut que Glozel est beaucoup plus ancien.

Morlet dit à Loth que si vraiment l'écriture linéaire [de Petrie] s'est conservée en Égypte jusqu'à l'âge des premiers hiéroglyphes, la découverte d'une bilingue ne serait pas impossible (p. 335). Il dit aussi : « Les débris de grès se trouvent toujours au début de la couche archéologique. Les objets de verroterie se trouvaient au même niveau ; les restes de ce que nous croyons être un four de verrier, au-dessus de la fosse ovalaire, étaient construits à l'aide de petites briques dont la pâte diffère de celle des briques à cupules (p. 336). » Morlet ne croit plus que les Glozéliens aient inventé le verre, mais note que l'altération de la surface du verre de Glozel atteint plusieurs millimètres, alors que celle des verres galloromains se réduit à de simples phénomènes d'irisation. L'invention indigène du verre serait admissible en raison de la nature spéciale de l'argile de Glozel qui se vitrifiait lorsqu'elle était soumise au feu. Comme la céramique en terre, la poterie à contexture de grès a le bord supérieur tourné en dedans (p. 337).

OCTOBRE 31. — L'Anglais O. G. S. Crawford, qui s'est présenté à Morlet comme « préhistorien militaire en avion », publie à son retour un article dans *l'Observer* qui se termine par des remerciements à Morlet et à Fradin (trad. *Merc.*, 1er déc. 1926, p. 477). Il a confessé, à Vichy, qu'il n'entendait rien à la céramique et le prouve en écrivant qu'il n'a jamais vu de poteries comme celles de Glozel ; Van Gennep fait observer qu'il y en a dans l'Aurès et partout où la technique néolithique a subsisté.

— Audollent écrira plus tard dans le *Correspondant* (10 nov. 1927, p. 442) :

« A mon arrivée chez les Fradin le 31 octobre, le premier objet qui frappa mes regards dans le petit musée fut un vase exhumé de la veille, dont une racine de fougère a percé l'une des parois pour ressortir par l'autre. Une grande brique est de même perforée par une racine. La nature s'est chargée de démontrer que les terres-cuites dormaient depuis longtemps dans le sol qui nous les rend. »

Audollent, n'ayant rien vu de romain à Glozel, signale ses constatations à Jullian « au risque de le contrister ». (*Temps,* 1ᵉʳ déc. 1927).

NOVEMBRE 1. — Dans le *Mercure* de ce jour, Morlet commence le récit (continué le 1ᵉʳ déc.) des *journées mémorables de Glozel,* visites de Van Gennep, S. Reinach, Espérandieu, Leite, Depéret, Viennot. Cet article contient d'utiles observations.

P. 571. Dans certaines briques inscrites, les traits des caractères sont en partie obstrués par une bouillie d'argile plus colorée et plus fine, appliquée sur la surface unie, déjà couverte de signes. Ces spécimens sont les plus beaux et les plus résistants. Peut-être ont-ils été soumis à une seconde, mais légère exposition à feu libre... Quelques rares tablettes, fortement cuites, de couleur noirâtre, peuvent avoir été calcinées accidentellement au cours d'un incendie.

p. 572. Glozel fut bien un lieu d'ensevelissement. Les ossements fossilisés ont été identifiés par le professeur Buy (de Clermont)... La richesse archéologique qu'on a reprochée à Glozel vient de l'accumulation des mobiliers funéraires.

p. 573. « Nous ne tamisons pas la terre, parce que l'argile humide ne peut se passer au tamis. Nous ne la rejetons pas dans le ruisseau parce que nous voulons plus tard revoir les déblais où de petits objets ont pu passer inaperçus.

p. 574. « C'est parce que nous exécutons nos fouilles nous-mêmes, sans hâte, à l'aide de simples grattoirs ou de couteaux, que nous avons réuni des collections où l'on nous reproche — mais que nous ne reproche-t-on pas ? — de trouver trop de pièces entières.

p. 579. « Les trois tablettes anépigraphes que nous possédons sont semblables à celles qui sont inscrites ; peut-être ne les lissait-on qu'au dernier moment avant d'y tracer les caractères. » [Le 25 août, en la présence de S. Reinach, on a trouvé une tablette anépigraphe ; S. Reinach a estimé que les caractères devaient y être non gravés, mais peints].

NOVEMBRE 2. — Loth adresse une longue lettre à Morlet (*Merc.*, 1er déc., 1926, p. 338-46).

« On se sent dans un monde nouveau, devant une civilisation étrange, je serais tenté de dire *étrangère* [influence de Breuil ?] Il faut se tourner vers la Troade, la Crète, l'Égypte, peut-être vers certains pays balkaniques et, au point de vue de l'écriture, vers l'Espagne aussi et la Libye... Il est sûr que tous les objets appartiennent à l'époque néolithique, sans en excepter les tablettes. On trouve même sur les galets, les haches et les anneaux en schiste les caractères qui figurent sur les tablettes [Loth avait songé d'abord à une civilisation à plusieurs assises]... Peut-être les glozéliens étaient-ils les descendants d'une tribu magdalénienne restée isolée... S'il est certain que la station dans son ensemble est néolithique, il semble cependant qu'on y distingue deux stades : 1º les galets gravés avec cervidés et chevaux errant en troupes, avec tête de buffle [p. 341, encore Breuil], qui conviennent à des chasseurs. Mais d'après l'opinion de Breuil, l'homme le plus compétent en pareille matière, la facture de ces gravures n'a rien de magdalénien, non plus que les harpons. 2º Avec la meule à bras (1) on entre dans un stade plus récent : de chasseur le glozélien devient agriculteur (p. 343). Bobines et fusaïoles prouvent que le tissage était connu. Dans l'ensemble, la station de Glozel s'étend d'une époque voisine de l'azilien jusqu'à l'époque mégalithique ; peutêtre même a-t-elle persisté quelque temps pendant cette période. Elle n'a certainement pas connu le métal. » Loth termine (p. 346) en disant à Morlet : « Aux yeux d'un certain public, vous étiez pour les uns un faussaire, pour les autres un naïf. Vous avez lutté : aujourd'hui vous triomphez. »

NOVEMBRE 5. — Jullian dit à l'Académie des Inscriptions que l'authenticité des objets est incontestable, mais qu'ils sont gallo-romains, tout au plus des dernières années de la République romaine. Ce sont les restes d'une installation de sorcière. Une partie sont des ustensiles de ménage, une autre, des ex-voto, la

(1) On a reconnu depuis que ce n'est pas une meule. — S. R.

troisième des pièces d'envoûtement. Ils ont d'ailleurs été trouvés à proximité d'un bois et d'une source, ce qui caractérise les sanctuaires ruraux. Si 40 % des objets sont des silex et des galets préhistoriques, ils ont été apportés comme ex-voto. Les inscriptions sont en cursive latine. Les phallus « sont assez peu glorieusement ithyphalliques, puisque la sorcière nouait aussi bien qu'elle dénouait l'aiguillette. » Les têtes sans bouche sont « destinées, non à symboliser la mort, mais à paralyser la langue de certains plaideurs. »

S. Reinach fait quelques observations au sujet du style des objets, mais se réserve de parler sur le fond quand Jullian aura, comme il le promet, commenté les inscriptions.

— Breuil écrit à Van Gennep pour résumer l'article qu'il va publier dans l'*Anthropologie* (*Merc.*, 1er déc. p. 483). Les objets sont inutilisables, leur technique stupide. Diverses facettes de taille des harpons ont la netteté de celles du métal — cuivre peut-être. Les gravures n'ont rien de commun avec le magdalénien. « Le pseudo-renne, encore moins élan que renne, est vraisemblablement un cerf élaphe, incorrect ou anormal. La femelle allaitant est une chèvre domestique typique. La tête de bovidé est, sans doute possible, un buffle femelle, animal étranger à nos contrées... Plusieurs gravures non publiées ont le corps en forme d'outre des dessins de Lourdes, non paléolithiques, non datés malheureusement. L'âge n'est ni magdalénien, ni azilien, ni tardenoisien, ni campignien, ni paléolithique, ni mégalithique (sauf un vase à décor en chevrons et en forme de calice rappelant les Iles britanniques), mais exotique jusqu'à une hache en pierre à soie (rappelant, peut être par hasard, celles d'Indo-Chine et de Birmanie), mais ensemble probablement néo-énéolithique, aussi étranger à la civilisation indigène que l'était un campement ou un cimetière d'Espagnols de Cortez au milieu de l'empire de Montezuma. »

[La surprise naturellement causée par une civilisation toute nouvelle se colore ici d'une mauvaise humeur prête à éclater].

NOVEMBRE 12. — Séance de l'Académie des Inscriptions.

M. Camille Jullian fait une seconde communication sur les fouilles de Glozel. Il résume ainsi l'ensemble de ses recherches :

« Bric à brac de sorcière, grimoire magique : voilà ce que renferment les fouilles de Glozel. Tout cela est d'ailleurs fort intéressant. Car c'est la première fois que nous nous trouvons en présence d'un gisement complet de sorcellerie antique : ceux d'Alvao en Portugal, de Baarburg en Suisse, de Tell-Sandahanna en Palestine, n'ont livré que quelques groupes d'objets. Ici, il y a tout l'attirail magique au complet : les silex et têtes de hache préhistoriques en ex-voto, les dessins d'animaux fantastiques (biche et faon cornus, l' « animal d'épouvante » à la poitrine servant de tête, toutes ces figures monstrueuses qui excitaient la colère de saint Jérôme), les poupées d'envoûtement qui montrent encore la trace de l'aiguille qui les a percées et des fils de laine qui les ont attachées, et les fameux visages sans bouche des envoûtés (d'où est venu le mot *vultus* signifiant face d'envoûtement, *envoûler* en français), et toute la vaisselle de terre cuite familière aux sorcières (ornée de ces figurations talismaniques commes les bronzes grecs, dont ces pots de grès sont l'équivalent vulgaire : images de la tête d'épervier, de l'étoile de mer, de la plante d'hippomane, etc.), phallus à l'état de dépression, galets à initiales de démons, etc. Le tout très facile à dater. C'est au temps des empereurs romains, et postérieur à 250 de notre ère ; mettons vers 300 *après* Jésus-Christ. Comme preuves,

les suivantes : la lettre *x*, sur les inscriptions, remplaçant la lettre *s* ;
la correspondance absolue des formules magiques avec celles des
papyrus (surtout ceux d'Oslo) et des tablettes dites du dieu Seth,
l'absence de poteries vernissées rouges (qui disparaissent vers 250),
la forme particulière de certaines lettres, le B et le C. La sorcière de
Glozel a dû avoir une grande vogue vers le temps de Probus et de
Dioclétien, qui a marqué d'ailleurs un renouveau dans la sorcellerie gréco-romaine. Mais je doute que la vogue de l'endroit ait duré
après Constantin.

« Les objets gravés sont tous en cursive latine, en écriture courante. *Il ne peut pas y avoir le moindre doute.* Il suffit pour s'en convaincre de comparer les 22 ou 23 lettres que livrent les objets de
Glozel avec les alphabets cursifs du *Cours d'épigraphie latine*
publié par M. Cagnat.

« On a objecté que les lettres de Glozel sont larges, épaisses et
hautes, toutes différentes des traits menus et déliés de la cursive
sur plomb. *Cette objection ne tient pas.* On n'écrit pas sur métal comme sur la terre molle des briques. Essayez aujourd'hui d'écrire sur
la terre et le sable ; vous verrez si vos lettres auront la même moda-
lité que sur le papier. — Il y a deux catégories d'objets gravés :
Inscriptions sur galets, qui sont des abréviations de noms de démons ou des exclamations (*sta*, « arrête-toi », sous le cervidé ; *ploax*
« bête d'épouvante » [mot grec], sous un monstre, etc.). Et enfin, et
surtout, inscriptions sur briques, beaucoup plus longues : celles-ci
toutes et sans exception, formules magiques, d'ailleurs correspondant à des formules déjà connues par des tablettes de plomb ou
par des papyrus. Exemple : *liga oxum*, qui équivaut à « nouer les
aiguillettes », *oxum* est un mot connu signifiant « os »; appel à la
biche magique, indication pour se faire aimer, ordre de « sauter de
l'échelle » (*huc xali* et représentation de l'échelle) : le saut étant
un des procédés de divination les plus usités ; invocation du démon
Tychon, « démon aphrodisiaque de la pire espèce », comme disent
les savants.

« En somme, milieu très vulgaire. Nous ne sommes pas à l'aube
rayonnante des civilisations, mais dans les bas-fonds du paganisme
romain à la veille de sa chute. Ce ne sont pas Adam et Ève, les
initiateurs traditionnels des temps néolithiques, ce sont des Lo-
custe et des Canidie de bas-étage. »

M. S. Reinach répond : 1° Le gisement est néolithique ; on n'y
trouve absolument rien de romain ; 2° Il ne peut être question de

lire du latin, même de sorcière, dans des textes où les caractères alphabétiques sont trois fois plus nombreux que dans n'importe quel document connu. Il conclut : « On ne supprime pas trente siècles d'histoire : l'art même d'une sorcière thessalienne n'y suffirait pas. »

Loth dit qu'il va publier dans le *Mercure* un article conforme à l'opinion de M. S. Reinach et que la communication de M. Jullian ne saurait le faire changer d'avis.

NOVEMBRE 13. — Franchet prétend *(Revue scientifique)* que l'existence d'un four de verrier à Glozel oblige de placer le gisement à l'âge du fer et que les gravures sur galets peuvent être romaines. [C'est une énormité]. « Les conclusions de Jullian correspondent en somme à celles que donne le matériel. »

Morlet a répondu dans le *Merc.*, 15 déc., 1926, p. 596 et 1er janvier 1927, p. 190. Voir aussi Loth dans la *Revue celtique* (1927, p. 11) : « Le travail de M. Franchet est un tissu d'erreurs. M. C. Jullian *(Rev. des Ét. anc.*, 1927, p. 59) en vante la technique rigoureuse. Or, ce qui y est surtout remarquable, c'est l'absence complète de technique. »

NOVEMBRE 15. — Elliot Smith, dans son discours présidentiel à l'University College *(Times*, 15 oct.), ayant posé le problème chronologique soulevé par les découvertes de Glozel, Morlet lui écrit une lettre ouverte *(Merc.*, 15 nov. 1926, p. 210). Il est bon de rappeler qu'Elliot Smith, naturaliste et anthropologiste, s'obstine à faire de l'Égypte le berceau de toutes les civilisations.

Les urnes à visage d'Hissarlik, avec anses et couvercles, sont beaucoup plus récentes que les vases de Glozel, lesquels se trouvent dans un milieu à réminiscences magdaléniennes (harpons, galets gravés). Les vases, imitant encore la tête décharnée des morts, au service desquels ils sont destinés, sont à l'origine même de la céramique funéraire. L'alphabet de Glozel, contenant nombre de signes qui ne sont pas connus d'ailleurs, ne peut dériver d'un alphabet oriental, car l'évolution des écritures se fait dans le sens de la simplification.

Dans le même nº du *Mercure*, une note anonyme (de Van Gennep) ajoute : « Si Glozel appartient à un néolithique arriéré à survivances magdaléniennes, on doit admettre au bas mot une antiquité de 10.000 av. J.-C. ».

[Comme le cuivre ne paraît pas avant 2500 et que les dolmens ne commencent que vers 3000, cette chronologie assignerait 7000 ans de durée au second âge de la pierre, ce qui est absolument déraisonnable et contraire aux données des chronomètres approximatifs fournis par les alluvions des rivières comme la Saône. — S. R.].

NOVEMBRE 20. — Dans la *Nature*, l'ingénieur Butavand prétend lire du grec à Glozel, Αλχος, Ελαφος ταχυς sur des pierres à gravures. Ces rêveries font sourire (reprod. *Merc.*, 1ᵉʳ janvier 1927, p. 193).

— Loth écrit au *Temps* au sujet de son intervention à l'Académie le 11 du mois. Il est d'accord avec S. Réinach et avec Breuil ; mais il y a des objets, bobines et fusaïoles, qui indiquent une époque plus récente. Il n'admet pas la thèse de Jullian et conclut : « La découverte de Glozel est peut-être la plus importante qui ait été faite depuis cent ans dans le domaine archéologique en France. »

— Jullian, dans les *Nouvelles littéraires*, fait état du morceau de fer trouvé à Glozel au début des fouilles et écrit, au sujet des tablettes, ces lignes surprenantes : « Je lis toutes les lettres, sans exception ; je lis toutes les lignes, ; je lis aussi les formules sans exception. » Sur quoi Morlet lui demande *(Merc.*, 1ᵉʳ Avril, p. 217) de « traduire au moins une tablette entière à son choix ».

NOVEMBRE 25. — Séance de la Société préhistorique française à la Sorbonne (*Bull. de la Soc.*, XXIII, p. 259 ; *Merc.*, 15 fév. 1927, p. 225).

Félix Regnault demande qu'on envoie une Commission de contrôle, à quoi Passemard objecte la dépense. A. de Mortillet dit qu'une commission ne se mettrait pas d'accord. Poisson conseille de n'être pas trop sceptique. A. de Mortillet dit que parmi les objets de Glozel il y a des faux certains, comme les harpons, les inscriptions, celles-là inspirées de divers alphabets anciens, avec adjonction de signes de fantaisie. Van Gennep, empêché d'assister à la séance, répond dans le *Mercure* (p. 226) ; il dit qu'A. de Mortillet, dès la première visite qu'il lui fit avec Morlet, parla de faux. Quant à la commission, Morlet n'a jamais refusé de recevoir de visiteurs, mais aucun groupe de savants ne s'est présenté.

NOVEMBRE 26. — Espérandieu, par une lettre en date du 14, déclare à l'Académie des Inscriptions qu'il s'associe entièrement à la thèse de S. Reinach sur les fouilles de Glozel.

DÉCEMBRE 1. — Suite, dans le *Mercure*, des *Journées mémorables de Glozel*, par Morlet.

DÉCEMBRE 8. — Clément Pallu de Lessert écrit à Morlet (*Merc.*, 15 avril 1927, p. 477) : « Les objections de S. de Ricci (à la Société des Antiquaires) n'ont produit aucun effet... Je penche fortement pour l'époque la plus ancienne, en raison de l'absence de toute trace de fer et de poterie gallo-romaine. »

DÉCEMBRE 10 (?). — Courty écrit à la Soc. préhistorique qu'il croit l'écriture de Glozel voisine de l'âge du bronze (*Merc.*, 15 mars 1927, p. 720).

DÉCEMBRE 12. — Les *Débats* publient un article sur la bibliographie et les noms de Glozel (d'après le *Bull. Soc. Émulation*).

DÉCEMBRE 15. — Dans le *Mercure* de ce jour, Morlet traite de l'origine néolithique des alphabets méditerranéens.

« L'alphabet de Glozel, avec une centaine de signes, constitue le fonds commun où les peuples de souche néolithique puisèrent selon leur génie propre. La diffusion n'a pu s'effectuer que du plus riche aux plus pauvres, de Glozel à la Méditerranée. » Suivent des tableaux comparatifs. — P. 570 : « Si nous faisons intervenir des signes phéniciens plus anciens que ceux qui avaient servi de base à Rougé (Ahiram, 1250), la correspondance est encore plus complète avec les signes de Glozel. » [Nié, contre toute évidence, par Dussaud]. — Il y a des analogies étroites avec le libyque, notamment le signe = . — P. 572 : « Cette source unique d'une grande richesse de caractères et d'une époque très reculée peut seule nous expliquer la présence de signes semblables dans des alphabets aussi éloignés que ceux de l'Espagne et de la Carie. Nous observons également que, dans le monde égéen, où un système d'écriture linéaire précède la pictographie, les formes les plus caractéristiques de chaque idiome ont leurs prototypes sur nos tablettes. Il n'est pas jusqu'aux runes qui ne soient une branche des alphabets méditerranéens, issus de la souche néolithique. A la théorie d'un alphabet primitif phénicien, nous opposons la notion d'alphabets méditerranéens dérivés d'un prototype néolithique. »

[Tout cet article, œuvre d'un médecin amateur d'archéologie, est très remarquable ; il est scandaleux que les savants professionnels aient affecté de n'y pas faire attention. — S. R.].

— Dans le même *Mercure* (p. 693), Morlet répond à Jullian, qui prétend décrire un site sans l'avoir vu ; la source la plus voisine est à 200 mètres de là !

Le « monstre a la poitrine servant de tête » est inconnu à Glozel. Cagnat a lui-même déclaré à Morlet, après examen des tablettes à Vichy, qu'il ne voyait rien là « qui se rapproche, même de loin, de l'épigraphie latine. » Jullian parle de la forme particulière du B et du C ; or le B n'existe pas à Glozel et le C y a sa forme habituelle. Sur le galet au renne on ne lit pas STA, mais STX. — P. 696 : « Peut-

on établir des textes en picorant de temps en temps une lettre ou
deux ? »

Morlet répond aussi à Franchet (*Merc.*, 15 déc. 1926,
p. 696). La fosse ovale n'était *pas* un four de verrier.

Les 16 dalles du fond étaient serties avec de l'argile non durcie au
,feu. Leur cuisson est beaucoup moins poussée que celle des petites
briques à cupules contenues dans les murs latéraux ; c'eût été le
contraire si elles avaient constitué le sol d'un four. S'il s'était agi
d'un four à céramique ou d'une verrerie, il persisterait des traces
du foyer sur les briques du dallage. Le dallage n'a été mis en place
qu'après la cuisson de l'argile qui entre dans la composition des
murs, cuisson qui a dû exiger une haute température.

SANS DATES PRÉCISES

Vendryès, dans la *Revue celtique* (1926, p. 222-24), rapproche les
caractères de Glozel de séries connues par ailleurs ; il croit Glozel
authentique et néolithique.

— Mendes Correa *(Trabalhos de la Soc. portug. d'antropol.*,
t. III = *Merc.*, 1er juin 1927, p. 478) expose en détail la question
de Glozel. 14 caractères d'Alvao se trouvent à Glozel ; il y en a 8
moins ressemblants et 14 spéciaux à Alvao. Beaucoup de signes,
notamment le svastika, sont spéciaux à Glozel. L'alphabet d'Alvao ressemble à l'alphabet ibérique plus qu'à celui de Glozel. Aux
22 lettres ibériques de la liste de R. Severo correspondent tous les
caractères d'Alvao ; les lettres les plus fréquentes ne le sont pas
à Glozel. Correa place l'alphabet d'Alvao vers 500 ; il n'est pas néolithique. Dire le contraire, c'est rajeunir tellement le néolithique
qu'il toucherait au protohistorique [Il y touche en effet. — S. R.].

1927

LES VAGUES D'ASSAUT CONTRE GLOZEL

JANVIER 1. — Dans le *Mercure* de ce jour, Van Gennep fait observer que le visage néolithique sans bouche se trouve aussi ailleurs, par exemple sur les cylindres de Folkton Wold, East Riding, avec une décoration en lozanges qui se voit sur des poteries peintes kabyles et en Espagne ; il met en doute (p. 193) l'explication symbolique de l'absence de la bouche. [Les vases dits à tête de mort reproduisent en argile des crânes, lesquels furent les modèles des premiers récipients (voir *Anthrop.*, 1909, p. 214, 523 ; *Combarelles*, p. 95, etc.). L'ouverture de la bouche fut supprimée parce qu'elle aurait laissé s'écouler le contenu du crâne ; cette suppression prit ensuite une valeur symbolique ou rituelle. — S. R.]

— Dans le même *Mercure* (p. 197), Mlle Aug. Hure exprime l'opinion que le gisement de Glozel est du début de l'âge du bronze. La matière des vases en grès provient des sables fins, légèrement argileux, dus à la décomposition des schistes gréseux. Il n'y a pas de verre, mais des déchets vitreux, dus à la calcination de sables siliceux et de roches quartzeuses. La fabrication des anneaux de schiste est particulière à l'Allier (800 ex. dans l'atelier de Bruxières-les Mines, autres à Malbruno). L'autrice entre dans des détails sur la géologie de la région de Ferrières (p. 199).

— S. Reinach publie un article d'ensemble sur Glozel dans l'*Antiquaries Journal* de Londres (résumé *Merc.*, 1er mars 1927, p. 452) :

Les objets ne sont pas mélangés ni en désordre, mais souvent en rangées, comme si un dépôt sacré avait été respecté pendant plusieurs générations. Le cervidé gravé sur le galet n'est « probablement pas un renne » ; des doutes discrets sont exprimés sur l'interprétation des idoles dites bissexuées. « Deux conséquences importantes : 1º la date du paléolithique récent doit être rajeunie de beaucoup de siècles, puisque, dans une couche néolithique, on trouve des survivances du magdalénien, décadent mais indiscutable ; 2º la destruction de la civilisation néolithique occidentale, si complète que l'Espagne et la Gaule durent rapprendre l'écriture des Grecs, implique que des tribus du Nord — Ibères, Ligures, Celtes —, en envahissant l'Europe occidentale, détruisirent les castes sacerdotales qui avaient le monopole de la civilisation, y compris l'écriture alphabétique. Si les pays d'Orient, Grèce et Asie-Mineure, bien qu'envahis aussi par des sauvages septentrionaux, conservèrent quelque chose de la civilisation de l'Europe occidentale, ce fut grâce à la proximité et à l'influence de l'Égypte, de la Babylonie, de la Phénicie. Ainsi le vieux dicton *Ex oriente lux* reste vrai après 1500 av. J.-C., mais non pour les temps plus anciens. »

JANVIER 3. — Lettre de Loth à Morlet (*Merc.*, 1er avril 1927, p. 212) :

« Aujourd'hui on n'ose plus vous traiter de faussaire ni de naïf ; il fallait trouver autre chose. On s'en prend à la façon dont vous avez dirigé les fouilles. On oublie que sans vous l'incomparable station de Glozel disparaissait à jamais... Vous devriez, paraît-il, employer des terrassiers pour hâter les fouilles. Ce serait aussi fort que de lancer un éléphant dans un magasin de porcelaine... Si j'avais un *desideratum* à exprimer, ce serait qu'à la reprise de vos fouilles vous fissiez un plan du terrain de façon à pouvoir y ajouter vos trouvailles. »

[Ce plan existe maintenant, dressé par Champion, dans le Rapport de la commission de déc. 1927, dont c'est la seule partie utile].

— Lettre de S. Reinach à Morlet (*Merc.*, 1er avril 1927, p. 211).

« C'est la gradation inévitable, *mutatis mutandis* : 1° Tout est faux ; 2° Il n'y a rien de nouveau. 3° Ces fouilles sont mal faites et ne sont pas contrôlées. La troisième objection n'est pas la plus absurde, mais elle est la plus injuste... Le seul regret qu'on puisse exprimer, c'est qu'il n'ait pas été tenu, dès le début, un journal des fouilles. Malgré l'uniformité du gisement, on serait aise de savoir que la tranchée 8, par exemple, a donné à telle date une aiguille en os plantée horizontalement, une *bobine* et une tablette non inscrite. Il sera facile de consigner à l'avenir ces indications. »

En note, cette observation de Morlet :

« Précisément à cause des suspicions dont nos fouilles étaient l'objet, nous avons dû les conduire de manière à laisser un peu partout des carrés de terrain vierge pour fouilles de contrôle. Dans ces conditions, il est impossible de tenir sérieusement à jour des plans et un carnet de fouilles. Maintenant que Glozel a conquis droit de cité, nous allons pouvoir mener les fouilles en une seule tranchée d'un bout du champ à l'autre et constituer le plan et le carnet que nous étions les premiers à désirer. »

— Lettre d'Espérandieu à Morlet (*Merc.*, 1er avril 1927, p. 213) :

« Surtout pas de fouilles de terrassiers, vous a dit un jour M. S. Reinach ; je vous engage aussi vivement à n'y jamais recourir. Ne prêtez aucune attention aux sottises d'une cabale. Il n'y a qu'une manière de fouiller à Glozel : c'est celle que vous avez adoptée. »

JANVIER 4. — Mlle Picandet, apprenant que la Soc. d'Émul. mène grand bruit à propos d'un morceau de fer trouvé au début des fouilles et signalé dans son rapport à l'inspecteur d'Académie, écrit qu'elle se souvient que, pour Fradin et son grand-père, il s'agissait d'un bras de force de charrue. Elle ne l'a signalé que parce qu'Émile l'avait mis à côté des autres trouvailles. (*Merc.*, 1er avril 1927, p. 214).

FÉVRIER 1. — Dans le *Mercure*, p. 717 et suiv., discussion des témérités avancées par le Dr Marcel Baudouin : 1° Les gravures appartiendraient à l'age du cuivre, car on ne peut graver qu'avec du cuivre sur roches dures [une expérience faite par Abel Maître à Saint-Germain prouve que le cuivre s'émousse sur le granit de Bretagne et que, faute d'acier, on ne peut le graver qu'au silex. — S. R.] ; 2° Les caractères sur briques seraient hiératico-stellaires et un reste de la civilisation de l'Atlantide, à propos de quoi Baudouin réchauffe l'histoire frauduleuse du «secret de Schliemann » ; un vase à tête de chouette, trouvé par ce dernier, aurait porté l'inscription phénicienne : « Don du roi Chronos de l'Atlantide. » [Voir *Rev. archéol.*, 1912, II, p. 428.].

FÉVRIER 2. — Espérandieu écrit au président de la Soc. préhist. franç. que Mortillet se trompe et que l'authenticité des objets de Glozel ne fait pas l'ombre d'un doute ; mais Mortillet n'a pas été sur les lieux (*Merc.*, 1er mars 1927, p. 449).

FÉVRIER 3. — Butavand, répondant à une objection de S. Reinach dans le *Mercure* du 1er février, rappelle que sur les murs des écoles on voit des dessins d'animaux avec leurs noms, et aussi dans les musées. « On ne manquera pas d'objecter qu'à Glozel il n'y avait ni écoles ni musées ; mais qu'en sait-on ? » [Il n'en reste pas moins que si un ours ou un cervidé, gravé sur un galet, est surmonté d'une inscription, ce texte ne peut signifier

« ours » où « cerf », mais « saint, sacré, dédié », ou un nom propre, ou un nom de divinité.] (*Merc.*, 1er mars 1927, p. 453).

FÉVRIER 4. — Begouen, dans une leçon à la Faculté des Lettres de Toulouse, où il est chargé de cours, déclare que les fouilles de Glozel n'ont rien de préhistorique et qu'il faut adopter la thèse de Jullian. Les trouvailles sont authentiques, mais les fouilles sont mal faites (*Merc.*, 1er avril, p. 210).

FÉVRIER 10. — *Le Progrès de l'Allier* (*Merc.*, 1er mars 1927, p. 456) dit que le Syndicat d'initiative de Vichy avait l'intention de convoquer un congrès à Vichy en 1927 pour faire la lumière « sur ce troublant mystère ». Sur quoi le *Mercure* observe : « Il ne peut y avoir de mystère que pour ceux qui ont intérêt à le laisser croire. Des recherches de contrôle ont été effectuées par d'éminents savants qui ont successivement témoigné de la parfaite authenticité des trouvailles. »

FÉVRIER 15. — Paul Lecour, secrétaire-général de la Société d'études atlantéennes, écrit au *Mercure* de ce jour (p. 219) pour signaler des analogies bien connues (svastikas, poulpes, etc.), et conclut : « Le symbolisme déjà en usage à Glozel indique l'existence de doctrines métaphysiques restées immuables à travers les religions successives ; elles proviennent de l'Occident et vraisemblablement de l'Atlantide (p. 225) ». Suivant le même rêveur, les idoles bissexuées relèveraient de « la tradition primitive de la divinité androgyne. »

FÉVRIER 16. — Morlet, dans la *Presse médicale*, étudie les empreintes de mains à Glozel (résumé *Merc.*, 1er avril p. 217). Il y en a une quinzaine, toutes de la

main droite : les mains sont très grandes et très larges.
— Van Gennep (*Merc.*, *ibid.*, p. 218) ne croit pas à un
« culte de la main », mais estime que la main représente
la prière ou l'incantation ou encore autre chose [car
l'éthnographie comparée enseigne surtout à ne pas
conclure]. (1)

FÉVRIER 19 (environ). — Breuil publie un article détaillé sur Glozel dans l'*Anthropologie* (t. XXXV, 1926,
p. 543-55). Le ton de l'article est hargneux et protec-
teur. L'auteur reconnaît l'authenticité des trouvailles et
leur âge néolithique, mais refuse de les « situer » et
penche à les croire d'origine orientale lointaine (voir
1926, 1er déc.) « Je ne trouve aucunement légitime de
rattacher cet ensemble à une source magdalénienne occidentale et, par conséquent, les rajeunissements sensa-
tionnels de l'âge du renne, annoncés à grand fracas
dans la presse quotidienne de France et d'Angleterre,
[allusion à S. Reinach, voir 1927, 1er janvier] me paraissent aussi dénués de bonnes raisons que les chiffres fabu-
leux émis souvent par la même presse au sujet de l'âge
des cavernes. »

Voir, sur cet article, *Merc.*, 15 mars, p. 715.

FÉVRIER 21. — *Le Télégramme* de ce jour publie la dernière
conférence de Begouen à Toulouse. Parlant de l'article de Breuil
dans l'*Anthropologie* [voir Fév. 19] : « C'est, dit-il, le premier travail véritablement scientifique publié sur la question... Il faut
espérer qu'après cette étude consciencieuse et précise, la théorie

(1) Sur les mains figurées dans l'art paléolithique et chez les sauvages, voir BREUIL, *Cavernes cantabriques*, p. 117.

de Glozel préhistorique et même néolithique sera complétement abandonnée. » Begouen cite les découvertes analogues faites à Alvao et à Baarburg (Suisse), l'une du deuxième âge du fer [erreur de Correa], l'autre romaine. Avec Jullian, il croit à un « antre de sorcier du IIIe siècle. » Grâce à l'alphabet cursif publié par Cagnat, il prétend lire et commenter plusieurs briques ; ce sont des formules d'envoûtement bien connues. « On y trouve des invocations à Tyché et à Tychon. »

MARS 1er. — Le *Mercure* de ce jour publie divers articles intéressants.

Renseigné par Brinkmann, directeur du musée zoologique de Bergen, qui vit à portée des rennes actuels, Loth affirme que l'animal figuré sur le galet de Glozel est bien un renne. « C'est la seule interprétation possible, dit Brinkmann. Le renne présente une inflexion caractéristique du cou quand il marche, qui est reproduite d'une façon frappante dans le dessin. Bien que cela semble incroyable, il s'ensuit que les objets trouvés, dont l'authenticité n'est pas douteuse, doivent dater d'une époque où le renne vivait encore en France. » « La gravure du renne, dit Loth, suffirait à prouver que l'art animalier de Glozel est un héritage des chasseurs de rennes. On peut aussi en conclure [contre Breuil] que les Glozéliens sont des autochtones et non une colonie étrangère. »

— Espérandieu a fait (21 janvier) une conférence sur Glozel au Musée du Cinquantenaire à Bruxelles (*Merc.*, 1er mars 1927, p. 454) et a conclu ainsi :

« L'hypothèse qui daterait de la fin du IIIe ou du IVe siècle les tablettes de Glozel n'est à retenir qu'en raison de l'éclat du nom du savant qui l'a produite. » Dans les sanctuaires romains, le nombre des curiosités préhistoriques est infime, par rapport à celui des ex-voto. Les tablettes de Glozel sont néolithiques, comme tout le reste. Déchelette regardait comme encore indéterminée la chronologie du néolithique. Le site de Glozel rappelle celui d'Hissarlik, mais il n'y a pas synchronisme ; les urnes à visage d'Hissarlik sont plus récentes. Il y a à Glozel des caractères alphabétiformes sur des objets de réminiscence magdalénienne ; donc, Glozel est plus ancien que les autres écritures méditerranéennes. »

— Morlet répond à A. de Mortillet (*Merc.*, 1er mars 1927, p. 450) qui n'a vu aucune brique inscrite, qui, d'ailleurs, attribue les peintures d'Altamira aux pâtres espagnols et refuse de croire à la figurine en stéatite de Grimaldi. « Si les critiques injustes du père ont découragé bien des chercheurs, le fils n'aura pas avec nous cette satisfaction. »

— Crawford publie dans sa nouvelle Revue *Antiquity* un article intitulé : « Une accusation de forgerie » et conclut que le site de Glozel a été *salé* (cf. *Merc.*, 1er mai 1927, p. 705).

MARS 18. — Albert Hugues adresse du Gard au *Mercure* (1er mai 1927, p. 712) quelques rectifications intéressantes au chapitre de Déchelette sur les statues-menhirs.

— Loth écrit à Morlet au sujet de la conférence de Begouen : « C'est du roman chez la sorcière. » Il relève l'assertion de Jullian, répétée par Begouen, que *lem* signifie *cerf* en gaulois : ce sens n'existe pas. Il dit aussi que Begouen a mal interprété le terme [d'ailleurs nouveau] de « néo-énéolithique » proposé comme date relative par Breuil.

AVRIL 1. — Loth, se reportant à ce qui concerne le renne dans le livre de S. Reinach, *Alluvions et cavernes* (1889), nie que le *bos cervi figura* de César soit un renne et dit que les *rhenones*, vêtements de peau avec poils en dehors, n'ont qu'une analogie fortuite avec le nom du renne (*Merc.*, 1ᵉʳ avril, 1927, p. 209).

AVRIL 2. — Audollent raconte, dans la *Vie catholique* (cf. *Merc.*, 15 mai 1927, p. 201), que, choisi par Jullian pour traduire les textes crus magiques de Glozel, il a reconnu, après examen, qu'il n'y avait là ni cursive, ni latin, ni phénicien, ni grec.

AVRIL 8. — La Soc. d'Émul. écrit au *Mercure* (1ᵉʳ mai 1927, p. 709) pour rectifier, sur quelques points, l'historique des fouilles.

AVRIL 11. — Répondant à Van Gennep, Correa écrit qu'il a visité les dolmens d'Alvao (*Merc.*, 1ᵉʳ juin 1927, p. 480). L'âge des inscriptions et sculptures est certainement postérieur au néolithique.

AVRIL 15. — Dans le *Mercure* de ce jour, Morlet étudie la formation indigène de l'alphabet de Glozel avec l'épigraphe (p. 362) : *Ex occidente ars et litterae.* Aux p. 368-70, il donne un tableau de 106 signes glozéliens avec variantes.

Suivant Morlet, perspicace à son habitude, on peut observer une évolution de l'écriture à Glozel même ; il reproduit un galet (p. 363) où figurent des caractères parmi des idéogrammes qui seraient un œil et un oiseau. Certaines haches (p. 365) portent des signes qui ne se retrouvent pas ailleurs, marques de propriété [?] analogues à celles de l'époque quaternaire. L'alphabet de Glozel, où les signes sont tournés sens dessus dessous, semble encore en voie de formation. Morlet croit, avec Petrie, que l'écriture linéaire est antérieure à l'hiéroglyphisme.

AVRIL 18. — Begouen adresse une longue lettre au *Mercure* (18 avril, p. 195) :

La lecture des brochures de Morlet l'a mal impressionné. Les préhistoriens proprement dits, sauf Breuil qui a fait des réserves, n'ont pas visité Glozel. Les recherches sont faites sans méthode, au hasard des caprices. Le renne reconnu par Brinkmann est plutôt, comme l'a dit Breuil, un cervidé généralisé. Le même a exprimé l'opinion latente des préhistoriens qui ne peuvent faire rentrer aucun des objets trouvés dans les différentes périodes préhistoriques. « Je ne crois pas m'avancer beaucoup en disant que le professeur Bosch Gimpera (de Barcelone), qui est certes une autorité européenne en la matière, partage ma manière de voir (1). » Sur l'époque gallo-romaine, Begouen s'avoue incompétent, mais il a trouvé que « les interprétations de M. C. Jullian donnaient, pour presque chaque objet, une solution logique, basée sur des textes (p. 199). » « Les phallus bissexués sont d'imagination nettement romaine, ainsi qu'on peut le voir dans les *Monuments d'Herculanum*, t. VIII (p. 203). (2) » « J'attends pour changer d'avis qu'on me propose autre chose que des rêveries. Ce jour-là, je n'hésiterai pas, comme Cartailhac pour les peintures d'Altamira, à faire mon *mea culpa*. » Finalement, Begouen proteste contre le mot de cabale et le soupçon de jalousie, affirmant qu'il ne cherche que la vérité et le progrès de la science.

AVRIL 23. — Begouen écrit à la *Vie catholique* que, d'après les indications de Jullian et avec les alphabets de cursive publiés par Cagnat, il arrive à déchiffrer quel-

----

(1) Voilà pourquoi Begouen, après le congrès d'Amsterdam, a fait entrer Bosch Gimpera dans la Commission qui devait « couler » Glozel. — D'après *Merc.*, 12 juin 1927, p. 484, Bégouen aurait ajouté « C'est également l'opinion de M. Obermaier de Madrid. »

(2) Il n'y a rien d'analogue dans cet ouvrage. — S. R.

ques mots. Il repousse l'hypothèse de Breuil, d'une tribu orientale établie dans le massif central (*Merc.*, 1er juin 1927, p. 470).

SANS DATE PRECISE

AVRIL. — S. Reinach rend compte, dans la *Revue archéologique* (1927, I, p. 309), du mémoire de Jullian, *Au champ magique de Glozel*, publié dans la *Rev. des Études anciennes*, 1927, p. 157-186.

« Dès le début des découvertes de Glozel, M. Jullian a pensé à Canidie ; il y a pensé avec une intensité croissante ; il a cru découvrir une boutique de sorcière romaine dans un milieu du plus ancien néolithique, là où il n'y a *rien*, mais *rien* de romain ; enfin il a proposé des lectures et des interprétations qui rappellent la grande erreur de Corssen traduisant ainsi le début du cippe de Pérouse : *Caru tez an fusle ri = Carus dedit hic funebrem rem.* Le soupçon injurieux jeté sur deux tablettes n'est justifié par aucun argument qui tienne debout. Comme Monique priant pour Augustin égaré, je ne désespère pas de la conversion d'un si grand savant à ce que je crois être l'évidence. »

— Le *Bull. Soc. Émul.* de Moulins publie une traduction téméraire de quatre tablettes par le lieutenant colonel de Saint-Hilier, qui emploie, à cet effet, l'arabe moderne et d'autres langues orientales.

— Le Dr Félix Regnault, dans le *Bulletin de la Société préhist. de France* (1927, p. 121 = *Merc.*, 15 juillet 1927, p. 467), disserte, à propos de Glozel, sur la méthode en préhistoire. Louis Julien, aux Baoussé-Roussé, Arcelin, Depéret et Mayet à Solutré, ont mal fouillé (1) ; à Glozel, même manque de méthode. Regnault pen-

---

(1) L. Julien n'était qu'un chercheur de bibelots à vendre. Quant aux savants lyonnais, leurs fouilles de Solutré ont été l'objet d'une campagne de dénigrement dans certains milieux parisiens. — S. R.

che pour l'hypothèse gallo-romaine. Mais pourquoi n'a-t-on pas
convoqué des préhistoriens pour discuter *in situ* ? Et pourquoi
porter des découvertes au *Mercure*, non à une société scientifique ? — A quoi Van Gennep répond (*Merc.*, 15 juillet, p. 470)
que seul le *Mercure* a osé publié les découvertes de Morlet et que
les autres Revues et publications de Sociétés paraissent d'ailleurs
irrégulièrement. En outre, depuis longtemps, le *Mercure* publie
des chroniques scientifiques ; comme la *Revue des Idées*, tuée par
la concurrence de la *Revue du mois*, elle prie les savants de vulga-
riser. » Tant pis pour les Revues spéciales si elles continuent à
être des tribunes réservées à ceux qui montrent patte blanche
d'orthodoxie. »

— M. de Varigny, sous ce titre : *Une grande découverte archéologique*, raconte, dans *Je sais tout*, ses fouilles à côté de Depéret
et affirme une fois de plus l'authenticité des trouvailles, le terrain
ne portant aucune trace de remaniement.

*
* *

MAI 1. — Dans le *Mercure*, (p. 705), lettre ouverte
de Morlet à Crawford, l'aviateur anglais qui a déclaré
que Glozel était *salé*.

MAI 3. — Mlle Picandet répond (*Merc.*, 1er juin, p. 481)
à la Soc. d'Émul, qui l'a accusée d'avoir varié dans ses
souvenirs. — Dans sa lettre du 20 mars 1924, elle dit
avoir proposé à Fradin de fouiller en sa présence au niveau de la tombe. A ce moment, elle crut qu'on fouillait pour la première fois ; plus tard seulement, elle apprit
que Fradin avait fouillé là le soir et le lendemain de sa
découverte. Les objets trouvés précédemment avaient
ensuite été déposés ensemble. La phrase de son rapport,
mentionnant pêle mêle des objets différents, doit être

rectifiée [la rectification a été faite plus haut, 4 janvier].
— La Soc. d'Émul. a fait intentionnellement le silence
sur Mlle Picandet pour ne parler que de son délégué Clément. « Si Morlet et Fradin ne m'avaient citée dans l'a-
vant-propos du 1er fascicule, mon rôle à Glozel était
bel et bien escamoté. »

MAI 5 et 6. — Labadië, connu par ses fouilles à la
grotte de Cabrerets, a été envoyé par *l'Illustration*, avec
un photographe, pour fouiller à Glozel; grâce aux clichés
on peut suivre les diverses phases de l'exhumation d'une
tablette. Dans son article, Labadié fait observer que le
sorcier de Jullian aurait été bien malin de choisir un
mobilier préhistorique homogène, ne descendant pas en-
dessous de l'azilien, ne remontant pas jusqu'au magdalénien. Il écrit : « Aucun objet n'est faux à Glozel. Morlet et Fradin sont absolument incapables d'une supercherie. » (*Merc.*, 15 sept. 1927, p. 719.)

MAI 7. — Morlet publie son quatrième fascicule. — P. 5, historique plus complet des fouilles. — p. 8, la formation du terrain et
la faune, d'après Depéret. — p. 11, galets à cupules (l'un d'eux
identique à un galet d'Alvao). — p. 12, pendentifs [analogues aux
petites idoles de marbre de l'Archipel]. — p. 15, hache ovoïde
couverte de signes. — p. 23, harpons. — p. 25, vase avec inscription. — p. 26, vase avec le facies de l'idole néolithique. — p. 31,
nouvelles tablettes inscrites. — p. 36-38, les 108 signes de l'alphabet de Glozel avec leurs variantes. — p. 39-40, idoles bissexuées. —
p. 41, gravures sur galets, notamment (p. 39) le renne mort. —
p. 49, déclaration de Brinkmann comme quoi le cervidé du galet
est bien un renne. — p. 50, filiation entre l'art de la Madeleine et
celui de Glozel.
    p. 51 : « Les premières poteries sont des vases cultuels destinés
aux morts. Avant l'arrivée du bronze oriental [?], qui fut un élé-

ment de domination, l'argile avait été l'élément de culture intellectuelle de nos tribus néolithiques... L'âge de l'argile vit surgir, grâce à cette matière d'une merveilleuse plasticité, les deux plus grandes découvertes de l'humanité primitive : la poterie et l'écriture. »

— Dans la *Vie catholique* (cf. *Merc.*, 1er juin 1927, p. 471), Audollent réfute les objections que lui a faites Begouen, prétendant qu'il a fallu l'intervention aussi autorisée que catégorique de Breuil pour mettre fin à la légende de Glozel néolithique. Audollent cite des textes formels de l'article de Breuil qui excluent toute attribution du gisement à l'époque romaine. Breuil n'a jamais démenti le propos que lui a prêté Morlet : « Je vous remercie, vous m'avez convaincu. »

MAI 15. — Dans le *Mercure* de ce jour (p. 578), Morlet étudie la connexion du néolithique ancien avec le paléolithique final (p. 579, dessins comparés de harpons ; p. 584, le renne mort).

« Si les stations dites mésolithiques n'ont pas livré de haches polies ni de vases en terre, c'est qu'elles représentent une industrie locale de peuplades moins cultivées, non plus anciennes (p. 583). » Les préhistoriens belges ont reconnu une céramique grossière et peu cuite dans le magdalénien de la Meuse et de la Lesse.

« Ce premier âge de l'argile, que nous ont révélé nos fouilles, remonte plus haut que les industries du stade azilien où les harpons plats, perforés d'un trou de suspension, sont beaucoup plus loin des harpons magdaléniens que ceux de Glozel, de forme ararrondie, avec bourrelet à l'extrémité (p. 584).

« La faune et l'art animalier établissent que le renne, déjà absent des couches aziliennes, fut contemporain des tribus de Glozel.

« Le néolithique ancien ne saurait être séparé de la fin de l'âge du renne par aucune période intercalaire. Le mésolithique de Morgan, caractérisé par l'absence de la céramique, de la pierre

polie, de la gravure, ne peut être maintenu, [Ça dépend des lieux.
— S. R.) Le principe de continuité trouve bien ici son application.
Le vers fameux (1) *Prolem sine matre creatam, mater sine prole
dejuncta*, ne peut convenir à l'art quaternaire. L'art magdalénien
lui-même n'avait pas surgi sans précédent (gravures relevées
dans l'aurignacien à La Colombière), comme nos fouilles de Glozel viennent d'établir qu'il ne s'est pas éteint sans descendance. »

MAI 16. — Loth répond à Begouen (*Merc.*, 1er juin
1927, p. 466); il affirme qu'il a faussé l'opinion de Breuil
en le citant. Breuil a dit à Loth et à Morlet : « Dans l'ensemble, c'est du néolithique.» Il était pourtant disposé à
voir l'action du métal dans les entailles d'un harpon en
os, sur quoi Morlet lui dit qu'il avait trouvé de petites
râpes en grès fin propres à cet usage (une autre a été
découverte en présence de Labadié). Non seulement Begouen fausse l'opinion de Breuil, mais il travestit celle
de Loth, par exemple en écrivant que Loth a regretté le
« manque de méthode » qui préside aux fouilles.

Espérandieu proteste de son côté (*Merc.*, 1er juin
1927, p. 469) : « En ce qui concerne la cabale, j'ai la conviction qu'elle ne se serait pas produite si le Dr Morlet,
peu désireux d'expérimenter le *sic vos non vobis*, n'avait
pas cru devoir se passer de certains concours qui ne lui
sont pas du tout nécessaires. »

MAI 29. — Loth présente à l'Académie des Inscriptions les
quatre fascicules de la *Nouvelle station néolithique* en faisant l'éloge

(1) Cela n'est pas un vers et cela n'est pas latin. Ovide a écrit : *Prolem sine matre creatam*, ce qui est une *fin* de vers. S. Reinach, dans *Alluvions et cavernes* (1889, p. 168), traitant de l'art quaternaire, a complété
ce demi-vers, mis au cas droit, par ces mots de sa façon : *mater sine
prole defuncta*. Parmi ceux qui ne savent pas scander un hexamètre,
Déchelette fut le premier (t. I, p. 212) à écrire cette phrase à la façon
d'un vers ; il a eu de nombreux imitateurs.

de la méthode et de la conscience de Morlet : « Il a fait prendre aux Fradin l'engagement de ne vendre leur collection qu'à un musée français, auquel il fera don lui-même de sa collection. »

JUIN 1. — Morlet répond à Begouen (*Merc.*, 1er juin 1927, p. 479). Si celui-ci n'a pas été invité à Glozel, c'est par la raison qui lui a fait refuser par l'Académie des Inscriptions l'insertion d'un rapport sur les fouilles de Moravie (publication anticipée dans la presse).

— Claude Fradin écrit au président de la Société d'Émulation du Bourbonnais « qui nous a toujours créé mille ennuis » (*Merc.*, 1er juin 1927, p. 483). Malgré ses 70 ans, il a la mémoire fidèle. « Jamais aucun membre de votre Société n'a fait de fouilles à Glozel. Elle nous a envoyé M. Clément qui venait nous emprunter les objets qu'Émile avait trouvés seul, les premiers jours où personne n'était encore venu à Glozel, et il ne voulait pas nous les rendre. Une autre fois, ils sont venus plusieurs de votre Société, ils ont détruit sous nos yeux les murs de la tombe pour emporter de petites briques à trous qu'ils ont gardées. Votre Société trouvait si peu d'intérêt aux fouilles de Glozel que vous avez tous refusé de donner 50 francs pour deux journées d'ouvrier. Quand on a commis de pareilles erreurs, on ferait mieux de se taire et de rendre aux propriétaires ce qu'on a emporté. »

— Dans le même n° du *Mercure* (p. 478), Van Gennep traite des rapports de Glozel avec Alvao à propos du travail de Correa. Van Gennep a comparé l'écriture de Glozel aux notes tironiennes (sté-

nographie romaine) ét n'a trouvé qu'une dizaine de concordances,
dont = signifiant *esse*. [Mais ce signe est aussi libyque.]

JUIN 9. — Morlet déclare (*Merc.*, 1er juillet, p. 178) qu'il est
de l'avis de Correa : Alvao ne prouve pas le néolithisme de Glozel.
« Si Alvao n'a jamais cessé de nous intéresser, c'est au point de
vue de la diffusion et de la survivance de l'écriture néolithique. »

JUIN 14. — Ouverture de la première tombe à Glozel. Le *Mercure* des 1er et 15 août 1927 en a donné une
description complète, avec plan et dessins des objets.

JUIN 15. — Dans le *Mercure* de ce jour (p. 619), Morlet
formule des hypothèses sur le système de numération
des Glozéliens (plaque de numération, p. 621 ; le renne
mort avec signes supposés de numération, *ibid*.).

— Dans le même fascicule, Morlet répond à Jullian
en lui reprochant d'avoir recours, pour les transcriptions, à des *lettres protées* (expression de lui, *Merc.*, 15
déc. 1926, p. 695). « Transcrire à coups de pouce n'est
pas transcrire. » Il proteste contre l'assertion de Jullian
que les deux grandes inscriptions seraient fausses et
prouve que la plus grande ne se termine pas par
CLOSEL ou CLOSET, mais par CLQSTY. Les fac-
similés et transcriptions de Jullian, dans la *Revue des
Études anciennes* (avril-juin 1927), sont inexacts (p. 709).
« M. Jullian a bien fait de toujours refuser de
venir à Glozel : la vue des objets aurait pu entraver
sa brillante imagination (p. 718). » Et pourtant « M.
Jullian aura toujours ses partisans, et j'entendrai à

nouveau : Vous ne voudriez pas tout de même que
M. Jullian pût se tromper de la sorte ! (p. 722) ».

— Begouen publie dans le *Télégramme* de Toulouse
(*Merc.*, 15 août 1927, p. 210) le billet suivant de
C. Jullian :

«Merci de tout cœur. C'est absolument parfait, d'une exactitude
absolue, et je suis particulièrement heureux, pour la France, que
la vérité scientifique ait été interprétée d'une manière si sûre, si
nette, si complète. »

JUIN 17 .— Séance de l'Académie des Inscriptions.

Espérandieu lit un rapport de Morlet sur des découvertes faites
à Glozel. Il s'agit de deux tombes ovales, formées de blocs enche-
vêtrés, sans mortier ni argile de liaison. L'une de ces tombes vient
d'être vidée, car le ruissellement des eaux de pluie risquait de
tout détruire ; l'autre ne le sera qu'au début de la semaine pro-
chaine, en présence d'Espérandieu et d'autres personnes.

De cette tombe récemment vidée, on n'a retiré que très peu de
restes humains, dont deux molaires et un fragment de crâne ; mais
elle contenait un mobilier funéraire très riche, composé de vases
d'argile à masque néolithique, de galets avec inscriptions ou figures
d'animaux, de tablettes couvertes de signes alphabétiformes, de
harpons en os, d'une idole bissexuée, d'un collier de petits galets
travaillés, d'un anneau de schiste avec inscription, d'un sabot de
cervidé sur la face plantaire duquel sont gravées deux têtes de
cervidés, etc. Tous ces objets sont de la haute époque néolithique,
sans aucune trace d'objets celtiques ou romains. C'est la preuve que
la première fosse ovalaire, détruite avant le début régulier des
fouilles, était également une tombe. Ainsi, le site nous apparaît
comme une nécropole et la quantité d'objets de toute sorte jusqu'à présent mis au jour peut s'expliquer par la croyance en une
seconde vie.

Espérandieu ajoute, de la part de Morlet, que si d'autres membres de l'Académie voulaient se joindre à lui pour assister à l'ouverture de la seconde tombe, on en serait fort heureux. [Cette

invitation formelle ne figure pas au compte-rendu officiel. —
S. R.].

S. Réinach, qui présidait, dit alors : « A 5 heures de Paris, nous
constatons des trouvailles exceptionnelles qui occuperont les
savants pendant un siècle. » [Ces paroles, recueillies par les journalistes présents, ne figurent pas non plus au Compte-rendu officiel (1)
— S. R.]

JUIN 20. — On lit dans le *Figaro* (*Merc.*, 1er août
1927, p. 722) :

' « A la suite de la communication faite à l'Académie concernant
la découverte de deux tombes à Glozel, M. Jullian nous a déclaré,
avec la plus grande netteté, qu'il maintenait, plus que jamais,
toutes les conclusions auxquelles il est arrivé et qu'il a exposées
par lettre ou de vive voix à l'Académie. »

JUIN 21. — La seconde tombe de Glozel est ouverte
en présence d'Espérandieu, Audollent, Janse, de Klercker, Mlle Picandet, Nourry (Saintyves); on en tire 121
objets. Voir *Mercure* du 1er juillet 1927, p. 253 et du
15 juillet, p. 452.

JUIN 23. — Nourry écrit à Morlet qu'il a assisté à la
sortie des objets de la tombe « tous recouverts d'une
boue fraîche qui formait un lit d'une douzaine de centimètres d'épaisseur. » (*Merc.*, 15 nov. 1927, p. 213).

JUIN 24. — Espérandieu, revenu à Nîmes, reçoit
la visite de l'ancien professeur suédois de Klercker, qui
lui dit : « Tout ce que j'ai vu le 21 était faux » et ajoute que tout le monde pensait de même. Par pré-

____
(1) Voir *Mercure*, juillet 1927, p. 179.

caution, Espérandieu télégraphie à l'Académie de sur-
seoir à la lecture de son rapport et demande le renvoi de
son manuscrit. Le même jour il écrit aux assistants :
« Il m'a paru, mardi dernier, que nous étions tous d'accord... mais je voudrais en être bien sûr. » Toutes les
réponses furent favorables ; les réserves de Nourry
(27 juin) furent *strictement confidentielles*. Il n'est donc
pas vrai que les réserves de ce dernier, tout à fait incompétent d'ailleurs, aient retardé la lecture du rapport.
« Certes, écrit Espérandieu, je sais que les adversaires
de Glozel en sont réduits à se raccrocher à tous les brins
d'herbe, mais il y a une limite que l'honnêteté com-
mande de ne pas franchir. » (*Merc.*, 1er janvier 1928,
p. 194).

[Le lecteur attentif dira si, au moment où nous sommes, la
limite n'a pas été déjà franchie. Bientôt elle sera même perdue de
vue. — S. R.]

JUIN 29. — Espérandieu reçoit la lettre « strictement confidentielle » de Nourry, exprimant des doutes vagues sur Émile
Fradin, qui aurait pu *truffer* la tombe reconnue par Morlet et lui
« il y a plus d'un an ». Ce jour, Espérandieu expédie à l'Académie son nouveau rapport, où il supprime les noms des assistants.

SANS DATE PRÉCISE

JUIN. — Deuxième article de O. G. S. Crawford dans
Antiquity contre le *hoax* (farce) de Glozel.

— Dans le *Bulletin de la Société préhistorique* de ce
mois, il y a trois articles sur Glozel : 1º, 2º. Deux ar-

____

(1) Audollent, Nourry, Mlle Picandet.

ticles de Vayson (*Une visite à Glozel*, p. 185-6, et *Nouvelle visite et fouilles de contrôle à Glozel*, p. 218-21) 3° Un article de Marignan, *Les svastikas de Glozel* (p. 215-7).

Van Gennep (*Merc.*, 1er sept. 1927, p. 460) critique ainsi ces articles :

1°, 2°. Les articles de Vayson, où l'excès d'imagination s'allie à une méthode défectueuse, ne vaudront à leur auteur qu'une auréole de ridicule ;

3° Le Dr Marignan étudie un svastika trouvé autrefois à la Fontaine de Mongros, cne de Junas (Gard), station du néolithique II, gravé sur la croûte d'une plaque de silex. Il pense que ce signe a dû prendre naissance dans le bas Languedoc ; mais Van Gennep croit à la polygénèse. En tous les cas, il y a là un lien entre Glozel et les stations néolithiques de l'Aveyron et du Gard.

**

JUILLET 1. — A l'Académie des Inscriptions, lecture de la lettre d'Espérandieu sur la fouille de la seconde tombe.

Nîmes, le 28 juin 1927.

« Monsieur le Secrétaire perpétuel,

« J'ai assisté, le 21 juin dernier, à la fouille de la seconde des tombes mises au jour à Glozel, près de Vichy, par M. le docteur Morlet et M. Émile Fradin. J'estime que cette fouille a été faite correctement et que l'authenticité des objets qui en proviennent n'est pas douteuse.

« A mon arrivée à Glozel, on ne voyait encore, de la tombe, orientée du sud au nord, que l'une de ses extrémités, formée de deux blocs de pierre brute superposés. Tout le reste de la sépulture était engagé dans un sol herbeux à la surface duquel n'apparaissait aucune trace de travail récent.

« L'enlèvement de ces deux blocs permit de reconnaître une sorte de fosse ovalaire dont les parois et le plafond sont formés de pierres brutes, sans mortier ni argile de liaison.

« Sur le fond dallé de cette fosse, on remarquait une couche épaisse de limon boueux d'où rien n'émergeait. La surface de ce limon était lisse, avec quelques stries assez semblables à celles que produit la mer sur le sable des plages.

« Pour ne pas détruire la tombe, son exploration fut décidée, non point en la dégageant par le haut, mais en passant par l'ouverture produite par l'enlèvement des deux blocs précités. Une tranchée fut alors ouverte, à l'autre bout de la fosse, pour l'éclairage du travail.

M. le docteur Morlet commença lui-même les recherches, en fouillant avec la main dans le dépôt boueux, et en indiquant, au fur et à mesure, la position approximative des objets qu'il parvenait à saisir. Il fut, par la suite, remplacé par M. Fradin qui, plus mince, put se glisser dans la tombe, dont il fallut toutefois élargir l'entrée.

« Une liste des trouvailles a été établie ; elle est exactement de 121 objets, en y comprenant quelques pièces rencontrées un peu plus tard dans la terre de déblai. Voici, groupées par séries, les principales de ces trouvailles :

« Deux harpons en os, une vertèbre ornée, un os long décoré de onze lignes, des spatules d'os, sept haches de pierre polie, un anneau de schiste avec inscription, onze galets avec gravures d'animaux ou signes alphabétiformes, douze galets taillés en pendeloques ou éléments de collier, un tube à ocre, de l'ocre, etc.

« En argile à peine cuite, on a retiré de la tombe : trois vases dont un est décoré d'un masque sans bouche, quatre lampes, trois « bobines », une tablette avec l'empreinte d'une main, une idole bissexuée avec masque, deux timbres à ocre ; enfin, une tablette et un fragment de tablette avec signes alphabétiformes.

« Il ne restait, du squelette, que deux débris du crâne et un très petit fragment de la mâchoire inférieure.

« Autant que l'on en puisse juger, la tablette complète avait dû être placée près de la tête du mort.

« La conclusion à tirer, je crois, de cette fouille, où la poterie fine et le métal font complétement défaut, est la contemporanéité de tous les objets qu'elle a fournis. Il me semble qu'ils constituent un tout dont on ne peut distraire aucune partie, pour la dater d'une autre époque.

« Les tablettes, les vases, les idoles trouvés à Glozel sont, par suite, du même temps que les haches de pierre polie, les harpons, les galets gravés et les anneaux de schiste. Tout est donc néolithique, puisque le doute, en ce qui concerne ces derniers objets, n'est pas possible.

« J'ajoute que les trouvailles faites à Glozel, dans les deux tombes qu'on a récemment mises au jour, permettent de comprendre l'invraisemblable quantité d'objets recueillis depuis le début des fouilles. Le site est une nécropole. Et puisqu'il n'est resté, dans les tombes faites avec quelque soin, que des débris infimes de squelettes, il est, ce me semble, logique de supposer que tout a disparu des corps placés en pleine terre.

« Les pièces découvertes doivent provenir des mobiliers qui accompagnaient ces corps. Ainsi que je l'ai dit naguère, il est probable que les populations néolithiques de Glozel ont eu la notion d'une seconde vie.

MÊME JOUR. — Dans le *Mercure* (p. 66), Morlet publie un mémoire sur le travail de l'os à Glozel.

Alors que Franchet, Begouen et Breuil voient des traces de travail de l'os avec des instruments de métal, la découverte faite le 5 mai d'un petit outil en grès fin (p. 68) nous a livré une *lime à os* propre à effectuer correctement le polissage. On avait déjà trouvé nombre de fragments de ces limes ; elles expliquent les fréquentes rayures de polissage qui ont intrigué des préhistoriens. « L'âge de l'os du Nord, comme à Glozel, comprend une industrie microlithique du silex et de petits tranchets qui, selon Shetelig, sont destinés surtout à l'aiguisage des outils en os et en corne... Les ressemblances entre Glozel et l'âge de la pierre dans le nord, s'étendant jusqu'à l'art naturaliste, posent à nouveau le problème de l'origine de la culture arctique. »

Ce mémoire est accompagné de figures. harpons, hameçons, pointes, sagaies, pièces en os torses (épingles sinueuses pour fixer les vêtements, origine de la fibule ?), sabots de cervidés avec gravures.

Dans le même fascicule (p. 177), Van Gennep rend compte du 4ᵉ fascicule de Morlet : « Sur un grand nombre d'interprétations de détail, je ne suis pas d'accord... Hypothèses inadmissibles... Les auteurs trouvent à Glozel l'origine de l'écriture, du masque néolithique, de la céramique funéraire. Il y a longtemps qu'en ethnographie nous avons abandonné ces théories d'origines uniques d'inventions ; mais les archéologues sont encore sous l'emprise biblique. » [Sur quoi il faut remarquer que jamais Morlet n'a fait de Glozel une sorte de laboratoire d'inventions utiles; la nouvelle culture affleure pour nous à Glozel, sans en être originaire. Quant aux théories polygénistes de «nous autres ethnographes », elles sont tantôt raisonnables, tantôt absurdes, suivant le caractère spécial de l'innovation qu'il s'agit d'expliquer ; la prétention de répondre à tout problème par la formule polygéniste est inadmissible. — S. R.)

JUILLET 4. — Begouen (*Merc.*, 1ᵉʳ août 1927, p. 707) répond à Loth et à Morlet.

« M. Van Gennep commence à reconnaître la faiblesse des théories de Morlet, il prononce des paroles pleines de sagesse. » Dans ses conférences de Toulouse, Begouen avait accepté, comme Breuil, l'authenticité du gisement, sous la caution de savants éminents. Mais, depuis, de graves accusations de « salaison » se sont produites. L'opinion publique redevient très sceptique. Begouen renouvelle la proposition qu'il a faite dès le début, celle d'une réunion de savants. Il déplore le ton et le fond de la riposte de Loth. La plupart des partisans de Glozel préhistorique semblent avoir perdu le sens critique et l'esprit scientifique. On dirait que la sorcière de Glozel leur a jeté un sort. « Si Morlet ne m'a pas invité à Glozel, peut me chaut de son suffrage. Il me suffit d'avoir l'estime et la confiance scientifique des préhistoriens et des anthropologues, non seulement de France, mais d'Europe et d'Amérique. » En ce qui concerne le refus de l'Académie [c'est-à-dire du secrétaire-perpétuel] d'imprimer sa communication sur les fouilles de Moravie (*Comptes rendus de l'Acad.*, 1926, p. 239, 1er octobre), c'est que cette communication avait été retardée, tandis que le *Matin* et les *Débats* l'imprimèrent [peut-être sans en être priés ?] dès le 26 septembre. « Évitons les personnalités, les perfidies, les cachoteries ; agissons en plein air ; la science ne pourra qu'y gagner, en particulier la science française. Ce que M. Crawford dit avec une franchise brutale, bien d'autres le murmurent avec des sourires ironiques. »

JUILLET 12. — Vayson fouille sur deux points à Glozel en présence de Fradin, ne trouve rien d'abord, puis deux galets, l'un gravé, l'autre coloré d'ocre, qu'il prétend avoir été introduits dans l'argile par des canaux, sortes de trous d'obus (voir p. 109).

JUILLET 13. — Séance de l'Académie des Inscriptions.

M. Salomon Reinach a la parole à propos de la correspondance :

« J'ai l'honneur de présenter à l'Académie et de faire circuler la photographie, due à M. le docteur Morlet, d'une pierre d'assez grande dimension, récemment exhumée à Glozel, sur la surface plane de laquelle sont gravés distinctement un renne couché et son faon. Si, dans plusieurs silhouettes de cervidés trouvées précédemment dans cette station, on a cru reconnaître le cerf élaphe, l'élan et même une sorte d'abstraction de cervidé, ici, comme dans d'autres spécimens d'ailleurs, le doute n'est pas permis ; il s'agit, sans contestation, d'un renne. Le dessin n'est pas correct, mais est tracé avec netteté et fermeté. La survivance de l'art dit magdalénien n'est pas moins évidente, dans ce milieu du néolithique à ses débuts, que celle du cervidé le plus répandu de la faune magdalénienne. Ce sont là des faits absolument nouveaux et surprenants, mais qui ne peuvent plus, à mon avis, être contestés. »

JUILLET 15. — Dans le *Mercure* de ce jour, Morlet étudie les vases inscrits de Glozel.

Il y a maintenant 8 vases ornés de caractères qui relient les poteries aux tablettes et aux gravures accompagnées de signes. La décoration comprend parfois un relief de forme singulière et sans exemple (p. 355), où Morlet croit reconnaître des oreilles opposées. Les morts voient et entendent, mais ils ne parlent pas ! L'intérêt des vases à inscriptions, c'est que l'orientation des caractères est donnée par la position du vase sur son pied (p. 362). Sur les vases inscrits on constate des coupures dans le texte, alors que sur les tablettes les caractères se suivent sans interruption (p. 364). Ce ne sont pas des vases à incinération ; il est vrai que deux vases contenaient des cendres, mais probablement d'aliments brûlés. « Nous croyons que les vases devaient avoir une destination relative à la nourriture du défunt ; ceux qui étaient inscrits portaient peut-être des invocations rituelles pour le repos des morts (p. 365). »

Dans le même fascicule (p. 465), Morlet répond à Jullian (*Rev. Ét. anc.*, juillet-septembre). Il qualifie cet article de « petit poème en prose ». Jullian voit partout de la magie et de la pharmacopée ; il absorbe la préhistoire dans la magie. Tout ce qui servait à l'existence de l'homme préhistorique n'est pour lui que pièces d'envoûtement et amulettes.

Morlet dit encore (p. 351) que la tranchée ouest de Glozel, récemment explorée par lui, semble être l'emplacement d'une tombe en pleine terre, car il y a recueilli, dans un espace limité, une grande quantité d'objets semblables à ceux de la tombe intacte ouverte le 14 juin, autour de plusieurs fragments de squelette humain.

Van Gennep (p. 470) raconte comment le *Mercure* est devenu le *Moniteur* de Glozel.

JUILLET 20. — Espérandieu, S. Reinach, Alex. de Laborde, Albert Déchelette et d'autres personnes assistent à une fouille à Glozel. On trouve un fémur, un peigne (?) en pierre orné de gravures, une lampe, un os gravé.

Première note de Vayson dans le *Bull. de la Soc. préhistorique*, réimprimée dans l'*Anthropologie* et concluant à la fausseté de tout, au *truquage* et *salage* général.

JUILLET 21. — S. Reinach, après avoir assisté

à une seconde matinée de fouilles, écrit à Morlet (*Merc.*,
15 août 1927, p. 213) :

« Nier l'évidence est un sport stérile. L'immense importance
du gisement tient *avant tout* au butin épigraphique dont il est ridicule de dire (comme Breuil, Begouen, Vayson) qu'on fait abstraction. Dans cet ensemble de 1.500 caractères (je n'ai pas compté),
LE B NE SE TROUVE JAMAIS. Les deux alphabets archaïques d'Espagne ignorent le B ; ils possèdent le signe composé de deux trian-
gles opposés par le sommet. Or, ce signe est parmi ceux de Glozel
où le B manque. Il ressort de là avec certitude : 1° que l'écriture
de Glozel est apparentée aux vieilles écritures ibériques ; 2° que
l'hypothèse d'une fraude totale ou partielle est absurde, car *qui
dit A, dit B* et aucune personne de bon sens ne peut supposer qu'un
faussaire, gravant 1500 signes, ait studieusement évité, alors qu'il
prodiguait les A, d'écrire un seul B. »

[Voilà l'argument irréfutable auquel on n'a jamais répondu,
car ce n'est pas répondre que de dire avec Dussaud qu'on ne comprend pas, avec Vayson que le faussaire a pu être averti d'éviter
le B (plus bas, p. 150), ou, avec tel dessinateur anonyme, d'introduire frauduleusement un B à la première ligne d'un fac-simile.
« C'est un détail, répond Sir A. Evans ; je m'en tiens à l'impression d'ensemble. » Défaite indigne d'un grand savant. Mais Dussaud, lui aussi, est bon épigraphiste ; du jour où il refusa de
discuter cet argument, il perdit de vue son métier, qu'il faisait
bien, pour s'abaisser à celui de polémiste. — S. R.]

JUILLET 22. — Séance de l'Académie des Inscriptions.

M. Salomon Reinach a la parole à propos de la correspondance.

« Messieurs,

« Une fois de plus, j'ai assisté à deux matinées de fouilles à Glozel. J'ai eu le plaisir d'y rencontrer deux de nos confrères, le commandant Espérandieu et M. Alexandre de Laborde ; il y avait
aussi de nombreux témoins appelés par la réputation croissante
de cette station néolithique, entre autres un ingénieur des Ponts
et Chaussées qui a contrôlé minutieusement, dans l'argile vierge,

le gisement de chaque objet que rencontrait le couteau des explorateurs ; M. le commandant Espérandieu était l'un d'eux. Rien
n'était extrait de la tranchée sans un examen préalable *in situ*.
Les hypothèses que l'on a émises à la légère sur la possibilité d'une
fraude par l'introduction latérale d'objets que révélerait ensuite
une fouille verticale, ces hypothèses, déjà difficiles à soutenir sur
le papier, semblent de la dernière absurdité sur le terrain. Le mieux
que puissent faire les honnêtes et consciencieux explorateurs de
Glozel est d'opposer désormais le silence à des soupçons que ne
justifie pas la moindre apparence et qui sont aussi injustes qu'injurieux.

« Au bout de cinq heures de recherches sur des points non encore
touchés de la tranchée ouest, on n'a rencontré, bien entendu, ni
un fragment quelconque de métal, ni un fragment quelconque
de poterie gauloise ou romaine. L'opinion se confirme que le petit
plateau de Glozel a reçu des ossements humains, les uns déposés,
par exception, dans de véritables tombes, les autres, en majorité,
ensevelis dans le sol. Si les ossements humains sont relativement
rares et en mauvais état, tandis que les objets d'os ouvrés sont
bien conservés, cela tient sans doute, comme l'a vu M. le docteur
Morlet, à la résistance très supérieure des os travaillés par rapport
à ceux qui ne le sont pas.

« Voici, classée par séries, la liste des objets que nous avons vus
sortir de terre au cours des fouilles :

« *Os.* Morceau de fémur humain fossilisé. — Dent de cervidé
fossilisée.

« *Pierre.* Hache dont le tranchant seul est poli (type néolithique
ancien).

« *Terre cuite.* Lampe à bords droits. — Bobine à pointes. — Rondelle en terre bien cuite. — Idole bissexuée, un peu fragmentée. —
Vase à masque néolithique, tout percé de menues radicelles.

« *Gravures.* Tête de cervidé gravée sur un galet long. — Branche
stylisée, gravée sur un petit galet.

« *Inscriptions.* Galet avec dentelures et inscriptions (le premier
objet de ce genre, de destination inconnue). — Morceau de côte
avec inscription sur un bord.

« Le nombre des inscriptions, conservées les unes dans la ferme
de Glozel, les autres chez le docteur Morlet dans un coffre du Crédit Lyonnais à Vichy, dépasse aujourd'hui dix douzaines, comprenant 1.500 à 2.000 caractères. Nous avons examiné avec grand

soin, le commandant Espérandieu et moi, à Glozel même, la longue inscription sur briques qui a paru suspecte à l'un de nos confrères (1) ; nous pouvons attester qu'elle ne présente aucun indice qui puisse autoriser le moindre doute, ni quant à la qualité de la terre, assez bien cuite, ni quant à l'épigraphie.

« Les caractères si nombreux des inscriptions de Glozel sont en partie identiques à ceux qu'on connaît par les écritures linéaires archaïques de l'Europe orientale ; beaucoup d'autres ont en commun avec ces dernières un certain air de famille, mais sont tout à fait nouveaux. Il y a des analogies frappantes avec les plus anciens caractères ibériques, dont l'origine phénicienne n'est qu'une hypothèse, souvent contredite par les savants de la Péninsule. Un fait négatif, que chaque découverte nouvelle de textes à Glozel rend plus frappant, est l'absence du signe B, alors que les caractères ressemblant à l'A et au C sont en grand nombre. Or, il se trouve précisément que le signe B manque dans tous les tableaux qu'on a pu dresser jusqu'à présent de l'écriture ibérique. Sans vouloir encore formuler les conclusions qui peuvent s'autoriser d'analogies positives et négatives avec l'écriture linéaire de l'Espagne, deux observations, d'un caractère général, doivent être présentées : 1° dans un ouvrage sur l'énéolithique ibérique publié en 1922, M. Nils Aoberg a montré l'extraordinaire expansion de la culture ibérique avant l'âge du bronze, l'influence qu'elle a exercée non seulement sur la France méridionale, la Bretagne, l'Angleterre, mais sur l'Italie et l'Allemagne jusqu'à la Baltique ; au contraire, l'âge du bronze ibérique est très pauvre, comme si une invasion de barbares avait étouffé la civilisation de la péninsule. Déjà M. Sophus Müller et M. Hubert Schmidt, en 1913, avaient mis en lumière le rayonnement de la civilisation ibérique la plus ancienne vers l'Occident, le nord et le centre de l'Europe, expansion attestée surtout par celle de la céramique ornée. Le mot *ibérique* doit être pris au sens géographique, non ethnographique, car les Ibères des historiens furent probablement des barbares destructeurs et n'apparaissent que beaucoup plus tard ; 2° un faussaire même savant, puisqu'il faut tenir compte de dénégations obstinées, n'aurait jamais songé, en traçant deux mille caractères, à s'abstenir de figurer la lettre B, et cet argument pourrait mettre fin à une controverse irritante alors même que l'aspect des lieux

(1) Espérandieu et S. Reinach l'examinèrent à la prière de C. Jullian.

et des tranchées n'y suffirait pas. Je me permets d'invoquer à ce sujet, M. le commandant Espérandieu ayant déjà fait connaître son sentiment, le témoignage de M. Alexandre de Laborde, assez familier avec les méthodes scientifiques pour ne pas se laisser duper par une mise en scène astucieuse et des apparences laborieusement ménagées. »

Alex. de Laborde dit que, sans se prononcer sur la date des objets découverts, la possibilité d'une supercherie lui semble devoir être exclue.

JUILLET 23. — Butavand, ingénieur en chef des Ponts et Chaussés à Monaco, rend compte, au point de vue technique, de la fouille à laquelle il assista avec Espérandieu, S. Reinach etc. (*Merc.*, 15 août, p. 214). « L'authenticité des objets, leur caractère *in situ*, la virginité du terrain ambiant ne peuvent être soupçonnés. Les mettre en doute serait serait nier l'évidence et faire preuve de mauvaise foi (p. 215)... L'authenticité des tombes est indiscutable. Elles n'ont pu être réalisées frauduleusement, pas plus en galerie qu'autrement (p. 216). »

JUILLET 27. — A la suite des communications sur les tombes de Glozel, Jullian dit au *Journal* (=*Merc.* 1er oct. 1925, p. 182) : « Je maintiens mes dires... et tout cela finira en correctionnelle. »

[En effet, vers cette époque, le futur avocat de Dussaud a demandé à S. Reinach si l'on ne pourrait pas déposer une plainte en escroquerie contre Fradin, coupable de faire payer un droit d'entrée de 4 francs pour montrer des faux ? S. Reinach se souvient d'avoir répondu qu'on payait bien à la foire pour voir la femme à la tête coupée. — S. R.].

JUILLET 28. — J. Cazedessus écrit au *Mercure*

(1er sept. 1927, p. 457) que les sagaies à base fourchue et les harpons à barbelures de Glozel ressemblent à ceux du magdalénien final d'Isturitz ; il y a aussi des objets analogues à La Tourasse. Les épingles sinueuses n'étaient pas inconnues (Capitan, *Préhistoire*, p. 7). Cazedessus et Capitan ont relevé des caractères analogues à ceux de Glozel sur les parois à dessins magdaléniens de la caverne de Montespan-Ganties (*Rev. anthrop.*, nov.-déc. 1923, p. 546).

JUILLET 31. — Des fouilles sont exécutées à Glozel par le prof. Depéret, de l'Académie des Sciences, le Dr Arcelin et Björn, conservateur du musée préhistorique d'Oslo (Norvège). « Toutes ces pièces (énumérées, dont une tablette inscrite) ont été recueillies dans le terrain argileux que les préhistoriens sont unanimes à déclarer tout à fait vierge. » (*Merc.* 1er août 1927, p. 211).

**
_

AOUT 1. — Dans le *Mercure* de ce jour, Morlet décrit, avec plan (p. 600-1), la tombe explorée le 14 juin. Dès son premier fascicule, Morlet pensait que le champ renfermait des sépultures ; la découverte des deux tombes inviolées lui a donné raison et, par la richesse de leur contenu, elles ont démontré la contemporanéité des objets recueillis.

P. 594. La plupart des vases étaient bien cuits ; l'un d'eux, à cupulettes (p. 595), est d'un modèle nouveau.

p. 595. A la tête de la tombe, tablette inscrite comprenant le svastika.

p. 603. Toute une série de petites pendeloques en pierre rappellent celles de l'Archipel et d'Espagne ; l'une d'elles porte à peu près STX comme le galet au renne (mêmes caractères X ꓱ T sur un galet p. 602).

p. 612. Il n'y avait aucune trace, dans la tombe, de verrerie ni de poterie de grès.

— Dans la même livraison (p. 712), Morlet raconte les visites de Vayson à Glozel, ses entretiens avec Émile et lui ; mais il intitule cela plaisamment *Sherlock Holmes à Glozel* et s'interdit de faire de la « publicité » à celui qui en est si friand.

— Même livraison (p. 722), Morlet rappelle à Jullian qu'il a affirmé l'existence de faux à Glozel (3 sept. 1926), mais a dit un peu plus tard : l'authenticité de tous les objets est incontestable (5 nov. 1926). Morlet demande : quelles sont les pièces fausses ?

— *Ibid.* (p. 210), Loth répond à Begouen :

« Ne pouvant nier qu'il ait *sciemment* dénaturé mon opinion sur l'âge de Glozel, il se défend d'avoir faussé celle de mon collègue, et ami l'abbé Breuil... Il y a plusieurs façons de fausser l'opinion de quelqu'un. M. Begouen affectionne l'omission... Il altère de nouveau sciemment la vérité. »

— Morlet répond aussi à Begouen (p. 207). Il n'a pas voulu l'inviter à Glozel parce que Begouen a l'habitude de publier aussitôt des articles de journaux sur les fouilles qu'il visite.

AOUT 5 (?). — Dans les nᵒˢ 7 et 8 du *Bull. de la Soc.*

préhist., il y a deux notices sur Glozel (cf. *Merc.*, 15 oct. 1927, p. 470) :

1° Vayson répond à diverses questions posées par Poisson, Passemard, Bossavy, etc. L'hypothèse de l'authenticité ne trouve pas de défenseurs dans l'assistance. J. Courty dit qu'il y a cru d'abord, mais n'y croit plus.

2° A la p. 241, lettre *non datée* (elle est du 2 août) de Breuil à Vayson qui renie son article de l'*Anthropologie* et se rallie au parti des négateurs (aussi *Homme préhist.*, 1927, p. 205).

« L'examen des objets dont j'ai consigné l'analyse dans mon rapport plein de réserves (qui ont été comprises et relevées par divers auteurs) a été fait dans l'hypothèse provisoire de l'authenticité, fondée sur les affirmations de Depéret, Espérandieu et S. Reinach (1). Cet examen a été incomplet (2). J'ai été frappé du caractère extrêmement suspect des harpons en os, j'ai pressé de questions le Dr Morlet pour savoir s'ils n'avaient pas été introduits — peut-être par ses ennemis — par des trous faits avec une canne. L'objet précis de ma visite était de me rendre compte si un rapport quelconque existait entre les trouvailles de Glozel et le paléolithique ; j'ai dit qu'aucun rapport n'existait et j'ai cherché dans l'hypothèse de l'authenticité, à laquelle je ne me ralliais qu'en m'inclinant devant des témoins hautement qualifiés (3), à quelle solution provisoire on pouvait se tenir (4). J'ai été convaincu, mais surtout d'une chose. c'est que rien de ce que j'avais vu n'appartenait à l'époque romaine. Par conséquent, je cessai de m'intéresser à une question qui sortait de ma spécialité.

« L'incroyable bluff, l'atmosphère malsaine, l'absence de méthode et de vrai contrôle (5) dont toutes les fouilles étaient entou-

---

(1) Cela n'est pas dit dans l'article de l'*Anthropologie* et n'est pas soutenable. — S. R.

(2) Pourtant Breuil, qui voyageait aux frais de l'Institut de paléontologie, était libre de le prolonger. Comme il ne l'a pas repris depuis, son changement d'opinion ne répond qu'à une aggravation de mauvaise humeur. — S. R.

(3) Une contre-vérité une fois dite n'équivaut pas à la vérité. D'ailleurs, à Glozel et ailleurs, Breuil « le seul préhistorien avec Obermaier », s'est moqué de ces « témoins hautement qualifiés ». — S. R.

(4) Solution bizarre de l'immigration d'une tribu orientale avec sa vaisselle ! — S. R.

(5) Autant de regrettables et haineuses erreurs. — S. R.

rées, étaient bien faites aussi pour me tenir éloigné de ce milieu auquel je préfère la sérénité de mes cavernes (1). »

Sur quoi Van Gennep remarque (p. 471) que cette lettre n'est nullement une négation de l'authenticité néolithique de Glozel [mais c'est un grand pas vers la négation et la lettre fut interprétée ainsi.]

AOUT 10. — Björn écrit à Morlet avant son départ (*Merc.*, 1er sept. 1927, p. 458) ; il avait été envoyé à Glozel par l'Université d'Oslo :

« Quant à la question de l'authenticité, IL FAUDRAIT ÊTRE AVEUGLE OU MALHONNÊTE (2) pour la poser à nouveau. A toutes nouvelles découvertes en préhistoire, on dit : *C'est impossible !* Mais bientôt la vérité arrive à s'imposer. »

AOUT 13. — J. Schopfer, ingénieur en chef des tramways de Nice, qui a assisté aux fouilles (22 juin, 2 et 4 juillet), s'élève contre les assertions de Vayson ; il déclare que les tombes ne peuvent être de construction récente et que leur contenu n'aurait pu être introduit que par « un homme serpent, acrobate inouï. » Lui-même, fouillant dans un coin du champ, a mis au jour un galet avec caractères, complétement enlisé dans une couche naturelle d'argile (*Merc.*, 1er sept., p. 459).

AOUT 15. — Dans le *Mercure* de ce jour, Morlet décrit la tombe explorée le 28 juin (3), qui contenait 121 objets, en particulier :

(1) Mot malheureux, car s'il y a des cavernes que l'on visite pour les explorer, il en est d'autres où l'on élit domicile pour molester son prochain. — S. R.

(2) Cette formule est restée célèbre à juste titre. — S. R.

(3) Morlet, par erreur, commença ainsi : « L'Académie des Inscriptions avait officiellement délégué M. Espérandieu, pour assister, etc. » Espérandieu s'était contenté d'annoncer à l Académie qu'il se rendait à Glozel. L'erreur fut durement relevée en séance à l'Académie et la rectification insérée au procès-verbal. Voir plus loin, p. 115.

Un vase à cupulettes, à côté des fragments d'une voûte crânienne. — Un vase avec cendres noires. — Quatre petites lampes
à bords droits. — Deux tablettes inscrites, dont l'une porte au
revers les empreintes digitales de l'ouvrier. — Une plaque avec
large empreinte de main, au milieu de la tombe. — Une idole
bissexuée où, par exeption, le *témoin* gauche descend plus bas que
le droit. — Deux timbres à ocre. — Galets à inscriptions, dont
deux avec TX. — Collier (?) d'éléments pédonculés. — Petits
objets en os dont deux avec caractères (TX se suivant).

Si les ossements humains sont rares et en fragments, tandis
que les objets en os sont bien conservés, c'est que « les objets
façonnés acquièrent une résistance spéciale par suite du séchage,
du râclage et du polissage. » [Cela a été remarqué depuis longtemps
dans les tombes franques. — S. R.]

AOUT 17. — Begouen écrit au *Mercure* (1er sept.
1927, p. 462) pour répondre à Loth et à Morlet.

1° « J'ai le regret d'avoir à infliger à M. Loth deux démentis
formels... Je ne permets à personne de suspecter ma loyauté...
La sorcière de Glozel a jeté un sort sur M. Loth... Dans un article
de l'*Anthropologie*, Breuil déclarait que ses conclusions sur Glozel
n'étaient que provisoires. Je crois savoir que nous ne tarderons pas
à connaître son opinion définitive. » 2° « Toujours venimeux,
Morlet m'accuse d'indiscrétion et de manque de délicatesse. »
Si Begouen publie des articles sur les fouilles, c'est avec l'autorisation des inventeurs (Hountaou, S. Bertrand de Comminges).
En outre, Morlet embrigade ceux qui restent sur une prudente
réserve, p. ex. Alexandre de Laborde. » Au compte rendu de la
séance [académique] du 22 juillet, nous voyons avec quelle
réserve le savant membre de l'Institut répond à l'appel pressant
de son confrère, M. S. Reinach. Il ne s'engage pas, il reste objectif, impartial, prudent. Il lui semble que... Bref, il ne prend pas
parti. C'est un sage. (p. 463) » (1). « Quoi que puisse dire désormais
M. le Dr Morlet, je ne répondrai plus. (p. 464)... » Les articles
de M. Crawford dans *Antiquity* ont fait grand bruit à l'étranger.

(1) [Fantaisies ! Alex. de Laborde a été aussi net que possible en faveur de l'authenticité et n'a jamais varié à ce sujet. — S. R].

Les terribles réquisitoires de M. Vayson sont restés sans réponse.
(p. 464)». Seul, Butavand a parlé d'une manière intéressante, en
technicien. « Pourquoi n'y a-t-il pas débat contradictoire sur place
entre Butavand et Vayson ?... Plus que jamais, un jury d'honneur
scientifique est indispensable. S'il lave le Dr Morlet des graves
accusations qui pèsent sur lui, nous aurons en perspective de
belles études sur un matériel inattendu (p. 464). »

AOUT 19. — Vayson écrit (*Merc.*, 15 sept. 1927,
p. 717) pour se plaindre de l'article « Sherlock Holmes
à Glozel », article qui serait « semé d'erreurs tendan-
cieuses. »

1º « Dès que j'ai exposé le résultat de ma première fouille au
Dr Morlet, je lui ai fait savoir que j'avais presque complétement
détruit, en le sectionnant pour l'étudier, le canal d'introduction
d'un objet dans la fouille dont j'avais constaté l'existence ; seule
la partie terminale devait subsister... Le lendemain, sous une
pluie battante, il était inutile de rechercher de telles traces. Morlet n'a aucunement insisté. J'ai constaté sans erreur possible,
comme M. Guillon, qui était présent, peut en témoigner, que dans
l'argile ferme de la base avait été creusé un petit conduit rond,
rempli d'une argile semblable, mais de consistance beaucoup
moins ferme, au bout duquel était un petit galet orné. Ce conduit
venait du front de taille et s'enfonçait dans la masse en restant
horizontal.

2º « Je n'ai aucunement proposé d'acheter les objets de la collection Fradin, dont j'estimais la valeur intrinsèque à O. J'ai
demandé seulement à acquérir quelques débris dont je voulais
faire apprécier la technique à mes collègues préhistoriens de
Paris. »

AOUT 25. — Varigny, dans les *Débats*, expose la
thèse gallo-romaine de Jullian, la thèse orientale de
Breuil, les dénégations de Crawford et de Vayson.

« Les arguments invoqués en faveur d'une fraude sont réellement bien médiocres... Tous ceux qui ont visité Glozel ont trouvé

les objets à même dans le sol dur et tassé... Les faits ne cadrent
pas avec les suppositions et accusations, du moins jusqu'ici. »

AOUT 30. — Dans le *Tidens Tegn* d'Oslo, le prof.
Sommerfeldt écrit : « L'authenticité des trouvailles est
au-dessus de tout doute. Mais comment doit-on les
expliquer ? »

SEPTEMBRE 1. — Morlet écrit au *Mercure* pour
répondre aux nouvelles injures que Begouen lui a
adressées dans les *Débats* du 28 août. Il cite une lettre de
Cazedessus, dont le nom n'a jamais paru dans les articles de Begouen sur la galerie de Hountaou (Montespan-Ganties), découverte par lui. Cazedessus ajoute
que Sapène, qui dirige depuis dix ans les fouilles de S.
Bertrand de Comminges, ayant exhumé des statues
de marbre, Begouen accourut sur le chantier et publia
dans le *Télégramme* un article où il n'était pas question
de Sapène. De même encore, Begouen aurait eu vent
des découvertes de Cazedessus à la grotte de Tarté, et, ne
pouvant s'adresser à lui, qui savait à quoi s'en tenir, il
envoya au propriétaire un Anglais qui loua la grotte
et saccagea le gisement. « Le noble savant ! conclut
Morlet. Il daignera plus tard répandre ses lumières de
génie sur une station qu'il n'a pu détruire ! Il est bien
digne de Crawford et de Vayson dont il se réclame !
(p. 716) (1). »

(1) Comme, dans ce qui suit. S. Reinach aura aussi à se plaindre de
Begouen, il ne veut pourtant pas méconnaître ses mérites. Élève de

SEPTEMBRE 2. — Le *Bulletin de la Société préhistorique française* publie : A. Vayson de Pradenne, *La chronologie de Glozel* (et à part, 27 p. ; la date est à la fin de la brochure). Conclusion : *tout est faux*. La première inspiration de « l'Esprit de Glozel » (nom tenant lieu de celui d'Émile Fradin, par crainte de la justice) est venue de l'anneau de Montcombroux, portant quatre caractères gravés (1) ; puis l'Esprit a connu *Portugalia* (par S. Reinach) et divers livres d'archéologie dont s'est servi Morlet (2). Division : historique des fouilles et lancement ; évolution des découvertes ; le mécanisme de Glozel.

Le bruyant lancement de l'affaire (3), en dehors des traditions scientifiques, a retenti à toutes les oreilles. Une fabrique d'objets bizarres, bouleversant toutes les idées reçues en préhistoire, s'est installée dans un hameau perdu. Les découvertes ont évolué : apparition successive des différentes catégories d'objets ; perfectionnements apportés à certaines techniques ; source d'inspiration de certaines fabrications parfois reconnaissables (nécessité pour les défenseurs de Glozel de répondre aux objections des adversaires ou aux désirs des dupes). De juillet 1924 à juin 1925 se révèlent seulement une brique inscrite et des haches avec signes. Après l'arrivée de Morlet, les découvertes se multiplient et on trouve le renne gravé. Au fasc. 2, progrès sensible de la cuisson des briques ; au fasc. 3, deux grandes briques avec signes parfaitement gravés ; le svastika est employé comme lettre. Dans le fasc. 4, les critiques de Jullian ont été comprises : les briques

Cartailhac, il continue son enseignement à Toulouse ; on doit à ses fils et à lui-même de remarquables découvertes dans les cavernes habitées ; à la différence de bien des savants collés à leur rond de cuir, il voyage avec plaisir, et, du Portugal à la Moravie, visite des fouilles et fait des conférences dont la propagande française tire profit. Sa mobilité toute juvénile lui a fait même donner à Toulouse le plaisant surnom de *Comte-courant*. — S. R.

(1) Émile l'a vu, mais n'en a jamais eu de copie. — S. R.
(2) Balivernes. — S. R.
(3) Il n'en existe aucune trace ; pure invention. — S. R.

sont moins grandes, les signes moins nombreux, mais profondément gravés. Même progression pour les vases qui, au 4e fascicule, sont décorés. « Comme une femme qui veut plaire, l'esprit de Glozel s'efforce de se renouveler (p. 15) (1). »

p. 16. Dans le *Bull. Soc. préhist.*, 1917, p. 507, Perot (de Moulins) a publié une hache en schiste portant une croix et divers signes gravés sur ses faces. Cette hache a été trouvée par l'instituteur Clément. Perot, dans son étude, parle de cruciformes, de svastika, de *tau*. « Clément a dû parler de cela à Glozel ; d'où les haches en schiste dont une avec *tau*. » Perot parle encore d'une anse de vase romain décoré et reproduit trois inscriptions grecques trouvées sur des vases du centre de la Gaule. « Des inscriptions sur de la terre cuite, ce n'est pas très malin à faire, et la première brique à signes apparaît » (2). Perot a aussi fait une note sur des signes cabalistiques gravés sur une amulette en schiste trouvée par Clément ; la rondelle provient de l'atelier des bracelets en schiste de Montcombroux. » Et voici notre rondelle à signes de Glozel (3). »

p. 17. Plus tard, Déchelette entre en scène : « Tout se passe comme si le Déchelette venait d'apparaître à l'Esprit de Glozel (4). » Il y a aussi, dans la collection gallo-romaine de Morlet, un petit objet de terre cuite « qui est sans doute le prototype des bobines glozéliennes (5) ».

p. 18. Le renne du galet est copié dans Brehm. On s'en aperçoit ; alors l'Esprit de Glozel renonce à copier et tout est puéril et ridicule (6)... Sur le galet du renne, on lit STX ; or, la rondelle de Clément porte une flèche et STX (7).

(1) Autant d'erreurs. Il est bien naturel que les fouilles régulières de Morlet aient plus donné que les coups de pioche intermittents d'Émile. Les premières briques inscrites, mal ou trop nettoyées, sont peu lisibles. Les plus grandes ont été heureusement découvertes un peu plus tard. Le prétendu progrès dans la fabrication n'est que le résultat d'un plus grand soin apporté aux fouilles. L'idée qu'Émile aurait réglé sa fabrication sur des articles de Revues est du dernier ridicule. — S. R.

(2) On croit rêver en lisant de pareilles choses. Une inscription *sur vase* donnant l'idée d'une *brique à signes !*

(3) Vayson s'est bien gardé de donner des images, qui auraient révélé 'imposture de son argument. — S. R.

(4) Il n'y en a pas une trace. — S. R.

(5) Comment qualifier poliment cette assertion ? — S. R.

(6) Même observation. — S. R.

(7) C'est parce que cela signifie quelque chose en glozélien. — S. R.

p. 19. « Quand un objet devient la cause de critiques violentes, il n'a pas de successeur : ainsi un aiguisoir percé d'un trou de suspension, d'où Franchet (13 nov. 1926) tire argument pour classer la trouvaille à l'âge des métaux (1).

p. 20. « Les critiques de M. Jullian avaient coupé l'essor de la graphique glozélienne et les critiques faites de la gravure du renne avaient empêché toute autre tentative de copie.

p. 21. « L'hypothèse mentionnée par Déchelette que le schéma néolithique d'un visage sans bouche était le symbole de la mort est particulièrement chère au Dr Morlet ; on lui fait découvrir le vase « tête de mort » qui est le prototype désiré (2). »

Ibid. : « L'Esprit de Glozel pousse le dévouement jusqu'à construire, sur le plan du four de verrier, deux chambres ovales en blocage : il les garnit d'un mobilier funéraire abondant et voilà deux tombes probantes. A vrai dire, ce n'est pas par dévouement pur, parce que cela lui permet de loger une grande quantité d'objets — la production de tout un hiver — qu'il aurait été fastidieux d'enterrer et de faire découvrir petit à petit (3). »

p. 22, pour démontrer que la tombe est de construction récente : « Le terrain non seulement n'est pas tassé contre les murettes, mais il y a de grands vides entre lui et les pierres ; or, pour que de tels vides se comblent, ce n'est pas une affaire de millénaires ou même d'années : c'est une affaire de mois (4). »

p. 24. Ces tombes « seront vraiment les tombes de Glozel ».

p. 25. Le truffage des terrains est fait au fur et à mesure des fouilles (5).

p. 27. L'auteur prétend désirer vivement « que la préhistoire ne soit ni sabotée ni défigurée (6) ».

SEPTEMBRE 3. — J. Labadié *(Illustration)* fait le

---

(1) L'Esprit est donc abonné à l'*Argus* ? — S. R.

(2) Cela n'est pas exact. — S. R.

(3) On ne transcrirait pas ces hypothèses absurdes si elles n'avaient pas été acceptées par un grand savant comme Sir Arthur Evans (1928). — S. R.

(4) Assertion gratuite. — S. R.

(5) Conséquence inepte, mais logique, des inepties qui précèdent. — S. R.

(6) Il y contribue de son mieux. — S. R.

récit détaillé de sa fouille à Glozel, avec nombreuses photographies et plans.

Objets principaux publiés : meule à farine [illusion, ce n'est pas une meule], houpette à ocre, bobines, renne mort [excellente reproduction].

« Les larmes bataviques sont des fragments vitrifiés qui ne sont peut-être que des larmes coulées accidentellement.au cours de la cuisson de l'argile arénacée de la fosse. Un petit vase est si fortement vitrifié en surface que M. Morlet a pu le dénommer « objet de verre ». La fabrication du verre par les Glozéliens n'est pas aussi certaine qu'on l'avait cru.

p. 215, Jullian donne la transcription d'une tablette : *Ita, movet(o) oblatos, xali huc ut Tyc(h)e li(get) oxum Lupi Cnei Juli-(toris) hic.* [Suivant Jullian, *oxum = ossum = penis ;* mais précisément il n'y a pas *d'oxum in pene humano.* Cette transcription est une erreur de physiologie. — S. R.]

Même p., il est dit à tort : « M. S. Reinach n'a-t-il pas, à un certain moment, poussé le bon vouloir jusqu'à lire *Jesum Christum ?* » [C'est inexact ; S. Reinach a montré que sur la tablette, où avec mauvaise foi on lirait *Glozel,* on pouvait, avec le même équipement, lire le nom abrégé de J.-C. *en grec.*]

p. 216. : « Avec quel soin le sorcier a dû sélectionner dans ses recherches un mobilier préhistorique homogène, ne descendant pas au-dessous de l'azilien, ne remontant pas au magdalénien ? »

Labadié conclut : « Aucun objet n'est faux à Glozel, rien n'a été fabriqué. MM. Morlet et Fradin sont absolument incapables d'une supercherie. »

— Dussaud écrit à Varigny une lettre non signée (fac-simile dans *Comœdia,* 30 sept.), pour lui signaler la démonstration de Vayson « qui a pris le jeune Fradin la main dans le sac ». Il se propose d'intervenir bientôt pour prouver la fausseté de toutes les inscriptions. « Je suis, dès maintenant, en état de montrer comment les fraudeurs — je dis *les* pour ne faire tort à personne — s'y sont pris pour constituer cet alphabet invraisemblable. Cette fumisterie est d'une rare bêtise, mais on peut tout se permettre quand on spécule sur la bêtise humaine. »

SEPTEMBRE 4. — Vayson écrit au *Mercure* (1er oct.

1927, p. 191), que, dans la tombe de Glozel, les pierres de la murette de droite étaient mal appliquées contre la paroi argileuse. « Il n'y a aucune interprétation plausible pour expliquer ce fait dans le cas où les pierres de la tombe seraient enfermées dans le sol depuis des millénaires (1). »

SEPTEMBRE 9. — Le prof. Bayet, de l'Académie de médecine de Belgique, après avoir visité Glozel, écrit à Morlet (*Merc.*, 15 oct. p. 465) qu'il a eu l'impression d'être à la fois aux Eyzies et au musée des antiquités troyennes à Athènes.

« Il faudra reviser nos données traditionnelles sur l'origine orientale de notre civilisation, que notre éducation classique nous avait trop aisément inclinés à accepter... Je ne vous parlerai pas de l'authenticité de vos découvertes et de la pureté du gisement ; à tout homme non prévenu, ce sont là des évidences qu'il est puéril de discuter une fois qu'on a visité le terrain. Vous verrez dans peu de temps surgir de toutes parts des découvertes glozéliennes ; vous devrez même vous défendre contre l'afflux de documents trop nombreux. On accourra au secours du vainqueur. »

MÊME DATE. — Séance de l'Académie des Inscriptions.

Le secrétaire-perpétuel proteste contre le titre de « délégué officiel » attribué par erreur, dans le *Mercure* et l'*Illustration*, à Espérandieu.

Dussaud réclame pour le vendredi suivant le comité secret pour parler des inscriptions de Glozel. S. Reinach, président, fait droit à sa requête.

(1) Assertion réfutée par un ingénieur en chef des Ponts et Chaussées et plusieurs autres. — S. R.

SEPTEMBRE 11. — Les prof. Mendes Correa (Porto) et L. Mayet (Lyon) fouillent à Glozel et font des découvertes (détail dans le *Merc.*, 1er oct. 1927, p. 182). Puis ils rédigent une déclaration :

« Nous affirmons formellement l'authenticité et l'ancienneté préhistorique de tout ce que nous avons constaté. »

SEPTEMBRE 13. — Mayet dit au *Salut Public* de Lyon :

« Le très bel effort du Dr Morlet se trouve menacé comme l'a été celui que MM. Depéret, Arcelin et moi-même avons fourni à Solutré, pour des raisons totalement étrangères au problème scientifique [*invidia doctorum*. — S. R.].

« Nous avons regardé, nous avons vu et nous affirmons que le gisement était intact avec objets en place tels qu'ils avaient été abandonnés sur l'ancien sol... Nier l'authenticité du gisement et de ce qui en a été retiré, c'est s'opposer à l'évidence même. Mais en ce qui concerne l'âge de cet ensemble, la discussion reste ouverte. Certains préhistoriens ont tendance à vieillir Glozel. Il me semble qu'il faudrait plutôt le rajeunir.

« Ce sera l'honneur du Dr Morlet de lutter avec une tenacité inlassable contre les attaques dont il est personnellement l'objet. Elles sont navrantes parce qu'elles jettent une ombre sur la belle clarté dont la science française a jusqu'ici illuminé le difficile et passionnant problème de nos origines. »

SEPTEMBRE 15. — Dans le *Mercure* de ce jour, important article de Morlet : *De quelques groupements dans les inscriptions de Glozel*. Si l'on arrive à une interprétation, ce sera en commençant par les textes très courts. « On est frappé de la fréquence des assemblages XT et TX, des groupes TCX et CXT. » L'interprétation fondée sur les gravures au revers (renne, scène d'élevage) est invraisemblable (p. 595). « Deux groupements, ƆHX et HƆX, paraissent présenter la même interversion de caractères. On peut se demander si l'interversion des signes n'était pas courante, ce qui conduirait à admettre que les caractères étaient encore, en partie, idéographiques (p. 596)... Des caractères linéaires se rencontrent sur des galets qui ne se trouvent sur aucune tablette d'argile. Ce sont des signes archaïques (p. 597). »

SEPTEMBRE 16. — Comité secret de l'Académie des Inscriptions. S. Reinach préside ; Espérandieu, Loth, A. de Laborde et beauconp de membres sont absents (17 en séance). Dussaud fait une charge à fond contre Glozel et contre Morlet. S. Reinach répond en lisant les déclarations récentes de savants qui ont assisté aux fouilles et en montrant, par des dessins qu'il fait circuler, les origines quaternaires de l'écriture de Glozel et les parallèles d'Alvao. L'Académie paraît très émue des assertions de Dussaud ; il y a quelque agitation lors de la sortie. Dussaud, pour se créer un alibi (car, avant la séance, il a préparé un résumé de sa communication pour les journalistes), se rend à la campagne.

Les documents dont S. Reinach a donné lecture sont le rapport de Mayet et Mendes Correa ainsi qu'une lettre de Loth, très ferme, écrite de Bretagne en prévision de cette séance.

— Begouen écrit au *Mercure* (1er oct., p. 190), lui reprochant d'insérer « les basses polémiques personnelles de Morlet et de Cazedessus. »... « Méprisant trop ces procédés », il ne répondra pas au premier, mais seulement à Cazedessus, qu'il traite d'ignorant. Quant à Sapène, il l'a nommé en tête de son article sur S. Bertrand-de-Comminges et il l'a loué dans les *Débats*.

«Cazedessus injurie sans savoir. Je comprends qu'il s'entende avec Morlet. »

SEPTEMBRE 17. — Björn écrit sur Glozel dans le *Tidens Tegn* d'Oslo, qui a déjà publié à ce sujet des articles de Marstrander et de Sommerfelt (*Merc.* 15 oct. p. 46).

« Ceux qui ont essayé de rendre suspects Morlet et ses trouvailles sont arrivés au moins à ce résultat que les archéologues européens ont une attitude sceptique. L'authenticité des fouilles n'est plus un problème, mais Glozel en pose encore d'autres qu'il est beaucoup plus difficile de résoudre. Il est certain que 4.000 ans av. J.-C. il y avait en France des hommes qui pouvaient écrire leurs pensées. Il y a dès maintenant des signes que ce n'était pas seulement à Glozel. L'origine indigène des Glozéliens me paraît vraisemblable, mais Glozel n'a pas encore démontré la fausseté du vieil adage : *Ex oriente lux.* »

SEPTEMBRE 18. — Ce dimanche, le *Journal* révèle tout au long ce que Dussaud a dit en comité secret à l'Académie.

« M. Dussaud, soucieux de respecter la consigne, ne nous a pas révélé le fond de son argumentation ; mais nous avons pu de divers côtés recueillir quelques-uns des faits que M. Dussaud a apportés à l'appui de sa thèse. »

Suivent de nombreux passages *textuels* de la communication avec atténuation (par crainte des tribunaux) des calomnies contre Morlet. Il est question, au pluriel, des « mystificateurs » et des « faussaires ». On a découvert jusqu'à 121 objets dans une tombe, ce qui est unique en archéologie (1)... Vayson a montré qu'il y a un cylindre de terre fraîchement remuée (2)... Les ossements humains

(1) Dussaud n'a donc jamais fait de fouille ? — S. R
(2) Erreur passivement acceptée. — S. R.

n'existent pas à Glozel (1)... Pour finir, une contre-vérité pire que les autres : « M. S. Reinach s'est écrié : Si Glozel est anéanti, c'est toute la préhistoire qu'il faut recommencer (2) !.Et M. Dussaud a levé les épaules dans un geste de courtoise désolation et d'impuissance. »

[Unique dans les fastes académiques, cette indiscrétion calomnieuse restera l'incident le plus regrettable de l'affaire de Glozel. — S. R.]

— Le *Petit Parisien* a aussi reçu des confidences. « Les découvertes de Glozel sont une pure plaisanterie, telle est la conclusion du rapport de M. Dussaud... Une visite à M. Dussaud ne nous a pas permis de savoir davantage. « Je suis tenu à respecter le secret de la séance ; nous a déclaré M. Dussaud ; je ne puis rien vous dire. » Nous avons pu toutefois avoir, par une autre source, quelques précisions. On peut même — et ceci semble énorme! — lire sur les fameuses tablettes le nom de Glozel. Les Phéniciens avaient tout prévu, même le nom futur du petit village ! » Le rédacteur anonyme, stylé par le coupable, demande au ministre de prescrire « l'étude microscopique et chimique des objets », histoire de commencer l'expropriation de Glozel, en spoliant Morlet, ce qui est le but secret de « la cabale ».

MÊME JOUR. — S. Reinach écrit à Morlet (*Merc.*, 1er oct., 1927, p. 192) :

(1) Même observation. — S. R.
(2) Propos idiot, que S. Reinach n'a jamais pu tenir, car c'est au contraire Glozel qui oblige de refaire en partie la préhistoire. Rien de la réponse de S. R., qui a occupé dix minutes ; ici il faudrait se fâcher. — S. R.

« On m'apporte le *Journal* avec compte-rendu assez complet
du comité secret ; certaines phrases sont comme sténographiées.
Bien entendu, ma longue réponse — avec lecture d'une lettre
énergique de Loth et du rapport Mayet-Correa — est omise, et
l'on me prête un propos idiot. »

SEPTEMBRE 19. — Morlet écrit à Dussaud (*Merc.*,
1ᵉʳ oct. 1927, p. 181) :

« Après la venue du service des détectives, vous avez été chargé
de la première vague d'assaut. C'est l'abbé Breuil qui est chargé
de mener la deuxième. Nous ne saurions attendre longtemps la
publication de sa lettre, annoncée par M. Begouen... Laissez-moi
m'étonner que vous soyez venu clandestinement à Glozel. Lorsqu'en 1925 je suis allé au Louvre vous montrer quelques pièces,
je vous ai instamment prié de venir visiter nos collections et nos
fouilles. Je vous ai maintes fois renouvelé cette invitation en vous
envoyant nos publications. »
[Pour ne point s'entendre dire qu'il ne connaissait pas Glozel,
Dussaud est allé à la hâte passer une heure au Musée de la ferme,
sans voir la collection de Morlet. — S. R.]

MÊME JOUR. — Gabriel Bernard, publie, dans le
Journal, le récit d'une visite à Glozel et à Vichy. Émile
Fradin dit que Dussaud a été inspiré par Vayson, qui
voulait acheter la collection et menaçait de « flanquer par
terre l'authenticité des objets ». Morlet a insisté sur les
lacunes de l'information de Dussaud ; il annonce les déclarations de Mendes Correa et de Mayet.

Loth écrit de Kerdivio à Morlet (*Merc.*, 1ᵉʳ oct. 1927,
p. 193) :

« Nier l'authenticité des inscriptions de Glozel, c'est nier, de
fait, celle de centaines d'objets que les fouilles ont mis au jour et
jeter la suspicion non seulement sur votre perspicacité, mais sur
votre honorabilité. Dans ces conditions, je considère comme un
devoir impérieux d'affirmer de nouveau l'authenticité et la haute

antiquité des tablettes à inscriptions. J'ai suivi vos fouilles, je puis le dire, jour par jour; à deux reprises, je suis allé moi-même à Glozel... Si on veut se prononcer sur Glozel en connaissance de cause, qu'on y aille d'abord. Continuez votre œuvre, cher Docteur, avec la même fermeté d'âme, la même conscience et la même perspicacité. Je ne vois personne à l'heure actuelle qui ait rendu plus de services à la préhistoire de la Gaule que vous. »

S. Reinach écrit à Morlet (*Merc.*, 1er oct. p. 192) :

« Le long résumé, parfois textuel, publié dans le *Journal* d'hier 18, avec omission complète de ce que j'ai répondu, constitue à la fois une indiscrétion sans exemple dans les fastes de l'Académie et une improbité.

« Le comité secret demandé par Dussaud nous a paru, au secrétaire-perpétuel et à moi, opportun et légitime, puisque la discussion risquait de passer des choses aux personnes, ce qui a été, en effet, le cas.

SEPTEMBRE 20. — Begouen publie aux *Débats* un long article sur le Comité secret du 16. Ses informations sont empruntées à l'article du *Journal* du 18, article dont Dussaud ne parle jamais dans sa brochure, où il reproduit en revanche (p. 47) l'article de Begouen. « Il se documenta — il ne put me trouver à Paris — auprès de diverses personnes et rédigea l'article suivant, etc. » Les « diverses personnes » sont une contre vérité de plus; mais peut-on les compter ?

On lit chez Begouen cette fausseté : « Les 17 membres présents (à l'Académie) avaient juré le secret et gardent fidèlement leur serment... Cependant on a recueilli çà et là des impressions de séance. Un de nos confrères [*Le Journal*, qu'on ne nomme jamais], a pu ainsi reconstituer une partie tout au moins de la thèse de M. Dussaud. »

[Les membres de l'Institut sont tenus par le sentiment de l'honneur qu'on leur suppose, non par un serment, de ne pas divulguer ce qui se dit en comité secret et de ne pas se servir de ce moyen pour calomnier des absents, sans danger pour eux. — S. R.]

Begouen altère encore la vérité en disant : « Aucune discussion ne suivit. Il n'y eut que quelques courtes phrases de protestation. Pour qu'un homme aussi avisé que M. S. Reinach n'ait pas trouvé tout de suite des arguments à opposer, il faut que le coup ait porté. »

Il ajoute : « Pour anéantir Glozel, M. Dussaud s'est particulièrement servi de l'épigraphie. C'est une science qui échappe à ma compétence... La première fosse, authentique, était un four de verrier; les deux autres ont été fabriquées dernièrement en tunnel, comme le démontre M. Vayson... Il semble que tout ne soit pas faux ; il y aurait à Glozel un gisement gallo-romain, les restes de la cabane d'un sorcier [histoire de se concilier à la fois Dussaud et Jullian. — S. R.]... La mise en scène a été remarquable... Pour mieux disposer quelques-uns, on leur présentait des arguments nouveaux en faveur de leur thèse, fort juste d'ailleurs, opposée au mirage oriental [pour apaiser S. Reinach, qu'on ne gagne pas ainsi. — S. R.]... On ne parlait de rien moins que de ramener le magdalénien à 5.000 ans. A part M. S. Reinach, aucun préhistorien digne de ce nom n'a admis ces théories... Nous avons pu construire notre science fragment par fragment ; nous l'avons établie sur des bases solides. Ces points, acquis par 60 ans d'expérience et d'études et par des milliers d'explorations, on a voulu les bouleverser par les soi-disant découvertes du seul gisement de Glozel. Les préhistoriens ont résisté au nom de la science et du bon sens (1). »

(1) [M. Begouen a parfaitement le droit de parler au nom des préhistoriens *qui ne sont que cela*. — *Preistoria scienzia degli analfabeti*, disait le grand G.-B. de Rossi... Quand un homme ne sait ni grec, ni latin, ni allemand, ni anglais, ni italien, quand il ne sait même pas écrire correctement sa langue, en un mot quand il ne sait rien, il se fait préhistorien. Les exceptions (il y en a) sont peu nombreuses, alors qu'il y a des centaines de préhistoriens pour un philologue. — S. R.]

SEPTEMBRE 21. — S. Reinach répond à Dussaud dans une entrevue du *Journal*, où les erreurs ne sont pas de son fait :

1° Les briques ne se sont pas progressivement améliorées, mais on a appris à les nettoyer plus prudemment ; 2° L'absence du tassage de l'argile autour des objets peut s'expliquer par les matières périssables qui entouraient ces offrandes ; S. Reinach doute encore qu'il s'agisse d'une nécropole ; 3° Les traces de vitrification restent à expliquer ; 4° La conservation des objets ouvrés en os résulte du poli qu'ils ont reçu ; 5° Le jour où Vayson a vu des tunnels, il doit avoir fait un trop bon déjeuner. — On a fait dire à S. Reinach que Jullian avait « reçu un coup de soleil » ; il n'a rien dit de tel.

— Espérandieu écrit à Begouen pour le remercier d'un envoi de brochures (*Merc.*, 15 oct. p. 461) :

« C'est pour moi une occasion de déplorer la campagne de presse, manifestement tendancieuse, à laquelle nous assistons. Fondée sur une lecture faite à l'Institut en comité secret, cette campagne n'est pas très honnête. Il ne faut pas que le public puisse croire qu'un comité secret n'a été demandé que pour assurer l'impunité à d'impudentes diffamations. »

SEPTEMBRE 22. — Clément Vautel, dans le *Journal*, dit que «ça sent la fumisterie...» «On a rappelé, à propos de Glozel, la folle histoire de la tiare de Saïtapharnès... Le musée de Saint-Germain est rempli de morceaux de silex informes qui sont baptisés racloirs, polissoirs, haches, pointes de flèche, etc. Possible, mais il faut pour y croire disposer d'une imagination un peu complaisante. »

— Dans les *Débats*, S. Reinach répond à Begouen. Sa source est ce qui a été dit en comité secret par un sceptique qui n'a jamais assisté à une fouille. « Ce que je puis dire ici, c'est que la campagne des sceptiques est *insensée*. De plus, il y a la cruelle injustice faite à Morlet. Parce que, dans le *Mercure* du 15, il a critiqué certains procédés de travail de Begouen, celui-ci se venge et a ainsi perdu une bonne occasion de se taire. » *(In ext.* dans le *Merc.*, 15 oct. 1927, p. 460.)

Parlant de cette lettre dans sa brochure (p. 51), Dussaud dit qu'elle est dénuée de tout caractère scientifique et qu'il vaut mieux faire l'oubli sur elle [Sévère, mais injuste. — S. R.]

SEPTEMBRE 23. — Dussaud écrit dans l'*Œuvre*, devenue son organe :

« La farce de Glozel a assez duré... La démonstration technique [!] faite à l'Académie a convaincu tous les confrères qui l'ont écoutée, sauf S. Reinach... Ce dernier a révélé qu'il avait ensuite parlé dix minutes. Ces minutes m'ont paru trop courtes, car s'il a parlé, il n'a pas répondu. Il s'est contenté (1) de lire des lettres et des rapports de personnes qui n'avaient pas entendu ma communication... Des personnes autorisées qui ont fouillé et qui ont trouvé refusent de signer le procès-verbal de la fouille (2)... » M. Dussaud demande « l'examen microscopique des objets et leur analyse au Museum de Paris ou à l'Université de Toulouse ». [Le choix de ces deux établissements, au pouvoir de la « cabale », en dit long. — S. R.]

SEPTEMBRE 24. — Labadié (Cabrerets) raconte, dans le *Progrès Civique* (cf. *Merc.*, 15 oct. p. 464), sa fouille à Glozel en mai 1927.

« Il est heureux que la nature ait été clémente aux découvreurs en prenant la précaution de répondre elle-même de la virginité

(1) Contre-vérité. — S. R.
(2) Même observation. — S. R.

du sous-sol par le tapis de sa végétation... Affirmer que l'on est venu frauduleusement, hier ou avant-hier, insérer l'immense variété des objets au niveau où on les rencontre, par la voie d'une sape, est énoncer une énormité déconcertante. »

— Félix Regnault, dans les *Débats*, parle du Congrès de l'Institut international d'anthropologie qui se tient actuellement à Amsterdam (1) ; Mendes Correa y a soulevé la question de Glozel à propos de celle d'Alvao (*Merc.*, 1er oct. p. 447). Parlant à un auditoire presque unanimement hostile, Correa déclara que ses fouilles, en compagnie de Mayet, lui avaient permis d'établir avec certitude l'authenticité de ce qu'ils ont découvert au terrain vierge. Il avait été autrefois séduit par l'opinion de Jullian, mais ne l'admettait plus. Glozel présente, à ses yeux, un ensemble néo-énéolithique aberrant, atypique, dont la chronologie absolue reste à établir.

SEPTEMBRE 25. — Peyrony, conservateur des Eyzies ; Tafrali, professeur à Jassy ; Solignac, chef du service géologique de Tunisie ; Vergne, conservateur du musée de Villeneuve-sur-Lot, fouillent à Glozel ; le procès-verbal a paru dans le *Mercure*, 15 oct. 1927, p. 463. On a constaté, dans la terre argilo-sableuse, deux

(1) En 1920, *la Revue mensuelle de l'École d'anthropologie* étant mourante, le Dr Capitan et d'autres eurent l'ingénieuse idée de fonder un *Institut international d'anthropologie* ; on devenait membre en souscrivant à la Revue, appelée désormais *Revue anthropologique*. Cette combinaison réussit, notamment en Belgique. On la rappelle ici pour bien faire comprendre que le titre de *membre de l'I. I. A.* ne signifie rien, sinon que l'on peut payer trente francs par an. Bien entendu, cet Institut compte aussi des membres très éminents, mais ce n'est pas parce qu'ils en font partie. — S. R.

galeries étroites, attribuables à des taupes ou à des rats, dont l'exploration n'a conduit sur aucun objet. Les auteurs de la fouille insistent sur la virginité absolue du terrain et le caractère fossile des os recueillis.

— Dans le *Nouveau Journal de Lyon*, Depéret se rallie à la théorie de Morlet sur la date néolithique ancienne (et non récente) de Glozel ; le dessin d'un renne incontestable l'a convaincu. Glozel est juste à la limite de deux âges. « Pourquoi ne pas admettre que nos ancêtres savaient déjà traduire par des signes leurs pensées ? C'est à la science de se plier aux données de l'observation, et non aux observations de se plier aux approximations d'une science toujours en formation. » *(Merc.,* 15 oct. 1927, p. 462).

— Lucien Descaves écrit dans l'*Intransigeant :* « Qu'ils se trompent, la belle affaire ! Ils m'ont fait penser à autre chose qu'au résultat du match Dempsey-Tunney. La suite des temps me fait oublier un moment la lumière aveuglante de l'électricité. »

SEPTEMBRE 26. — Le Congrès d'Amsterdam a adopté le vœu présenté par Begouen et Correa « qu'une Commission internationale soit mise à même d'examiner impartialement tous les éléments qu'elle jugera nécessaires pour arriver à un résultat ». Rien n'a été dit sur la manière de choisir cette Commission.

SEPTEMBRE 27. — Morlet déclare qu'il accepte sans restriction de soumettre l'affaire à la Commission internationale désignée par le Congrès *(Débats,* 28 sept.; *Merc.,* 1er oct. p. 446). [Il s'agissait donc d'une Commission désignée *par le Congrès*, non par le secrétaire-général Begouen.]

— Dussaud dit à M. Simoni (*l'Œuvre) :* « Qu'on trouve des objets à Glozel, nul ne le nie. Il m'est apparu, notamment ces derniers mois, qu'on en trouvait trop... Il est impressionnant que des personnes autorisées qui ont fouillé refusent de signer le procès-verbal de la fouille (1)... M. S. Reinach s'est contenté de lire des lettres et des rapports de personnes qui n'avaient pas entendu ma communication. L'une d'elles [Loth] écrivait : « Je ne sais pas de quoi il est question, mais je proteste d'avance (2). » C'est du bon Labiche. »

— Parlant au *Petit Parisien*, S. Reinach refuse de violer à son tour le secret du Comité qu'il présidait, mais se rallie à la formule de Björn en remplaçant « malhonnête » par « plein de préjugés ». Ces préjugés peuvent naître de l'*invidia doctorum*. Dussaud n'a pas assisté aux fouilles ; Vayson a cru voir un tunnel inexistant. S. Reinach vient d'écrire à Morlet : « Mon opinion n'a pas changé. L'avenir vous donnera raison. »

— Charles Chassé commence, dans le *Figaro*, une série de deux articles. « J'éprouve, dit-il, en l'état présent des faits, une véritable confiance dans l'authenticité des fouilles de Glozel. » (Suite dans le *Figaro* du 28).

SEPTEMBRE 28. — D'après le *Journal*, Dussaud et C. Jullian essaient de démontrer que les savants qui ont cru à Glozel ont été mystifiés. « On dit même qu'une information judiciaire est en préparation. »

— Butavand écrit une note technique sur la dissolution des os dans le terrain humide de Glozel. Les objets en os travaillés, débarrassés de la matière organique du périoste et éloignés des chairs en décomposition, échappent à l'action dissolvante. C'est la mise au jour d'un squelette bien conservé qui serait suspecte (*Merc.*, 1er nov. 1927, p. 699).

(1) Invention pure. — R. S.
(2) Même observation. — S. R.

SEPTEMBE 29. — Varigny *(Débats)* relate la dernière fouille de Glozel faite par Peyrony, Tafrali, Solignac et Vergne.

SEPTEMBRE 30. — Séance de l'Académie des Inscriptions.

R. Cagnat, secrétaire perpétuel, donne lecture d'une lettre de Depéret, membre de l'Académie des Sciences, doyen de la Faculté des sciences de Lyon, disant qu'au cours d'une fouille récente, à Glozel, il a vu sortir de terre un galet où sont gravés le dessin d'un jeune élan et plusieurs lettres de l'alphabet glozélien. Depéret dit qu'il est impossible que ce galet ait été introduit sous terre par-dessus ou de côté, à moins que cela ne soit il y a plus de vingt ans (1). Des lettres de MM. Espérandieu et Loth confirment l'opinion de Depéret.

— Le journal *Comœdia* publie le fac-similé d'une lettre non signée, destinée à mettre en garde un journaliste contre Glozel, où toutes les inscriptions sont des faux (cf. *Merc.*, 15 oct. 1927, p. 458). « Cette lettre, demande *Comœdia*, a-t-elle été écrite par un membre de l'Institut, comme semblait le laisser entendre le confrère de province qui nous a communiqué l'original ? » L'écriture de Dussaud n'est même pas dissimulée ; la lettre était adressée à H. de Varigny. L'article est intulé, en grosses lettres : « Un membre de l'Institut a-t-

(1) Suivant Depéret, il faut au moins vingt ans à un terrain d'argile remanié pour redevenir compact.

il écrit une lettre anonyme sur le mystère des fouilles
de Glozel ? »

*_**

OCTOBRE 1. — *Comœdia* annonce en grosses lettres :
« M. Dussaud, de l'Institut, se reconnaît l'auteur de la
lettre anonyme. » En effet, il a télégraphié au journal,
donnant le nom du destinataire. On annonce que Massabuau, sénateur de l'Aveyron, veut interpeller le ministre sur cette lettre anonyme écrite par un haut fonc-
tionnaire d'un Musée de l'État. [C'est beaucoup de bruit
pour peu de chose. — S. R.]

— Dans le *Mercure* de ce jour, Morlet publie un article important : « Glozel, le premier âge de l'argile. »

L'ancêtre des vases pourrait bien être la boîte crânienne et
peut-être doit-on en chercher l'origine dans l'emploi des crânes
mêmes, dont l'usage se serait d'ailleurs maintenu dans certaines
régions (p. 104-5). Mais bientôt la céramique usuelle se développa
à côté des vases mortuaires. Les premières poteries n'avaient
qu'un orifice minuscule, semblable à une rondelle de trépanation ;
pour les besoins journaliers, l'ouverture fut élargie. Au lieu de
facies sans bouche, on revêtit les récipients d'ornements incisés
comme l'os et l'ivoire, ou on les laissa sans décor (p. 106).

Le manque de cuisson est attesté par la pénétration des radicelles. Grâce à la malléabilité de l'argile dans les couches humides
du sol, les racines ont pu les traverser sans les briser. Cependant
on voit sur une tablette une cassure ancienne, due à la croissance
d'une racine perforante, alors qu'une autre, un peu plus petite,
traverse cette plaque sans dommage (p. 108).

Bientôt le travail de l'argile devient la principale industrie
des Glozéliens. « Ils prennent des moulages de mains pour les placer
à côté de leurs morts. »

9

— Retirant l'opinion qu'il a exprimée lors de l'exploration de la première tombe, Morlet écrit (*Merc.*, 1er oct. 1927, p. 189) :

« Nous croyons qu'une incinération partielle, était pratiquée à Glozel. »

En effet, la seconde tombe a livré un vase contenant des cendres noires, restes probables de la calcination des chairs et du squelette. Il faut donc admettre deux modes d'ensevelissement : inhumation et incinération partielle.

Dans la même note, Morlet dit que Mendes Correa a prélevé un fragment d'os humain pour en établir le caractère fossile.

— Morlet écrit à Dussaud qu'il regrette de ne pas l'avoir vu à Glozel. « Je vous aurais montré la tablette *Tychon* où, pour lire son texte, M. Jullian s'est servi d'une cassure, qui ne se différenciait pas des signes sur la photographie. Je vous aurais fait lire des lettres où M. Jullian me demandait de lui envoyer sans crainte des documents inédits qu'il ne publierait jamais... et la publication qu'il a faite de la tablette *Tychon* dans la *Revue des Études anciennes*, alors qu'il la savait inédite. »

— Eitrem écrit à Morlet (*Merc.*, 1er oct. 1927, p. 186) :

« Les fouilles sont d'une importance capitale. Quant à l'alphabet, je ne peux pas croire à une réduction cursive de l'alphabet latin ; il faut monter beaucoup plus haut. Les rapports avec les alphabets méditerranéens sont évidents. Sans doute, quelques signes restent dans les alphabets magiques ; mais les lignes de raccordement entre les civilisations de temps si reculés ? Peut-être faut-il croire que la magie, la chose la plus internationale du monde, a porté les signes avec les formules d'un peuple à l'autre. »

— Le fait que l'argile jaune est plus meuble dans le voisinage des objets, expliqué par Morlet dans l'hypothèse de matières périssables enterrées en même temps (*Merc.*, 1er août 1927, p. 714), est le sujet d'une lettre de l'ingénieur Butavand (*Merc.*, 1er oct.

1927, p. 187). « Le fait constaté à Glozel n'a rien d'anormal. C'est plutôt son absence qui pourrait être considérée comme un cas de suspicion. »

— Guy Mounereau écrit dans l'*Écho de Paris* :

On s'injurie. Les polémiques ont pris un ton si discourtois que le public, habitué à respecter les savants, perd les dernières de ses illusions. La vénérable Académie des Inscriptions et Belles-Lettres est cruellement divisée contre elle-même : elle joue son prestige ou presque... C'est un très grand savant que M. S. Reinach. L'histoire de Saïtapharnès, qui a répandu son nom dans le public (1), ne lui a enlevé, aux yeux des hommes réfléchis, aucun de ses mérites. Or, il semble bien que pour Glozel il ne se soit point trompé... Jusque-là, il n'y a qu'une divergence de vues entre savants, rien de grave. Mais voici qu'entre dans la lice M. Dussaud, et l'affaire change d'allure. Il dit à l'Académie : « Glozel est l'œuvre de faussaires. »

— Dans l'*Intransigeant*, on cite un passage d'une lettre d'Audollent :

« Vraiment, il est pénible de voir des savants de haute valeur emboîter le pas à des gens sans autorité, tandis qu'on tient pour inexistantes les constatations faites par des hommes compétents et désintéressés. » S. Reinach, qui a reçu le rédacteur de ce journal, lui a dit qu'il suffirait d'envoyer sur place une commission internationale de cinq membres n'ayant pas encore pris part à la discussion. Mais où prendre les fonds ?

— Dans les *Tablettes d'Avignon et de Provence*, Vayson rend hommage à « la bonne foi évidente du Dr Morlet », mais ajoute : « La sincérité de l'homme ne fait pas celle du gisement.. »

(1) [Fatigué de porter la fameuse tiare en guise de bonnet d'âne, S. Reinach est décidé à faire connaître, de son vivant, la vérité sur son rôle dans l'acquisition de cet objet. Voir à l'appendice.]

— Un ancien officier de marine, Bénard Le Pontois,
écrit dans *Mediterranea* (p. 112) un article intitulé :
« La leçon de Glozel. »

Pourquoi le Dr Morlet, dans son intérêt et celui de la science,
n'a-t-il pas dès le début associé des spécialistes à ses fouilles, sans
y apporter des restrictions comme celle qui a frappé le Dr Capitan ?... La documentation et l'argumentation serrées de M. Jullian ne manquent pas d'être fort troublantes... Le Dr Morlet ne
sut pas, à mon avis, conserver le ton et les formes de bonne compagnie qui doivent être de règle pour les savants... M. Vayson,
ingénieur distingué et préhistorien sérieux, n'emploie que des
termes d'une correction parfaite. Alors les vivacités s'accentuent...
Que le désir trop naturel de s'auréoler s'efface devant l'intérêt
supérieur de la science ! « C'est Boule qui doit diriger à Glozel les
fouilles d'une commission internationale. La Commission remet-
tra tout à sa place. Je doute fort cependant que l'on arrive à prouver que le renne ait pu survivre à la fonte du glaciaire et habiter
nos régions à l'époque néolithique. »

— Dans la *Gazette de Francfort*, un correspondant parisien raconte l'affaire de Glozel avec exactitude, mais sans exprimer d'opinion.

OCTOBRE 2. — Dussaud écrit au *Mercure* pour an-
noncer la publication de sa brochure. Breuil écrit à
Dussaud pour lui confirmer l'opinion émise par lui à
Amsterdam : « Tout est faux, sauf la céramique de grès. »

— Dans les *Dernières nouvelles de Strasbourg*, Schæffer, élève
et gendre de Forrer, écrit :

« M. C. Jullian, qui avait plaidé en faveur de l'âge gallo-romain
du gisement, déclarait (?) hautement sa conviction du truquage
et de la mystification. Pour le renom des véritables préhistoriens
français, il est grand temps que ce scandale finisse... Les objets
de Glozel, tirés d'une imagination fortifiée dans un manuel d'archéologie mal digéré, ne peuvent être que l'ouvrage d'un mystificateur moderne. »

[Forrer, parlant à Rostovtzev en 1926, a depuis longtemps prononcé la condamnation de Glozel, donnant ainsi des gages à ceux
qui le nommèrent de la Commission. — S. R.]

— Guy Mounereau écrit de Vichy à l'*Écho de Paris :*

A son tour le Dr Morlet attaque. Parlant de la communication
de Dussaud : « Malgré l'évidence, dit-il, j'ai peine à croire qu'un
homme intelligent ait pu proférer sur un ton solennel autant d'âne-
ries. Pour traiter d'honnêtes gens de faussaires, il lui a suffi d'é-
couter d'une oreille complaisante les ragots de Vayson... Quoi
qu'il en dise, les caractères de la première tablette, malheureusement trop brossée, ont été tracés avant la cuisson... M. Dussaud
affirme que les lettres de forme phénicienne ne sont apparues que
lorsque je me suis occupé de la question. Or, c'est sur la première
tablette, exhumée un an avant mon arrivée à Glozel que je
trouve le plus de caractères phéniciens : 23 sur 52... Si, avant de
nous traiter de faussaires — ce qui d'ailleurs pourrait fort bien
relever de la justice — M. Dussaud s'était donné la peine de lire
les comptes rendus, il n'aurait pas écrit que les ossements humains n'existent pas à Glozel... Les galeries suspectes découvertes par Vayson sont dues aux taupes. C. Jullian est un épigraphiste trop ingénieux ; dans la brique *Tychon*, il a pris une cassure pour une lettre... Vayson, acheteur de la collection Com-
mont, a tenté à trois reprises d'acheter le musée Fradin... Si Capitan a passé du glozélisme à l'opinion contraire, c'est que Morlet,
outré de sa prétention de signer son travail, lui a interdit l'accès
des fouilles. »

OCTOBRE 3. — Dans l'*Écho de Paris*, Guy Mounereau raconte sa visite à Glozel. Déjeûnant à Ferrières,
il a enquêté sur les Fradin et n'en a entendu dire que
du bien. Émile lui a raconté que Vayson lui a demandé
à plusieurs reprises de vendre, d'abord les plus belles
pièces, puis toute la collection « à n'importe quel prix ».
Sur les refus de Fradin, Vayson lui dit : « Que feriez-
vous si je démolissais votre affaire de Glozel ? — Si

vous y réussissiez, je briserais toutes les briques au marteau ou je les f.... à l'eau. Depuis ce jour, M. Vayson ne nous aime plus. »

OCTOBRE 4. — Begouen, dans le *Télégramme* de Toulouse, annonce la composition de la Commission d'études, qui n'a été nommée ni par le Congrès d'Amsterdam, ni par le bureau à la demande du Congrès, mais par Begouen et Capitan, le président Marin, ministre des pensions, se contentant de signer. L'article a pour but de donner le change sur ce trafic.

« La parole est maintenant à la Commission d'études nommée sur ma proposition. Dès septembre 1926, dans les *Débats*, j'ai proposé cette Commission, mais ma proposition souleva des colères inexplicables. Morlet est « un illuminé, jouet de ce que Vayson appelle spirituellement l'esprit de Glozel ». La commission comprend Absolon, Bosch Gimpera, Favret, Forrer, Miss Garrod, Hamal Nandrin, Peyrony, Pittard. « On remarquera qu'aucun de ces savants n'a pris parti... Aussi tout le monde devra-t-il s'incliner devant leur verdict quel qu'il soit. Il mettra fin à un des épisodes les plus pénibles qu'ait eu à traverser la science française. »

— Morlet explique *(Écho de Paris)* comment il a été obligé de renoncer à une fouille systématique du terrain par des attaques injustes ; il a fallu permettre à tous les savants de fouiller où ils voudraient, d'où le désordre apparent. Morlet n'a pas attendu pour demander des analyses chimiques à Couturier de Lyon, Croze de Paris, Buy de Clermont. L'origine des fragments de grès vitrifiés, en dehors de la couche archéologique, reste encore incertaine.

Morlet dit que, comme étudiant, il s'est passionné pour la préhistoire, ayant eu comme guide « un homme éminent, le professeur Girod, qui a fait les fouilles de Laugerie-Basse (1) ». Guy Mounereau, après avoir causé avec Morlet et les Fradin, conclut : « J'ai rarement rencontré des accusés qui eussent une telle tranquillité d'esprit et une aussi grande bonne foi. »

— Envoyé à Glozel par *Comœdia*, Marcel Sauvage revient convaincu.

— *Custos*, dans l'*Écho de Paris*, déplore le ton de la controverse :

C'est un beau scandale. La race des Astier-Réhu n'est pas morte.. Des savants qui s'injurient comme des charretiers, jouent de la lettre anonyme et proposent des combines sous le manteau... *Aux Écoutes* on a supposé qu'il s'agissait de créer un nouveau centre de tourisme à Glozel.

OCTOBRE 5. — Le ministre de l'Instruction Publique et des Beaux-Arts annonce qu'il ouvre une instance en classement pour le gisement et les trouvailles de Glozel. Il y autorise les fouilles, mais sous la surveillance de son délégué. Il désigne à cet effet Peyrony, conservateur du Musée des Eyzies, qui, assisté de Champion, directeur des ateliers du Musée de Saint-Germain, fera l'inventaire des objets, sans plus (*Merc.*, 1ᵉʳ nov. p. 692).

— Mendes Correa, dans *Primeiro de Janeiro* (Porto, oct. 5-7), raconte les fouilles auxquelles il a assisté.

(1) [Cette évocation de Girod était imprudente. Il y aurait à dire sur le rôle politique de ce professeur, et cela n'est pas à discuter ici ; mais depuis 1906 jusqu'après sa mort, il a été l'objet, de la part de Boule et surtout de Breuil, d'une véritable persécution, malgré le service qu'il avait rendu par la publication des recherches de Massénat sur l'âge du renne, 1900 et suiv. — S. R.

— *Le Journal* écrit : « Il paraît qu'un autre arrangement de pierres semblable à ceux du *Champ des morts* a été découvert par un paysan à quelques lieues de Glozel. Mais ceci, d'après M. Dussaud, est une autre histoire. »

Dans le même n°, P. Bringuier reproduit un fragment de la brique où l'on s'est imaginé lire à la fin le mot *Glozel*.

— S. Reinach publie, dans le *Petit Parisien*, un article sur « la signification de la controverse glozélienne ». Il cite la lettre X avec barres, commune à Glozel et à Sicyone (1), le T à appendices verticaux commun à Glozel et à Halicarnasse. Comme on ne peut espérer trouver une bilingue, on ne comprendra jamais ces textes, mais le rapprochement avec le vieil alphabet ibérique peut donner quelques résultats. « Raison de plus pour ne pas perdre de temps en disputes oiseuses et pour se mettre honnêtement au travail. »

— Cazedessus écrit au *Mercure* (1ᵉʳ nov. 1927, p. 705) pour répondre à Begouen au sujet du gisement de Ganties. « Le comte Begouen altère si bien la vérité que j'en rougis pour lui. » Mais pourquoi à-t-il malmené Cazedessus après l'avoir exploité ? « Tout simplement parce que ce noble esprit, mû par un sentiment de vengeance, ne pouvait me pardonner d'avoir relevé que Casteret n'était pas son élève. » Le reste à l'avenant, avec, à la fin, une anecdote qui montre Capitan rabrouant Begouen pour son ignorance.

OCTOBRE 6. — Lettre de Morlet au ministre, pour lui dire que sa bonne foi a été surprise par le Dʳ Capitan lequel, dès le début, a voulu s'emparer de ses recherches. La lettre cite des exemples où les « collaborateurs » de ce préhistorien ont eu à se plaindre d'une collaboration imposée. Le Dʳ Capitan, à Paris, proposa

(1) [Par erreur, on a écrit Corcyre. — S. R.]

à Morlet de refaire son premier fascicule, gardant le texte, rejetant les figures à la fin et signant « Capitan et Morlet » ; refus de Morlet, colère de Capitan. Morlet demande que Glozel ne soit pas livré à Capitan, Jullian, Breuil, Begouen, Ricci, Vayson et autres Dussaud qui crient au faussaire « par rage de n'être pas à ma place ». [Cette lettre témoigne de quelque mauvaise humeur, assez naturelle chez un homme dont les belles recherches sont récompensées par une accusation de faux et une menace de confiscation. — S. R.]

— Jean Labadié *(Intransigeant)* publie les « Propos d'un Glozélien » :

« La calomnie d'un seul visiteur réussit à neutraliser d'un seul coup le témoignage formel de 50 visiteurs qualifiés. Étant allé à Glozel, où j'ai fouillé moi-même à la pointe du couteau, ayant moi-même découvert une tablette écrite, incorporée à la terre toute vermiculée de galeries de lombrics, sous un lacis de racines dont le réseau garantit la virginité du terrain, je ne puis qu'approuver le mot de M. Björn : « Il faut être aveugle ou malhonnête pour contester le résultat des fouilles de Glozel. » « Au lieu de *malhonnête*, je dirais *jaloux ou sot*, m'écrit M. S. Reinach. De tous les contes à dormir debout inventés pour diffamer les fouilles de Glozel, le plus stupide est celui du cylindre de terre fraîchement remuée, représentant le travail du mystificateur. Assurément, un déjeuner trop copieux peut servir d'excuse, mais Pascal se serait contenté du *mentiris impudentissime*. »

Dans le même n°, entrevue de S. Reinach qui montre que la lecture *Glozel*, sur la tablette incriminée, est impossible ; on a d'ailleurs, sur la même tablette, une autre coïncidence, l'apparence du nom abrégé de J.-C. en grec. Au cours de la conversation, S. Reinach a récité le quatrain par lequel il a répondu à des plaisanteries de La Fouchardière :

> *Mauvais cœur, ingrate nature,*
> *Si les vieux bougres de Glozel*
> *N'avaient inventé l'écriture*
> *Que ferais-tu de ton gros sel ?*

— Le correspondant parisien du *Times* raconte, non sans menues erreurs, *A battle of Antiquarians*. Il rend hommage au talent de polémiste de Morlet, mais regrette que le ton de la polémique soit devenu trop âpre. Conclusion : « Si c'est une supercherie, c'est une supercherie complète et extrêmement habile. »

OCTOBRE 7. — Un envoyé (?) des *Débats* prétend rapporter une conversation avec le grand-père Fradin sur Émile : « Il travaille, le petit, il lit, il creuse et fouille, etc. » Il remarque, et Dussaud d'après lui (p. 14 de sa brochure), que les objets, mis de côté comme découverts dans les fouilles en présence de différents savants, sont « petits et tiendraient dans le creux de la main ». [Cela n'est pas exact. L'article, très malveillant et peu correct, est de Maurice Garçon.]

Dans le même article, il est dit qu'Émile « doit avoir 24 ans » (il en a 21, étant né en 1906) ; il est dit aussi qu'on montre, dans le champ, le « trou du roi de Roumanie », alors que ce prince s'est arrêté à la ferme de Glozel et n'a pas fouillé.

— O. Waltz, professeur à Clermont, écrit à Morlet (*Merc.*, 1ᵉʳ nov. 1927, p. 698) qu'il a rapporté d'Espagne en 1899 la copie d'une inscription céramique sur un tesson (P. Paris, *Espagne*, t. II, fig. 202) où figure un caractère ibérique inédit qui se trouve aussi à Glozel.

— Begouen, dans les *Débats*, félicite le ministre d'avoir ordonné l'instance en classement ; il attend le verdict de la commission internationale « nommée à Amsterdam sur la proposition de Mendes Correa, partisan de Glozel, et de moi, adversaire » et déclare qu'il ne répondra pas à la lettre de S. Reinach (20 septembre) « pour beaucoup de raisons » ; il ne l'a lue qu'à son retour de Hollande (voir plus loin, 9 octobre).

— Elliot Smith revient à la charge dans le *Times*, affirmant que le néolithique de l'Europe occidentale est d'environ 2.000, ce qui expliquerait la présence, en un même endroit, d'objets d'inspiration magdalénienne, néolithique et minoenne [!] Correa lui a montré à Amsterdam les objets d'Alvao. Si ceux de Glozel étaient faux, il faudrait en dire autant de ceux-là.

OCTOBRE 8. — L'*Illustration* reproduit le rapport de Mayet.

— O. Tafrali (*Vittorul,* Bucarest) raconte l'histoire des fouilles, décrit celles qu'il a vues et conclut fermement à l'authenticité. « La station de Glozel ouvre des horizons nouveaux à l'histoire de la civilisation primitive de l'humanité et surtout de l'Europe. »

OCTOBRE 9. — S. Reinach écrit aux *Débats : 1°* Le Congrès d'Amsterdam n'a pas nommé une commission, mais adopté la proposition de Begouen, acceptée par Correa, du principe d'une commission ; 2° Tout ce qu'on dit de la découverte de fer à Glozel « est, accidentellement ou intentionnellement, contraire à la vérité ».

— Loth écrit dans l'*Ouest-Éclair* (*Merc.,* 15 nov. 1927, p. 204) : « Il serait d'une injustice criante, je ne dis pas d'enlever au Dʳ Morlet la direction scientifique des fouilles — ce serait monstrueux — mais de le contrarier ou gêner dans cette direction. »

— Vayson rend visite à Dussaud pour la première fois (brochure de Dussaud, p. 17).

OCTOBRE 10. — Begouen s'étonne, dans les *Débats,* que S. Reinach, dans une lettre au ministre Marin, président du Congrès d'Amsterdam, ait protesté contre la désignation de la Commission laissée aux membres du bureau. « Il a été décidé [par qui ?] que l'assemblée faisait confiance aux membres du bureau présents à Amsterdam (1) pour désigner les membres de cette commission. Il est vraiment étrange, après surtout que Morlet a annoncé son acceptation de la commission, de voir l'acharnement que mettent certains partisans de Glozel à repousser tout contrôle scientifique et impartial. » [Ce prétendu acharnement résulte de la vision claire d'une machination, dès lors manifeste. — S. R.]

— Espérandieu écrit à Morlet (*Merc.,* 1ᵉʳ nov., p. 694) : « Je crois que la bonne foi de M. le Ministre a été surprise. M. Champion est de mes amis et j'ai la plus grande estime pour M. Peyrony qui est le véritable découvreur des gravures et peintures des Combarelles, de Font de Gaume, de Bernifal. Je ne puis aucunement douter de leur indépendance et M. Peyrony a déjà

(1) [Il s'agissait de ne pas consulter S. Reinach, vice-président. — S. R.]

prouvé la sienne en signant un rapport qui vous est favorable.
Mais il est à craindre qu'ON n'essaie, sinon d'avoir barre sur eux,
du moins de les assister de quelque manière. Et ce serait alors,
comme vous le craignez, le gisement de Glozel livré à ses pires
ennemis. Le rapport de la Commission aurait dû précéder le
classement, car on ne classe pas des objets faux. En tout cas, si
quelque commission purement française devait être nommée
pour s'occuper des fouilles de Glozel, j'estime qu'aucune des personnes qui ont bataillé à leur sujet ne devrait en faire partie. »

— Mathias Morhardt écrit à Basch, président de la Ligue des
Droits de l'Homme, pour protester contre l'arrêté du ministre,
privant Morlet du droit de continuer ses recherches et d'en tirer
un bénéfice (*Bull. de la Section Monnaie-Odéon de la Ligue*, oct.-
nov. 1927, p. 4).

— G. Engleheart écrit au *Times* pour signaler l'article de O. G.
S. Crawford dans *Antiquity*, juin 1927. Il dit que les objets de
Glozel sont faux, que le harpon dit en corne est taillé dans un os
frais, que l'alphabet néolithique ne peut être pris au sérieux, etc.

OCTOBRE 11. — Le conseil d'administration de la
Société préhistorique française est d'avis que les commissions d'enquête n'ont jamais donné de résultats con-
cluants. Toutefois, si l'on désire pour Glozel nommer
une commission de contrôle, la S. P. F., qui compte plus
de 600 membres, estime qu'elle doit y être représentée
largement... Il est nécessaire de fouiller en entier le
terre-plein, et cela sans interruption aucune et en dehors de la présence de toute personne étrangère à la
commission [projet de sabotage expéditif. — S. R.]

— Lettre de Loth à Morlet (*Merc.*, 1ᵉʳ nov. 1927, p. 694) :
« Rien ne justifie l'espèce de méfiance que paraissent trahir à
votre égard les mesures que vient de prendre le ministre. Vous
réunissez à un haut degré les qualités requises pour la direction des
fouilles. Logiquement, il fallait d'abord laisser la commission inter-

nationale terminer son examen. Ensuite serait venu le classement,
œuvre pour laquelle le concours de MM. Peyrony et Champion
vous eût été précieux. Ce qui me paraît surtout inadmissible,
c'est la présence d'une sorte d'inquisiteur gouvernemental pendant que vous procéderez aux fouilles ; c'est à la fois inutile et
blessant. Vous avez sauvé à Glozel et conservé à la France une
station d'une importance sans pareille pour l'histoire de la civilisation préhistorique en Europe. Les injures, les attaques sournoises
et lâches ne vous ont pas été épargnées. »

Loth écrit encore à Morlet que la lettre de Breuil à Vayson doit
être rectifiée. C'est lui qui a décidé Breuil à partir pour Glozel,
non pas en invoquant l'autorité de S. Reinach, mais après lui
avoir mis sous les yeux le rapport de Depéret et Viennot. Ce que
l'abbé oublie de dire, c'est qu'il n'hésita pas à se prononcer sur
la chronologie de la station : il la plaça, dans l'ensemble, à l'époque
néolithique. « Agréablement surpris, vous lui dites à peu près
textuellement : « Il y a deux mois, vous n'étiez pas du tout de cet
avis, puisque vous écriviez à Mme Déchelette une lettre de 10
pages (1) pour lui démontrer que Glozel était de l'époque gallo-
romaine. » L'abbé déclare qu'il cesse de s'intéresser à Glozel qui
sort de sa spécialité, puisque la station n'a rien à faire avec le
paléolithique et le mésolithique. N'est-il pas cependant l'auteur
d'un important travail sur l'âge du bronze dans le bassin de Paris ? L'abbé ne vous accuse pas de faux, mais il autorise, dans une
certaine mesure, vos ennemis à le faire. C'est 'une attitude qui
m'étonne de sa part et que j'estime indigné d'un homme de son
caractère. » (*Merc.*, 1er nov. 1927, p. 696).

— Vatter, conservateur du Musée ethnographique de Francfort, publie, dans la *Gazette de Francfort*, un article exact, mais
avec cette addition qui ne l'est pas : « Il a fallu constituer une
commission internationale, faute de savants français n'ayant
pas pris parti ».

OCTOBRE 12. — Morlet écrit à Marin, président de
l'I. I. A., pour le prier de hâter la venue de la Commission.

(1) Chiffre exagéré ; d'ailleurs, Breuil ne se prononçait pas. — S. R.

— Begouen réitère, à l'*Écho de Paris*, les raisons de son scepticisme. Il n'est pas allé à Glozel parce que Morlet ne l'a pas invité. Ce sont les travaux mêmes de Morlet qui ont fait naître ses doutes : « J'y ai trouvé un tel manque de sens critique, de méthode, d'esprit scientifique, que j'ai eu beaucoup de peine à me reconnaître dans ce fatras. » « Le Dr Morlet est un mystique, séduit par l'absurdité même des formes, qui se tient pour le prophète d'une révélation scientifique. Il se croit entouré d'ennemis qui veulent lui voler ses découvertes. Les fouilles de Glozel ont été conduites sans méthode, au hasard. Comme il n'y a ni plan, ni relevé topographique et stratigraphique, ni carnet de fouilles, on ne pourra en tirer aucune déduction sérieuse. Je laisse de côté les tablettes, étant incompétent en épigraphie, mais les harpons sont *idiots*, copiés d'après une gravure de manuel [ici une photographie des « bisons d'argile, découverts par le Cᵗᵉ Begouen et ses fils ; « *environ* 20.000 *ans avant notre ère* »]. On me dit que mon maître et ami Marc Boule, ayant eu en main une des gravures, l'a déclarée fausse. » Bégouen conclut qu'il a la presque certitude du truquage. « Mais si la commission déclarait authentique le gisement ? lui demanda le journaliste. — Je serais très étonné, mais je me soumettrais et je recommencerais à étudier la question. »

— Dans le *Journal*, c'est Vayson qui parle de la « mystification de Glozel ».

« Aucun homme intelligent ne peut plus espérer trouver un argument en faveur de Glozel. J'ai tout fait pour ouvrir les yeux à ceux qui étaient aveuglés et que j'estimais. M. S. Reinach n'a pas voulu m'écouter. Par contre, l'abbé Breuil s'est rendu à mes arguments. » Vayson répète que, fouillant avec Fradin, il a reconnu dans l'argile « un cylindre de terre meuble qui atteignait à un galet gravé ». Il n'y a d'authentique que le four de verrier ; les deux tombes ont été fabriquées récemment. Les parois de la tranchée ouest sont truffées d'objets enfoncés à la main. Quelques objets ont l'aspect d'os frais ; harpons, hameçons et aiguilles sont inutilisables, portent des entailles faites avec un outil de métal. Certains objets portent des marques violentes qui ne peuvent avoir été faites qu'avec des rapes d'acier. Je connais en Dordogne des faussaires qui travaillent beaucoup mieux. Il est enfantin de prendre des racines dans un amas de glaise et de donner l'illusion

qu'elles ont traversé la brique au cours des siècles. Le Dr Morlet a été de bout en bout une dupe ; les faussaires ne sont pas loin. »
C'est pourquoi Vayson a essayé d'acheter quelques objets faux pour les montrer aux savants encore crédules.

— S. Reinach écrit au *Times* au sujet des inscriptions d'Alvao et de Glozel. Il déclare en terminant que la plaisanterie *(hoax)* la plus stupide *(silly)* qu'on puisse imaginer, est l'hypothèse même d'une plaisanterie *(hoax)*.

— Dans le *Canard Enchaîné*, le Dr Rothenase (pseudonyme) déclare : « La station de Glozel est d'un néolithisme irréprochable. On croit être bien malin en répétant à M. S. Reinach : *Sallapharnès !* »

OCTOBRE 13. — Morlet adresse une lettre ouverte à Breuil, en réponse à sa lettre à Vayson.

1° Il est faux que Breuil se soit fondé sur les affirmations de Depéret, Espérandieu, Reinach, car, pendant trois jours, il a examiné les objets à la loupe. D'ailleurs, Loth et Morlet ont l'un et l'autre entendu Breuil parler cavalièrement de ces savants [c'est son habitude ; il n'excepte qu'Obermaier. — S. R.]

2° Les *Conclusions provisoires* de Breuil, dans son article de l'*Anthropologie*, ont trait à l'interprétation, non à l'authenticité; il y a manque de bonne foi à dire le contraire.

3° Dans son article, Breuil a présenté un gisement longuement étudié comme une découverte dont rien n'aurait été dit avant lui. Morlet ayant réclamé, Breuil a commencé à dire qu'il se désintéressait de la question.

4° « M. Piette, m'avez-vous dit — M. Loth en est témoin — vous accusait de lui voler ses idées. Hélas ! il vous connaissait bien. Votre rapport sur Glozel est bien conçu comme si vous aviez été le premier à étudier la station, au point que plusieurs savants étrangers s'y sont trompés (1). »

(1) Breuil en a voulu beaucoup à Morlet de ce paragraphe. Mais, à y regarder de près, Morlet n'a nullement donné raison à Piette, lequel accusait Breuil de lui avoir volé l'idée de la stylisation de l'art quaternaire par copies successives ; c'est Breuil qui l'informa de cette accusation, dont le gros dossier inédit est à Saint-Germain. Il se contente de dire à Breuil : « Écrivant dans l'*Anthropologie*, vous faites abstraction de tout mon travail, vous me dépouillez [c'est incontestable] ; donc, Piette savait que

5° Breuil a agi de même à propos des peintures rupestres d'In Ezzan, qu'il n'a jamais vues *(Anthrop.,* t. XXXVI, p. 409) (1).

6° Au Congrès d'Amsterdam, Breuil a déclaré à Mendes Correa : « C'est un bateau coulé (p. 209) ». « On ne saurait plus cyniquement s'avouer naufrageur. »

— Vayson *(Journal)* parle de « l'Esprit mystérieux de Glozel ». C'est Clément qui l'a fait naître ; il se manifeste en janvier 1925, quand Fradin remarqua des inscriptions sur les briques tirées par lui du sol depuis plusieurs mois. Clément avait répandu à profusion le *Bull. préhist.* de décembre 1917 où était rapporté, par Perot, le résultat d'autres études préhistoriques de Clément. Il y était question de rondelles à inscriptions, de briques gravées, de haches en schiste portant une croix et un *tau.* C'est le Glozélien I ; le Glozélien II commence avec l'intervention de Morlet, qui apporte des découvertes dont l'Esprit tire immédiatement parti, notamment le t. I de Déchelette. Entre le Glozélien I et le Glozélien II, on avait découvert le renne avec STX, lettres copiées sur l'amulette de Clément. « Je ne sais rien des faussaires, dit Vayson, et ne m'en occupe pas. Les Fradin sont des paysans, mais ils vivent trop près de l'Esprit (2). »

— Boisacq, helléniste à Bruxelles, attribue la mystification de Glozel à Lequeux, faussaire de Spiennes et du Maroc.

OCTOBRE 14. — Marcel Sauvage demande, dans *Comœdia,* pourquoi l'on n'ouvre pas une enquête officielle. « Il reste de toutes ces discussions un sentiment de méfiance et d'ironie à l'égard de la préhistoire. M. S. Reinach commence de rimer des couplets pour la comédie - vaudeville qu'on ne manquera pas d'écrire. On cite ces mots de Morlet : « La lutte de Glozel est la lutte sans merci d'un chercheur indépendant contre le trust des frelons de fouilles. C'est pour répondre au « Prélevez et envoyez » de Capitan qu'on a détruit la fosse ovale. Quoi qu'il en soit, la vérité prévaudra. »

vous étiez disposé à cette sorte de larcin, et c'est vous-même qui me le dites ». Il n'y a là rien de calomnieux. — S. R.

(1) Cette critique ne paraît pas du tout fondée ; il n'y a là rien qui ressemble trop à une main-mise. — S. R.

(2) [On ne peut discuter ici cet amas de faussetés, dont la cohérence apparente est le fruit d'une imagination audacieuse et d'un manque absolu de scrupules critiques. — S. R.]

OCTOBRE 15. — Dans le *Mercure* de ce jour, Morlet étudie « une nouvelle idole glozélienne à masque postérieur ».

Il publie deux phallus avec trous de suspension et une idole où le phallus, au lieu d'être érigé à droite, retombe à gauche vers la fente (p. 240, fig. 3 ; c'est l'idole dont Vayson a prétendu voir le modèle dans la *Revue de Gynécologie* où il n'y a *rien* d'analogue). Un deuxième exemplaire un peu différent a été trouvé le 31 juillet 1927 en présence de Depéret, Arcelin, Björn. Les Glozéliens n'étaient pas circoncis (p. 342). Comme il n'y a qu'une idole dans chaque sépulture, il est possible que chaque idole marque l'emplacement d'une tombe (p. 343).

— Dussaud écrit au *Mercure* (15 oct. 1927, p. 458) que « déférant au désir légitime de Morlet, il va publier ses observations touchant les tablettes inscrites de Glozel, mais sur le ton de la plus parfaite courtoisie, à la différence de ses contradicteurs. »

— Répondant à la brochure de Begouen, *Quelques réflexions sur Glozel*, Morlet y dénonce des contre-vérités, notamment l'assertion que lorsque quelqu'un fouille en dehors des points indiqués, dans les réserves de contrôle, on ne trouve rien. « Je laisse les injures à la plume du Cte Begouen ; il m'a suffi de le citer pour faire apparaître sa bonne foi. » (*Merc.*, 15 oct. 1927, p. 451).

— Morlet adresse une deuxième lettre ouverte à Dussaud (*Merc.*, 15 oct. p. 453).

1° C'est lui qui a fourni sa communication à la presse, vraisemblablement même avant la séance. Afin de se créer un *alibi*, il est parti pour la campagne après.

2° Il est venu à Glozel clandestinement ; il n'a pas lu ce qu'on a écrit d'essentiel ; les ragots de Vayson lui ont suffi.

3° Il n'a pu voir les objets qu'à travers les vitrines.

4° La qualité des reproductions a augmenté, en effet, dans les brochures de Morlet, à mesure qu'il avait plus de choix.

5° Il n'est pas vrai que les lettres phéniciennes ne paraissent que « dans la suite » puisqu'il y en a 23 sur 52 dans la tablette trouvée un an avant l'arrivée de Morlet.

6° L'ordre des publications n'est pas celui des découvertes.

7° Le B, quoi qu'en dise Dussaud, manque à Glozel.

8° Les ossements humains, quoi qu'en dise Dussaud, ne manquent pas à Glozel.

« Vous n'avez cure d'écouter les savants dont la conscience est à la hauteur de la science. Vous préférez porter à l'Académie des racontars... Voyons maintenant vos manœuvres. Pour nous taxer d'imposture, sans avoir à craindre les tribunaux, vous demandez à parler en comité secret. Vous violez ensuite ce secret à votre profit ! Naturellement, vous n'avez rien dit aux journalistes ; seulement, ceux-ci ont surpris des conversations. Nous savons tous ce que cela veut dire : vous avez remis ou fait remettre par un comparse un papier, mais en demandant de ne pas vous nommer. Vous trouvez aussi commode de supprimer, dans le long résumé que vous faites publier de votre mémoire, les réponses qui vous ont été faites. Vous vous arrangez pour qu'on prête à votre contradicteur le seul propos qu'il n'ait pas tenu, mais qui est une bêtise. C'est ainsi que lâchement, et sans nous laisser la possibilité de nous défendre, vous avez, Monsieur, voulu attenter à notre honneur. »

— Begouen répond à Espérandieu (*Merc.*, 1ᵉʳ nov. 1927, p. 704) :

« On ne peut formuler la moindre critique sans être copieusement insulté. Comme vous le dites fort bien, « la lutte n'est pas égale lorsqu'un des partis manque à l'obligation morale qu'il a contractée et produit, sans rien dire de leur réfutation, des affirmations audacieuses. » Telle est la façon d'agir de Morlet. Par exemple, il a fait paraître le procès-verbal, signé de vous, de l'ouverture d'une tombe ; mais il a négligé de dire que vous êtes le seul des cinq personnes présentes à avoir signé. Il me semble qu'il eût été bon de faire connaître également les noms des quatre autres témoins et les raisons qu'ils ont eues pour ne pas joindre leurs signatures à la vôtre. L'un d'eux n'a-t-il pas cru entrevoir la preuve de la fraude ? »

[Au moment où Begouen écrit cela, ce n'est plus une erreur, mais quelque chose de moins innocent. — S. R.]

— Dans le *Monde illustré,* article avec photographies du terrain et d'une vitrine d'objets.

OCTOBRE 17-19. — Loth publie une série d'articles dans l'*Ouest Éclair.* 'Il considère la station comme un sanctuaire, non une nécropole, et conclut : « Quoique invraisemblables, les objets de Glozel sont vrais. La fabrication de cette masse d'objets eût exigé des années et toute une équipe de faussaires d'une prodigieuse habileté. J'ai vraiment quelque honte de me voir obligé de m'inscrire en faux contre des suppositions aussi saugrenues ; c'est un véritable défi au sens commun. »

OCTOBRE 18. — La Soc. préhist. franç. demande à être représentée aux fouilles (voir 15 oct.). Varigny, en publiant cette note dans les *Débats,* proteste contre la prétention d'éloigner la presse.

OCTOBRE 19. — Van Gennep affirme le néolithisme de Glozel et déclare qu'il existe d'autres stations semblables aux environs (*Merc.,* 15 nov. 1927, p. 214).

— L'*Indépendance Luxembourgeoise* rappelle l'affaire des faux de Meillet en 1864 (voir plus haut p. 3).

OCTOBRE 20. — En réponse à la S. P. F. (oct. 18), S. Reinach estime qu'il serait criminel de fouiller entièrement et rapidement le plateau, où une exploration prudente ne peut se faire qu'à la pointe du couteau. S'agit-il d'étudier un gisement d'une importance capitale ou de le détruire ? *(Débats).*

OCTOBRE 21. — Morlet écrit *(Figaro)* que Franchet a cru pouvoir démontrer que la fosse ovale était un four de verrier. Or, les 16 dalles du fond étaient lutées avec

de l'argile à peine cuite ; si c'eût été un four de verrier,
l'argile aurait durci complétement à la cuisson.

— Ch. Chassé *(Figaro)* fait une enquête chez les antiglozéliens
notoires. Sa confiance en l'honorabilité de Morlet s'en est accrue ;
mais que penser du gisement ?

« Un préhistorien n'a-t-il pas été jusqu'à me dire que la fausseté
était la caractéristique principale d'un tiers des documents préhistoriques du Musée de Saint-Germain ?... Presque partout
j'entends les mêmes phrases : « J'en sais plus que je ne puis dire... »
On m'apporte des accusations très graves et qui seraient écra-
santes — si elles étaient prouvées — contre Morlet ou Fradin...
Les prendre publiquement à son compte serait s'exposer à une
condamnation pour diffamation... Au point où sont les choses,
je me demande s'il ne serait pas désirable que Morlet et les Fradin promettent solennellement l'immunité judiciaire à leurs
adversaires. » Comme exemple, Chassé cite une rumeur d'après
laquelle une puissante compagnie financière aurait voulu acheter
les trouvailles de Glozel, les Fradin ayant demandé 400.000 francs
pour leur part. Sur quoi Morlet a répondu qu'il avait fait promet-
tre aux Fradin de ne vendre qu'à Saint-Germain ou au Louvre,
auquel cas il donnerait alors sa part. Il est vrai que la compagnie
en question voulait acquérir (il ne fut pas question de prix) une
partie seulement de la collection Fradin.

[Ce n'est pas cela. Étant à Vichy, en 1926, S. Reinach a exprimé le vœu que la Cie fermière des Eaux fît des efforts pour conserver dans la région des objets devenus si rapidement célèbres.
Si quelqu'un offrit plus tard d'acheter le contenu d'une des
tombes, ce fut une simple conversation, bientôt arrêtée par Morlet.
S. Reinach continue à penser que la place des antiquités de
l'Allier est dans l'Allier. — S. R.]

OCTOBRE 22. — H. Clouzot *(Opinion)* se demande
comment ces terres-cuites, si molles quand on les trouve,
ont supporté, sans se déformer, le poids des terres pendant des siècles. Van Gennep répond *(Merc.*, 25 nov.
p. 218) que l'argile vierge locale a pénétré dans les creux.
[Il aurait pu ajouter l'exemple de poissons ramenés sur

la *Princesse Alice* d'un kilomètre et davantage sous le niveau de la mer.] Clouzot regrette aussi la méthode employée, celle des sondages. Elle était, répond Van Gennep, commandée par les circonstances ; d'ailleurs, si l'on avait creusé une tranchée continue, Morlet aurait été accusé de la truffer à mesure.

— Vayson dit à l'*Écho de Paris* pourquoi il ne croit pas à l'authenticité de Glozel :

1° Il y a des caractères de fausseté au point de vue technique. Les os n'ont pas tous la même patine (1); ils ont été travaillés à l'acier (2) ; les haches polies sont de simples galets de schiste fraîchement limés (3) ; les poteries sont si mal cuites qu'elles n'auraient pas pu résister longtemps (4).

2° Les objets sont un ramassis de types appartenant à tous les âges, depuis celui de renne jusqu'à celui de l'écriture (5).

3° Il a découvert la trace du petit canal par lequel on avait introduit un galet gravé ; cela n'a rien de commun — témoin l'ami Guillou — avec un trou de taupe ou de rat (6).

4° En dégageant la terre à l'entrée d'une des « tombes », on constate que la murette verticale qui la limite n'est pas appliquée exactement contre l'argile, ce qui s'explique par le creusement récent de la terre en boyau, le revêtement ayant été posé ensuite (7).

5° Sous l'influence d'un instituteur préhistorien [Clément], qui venait visiter les fouilles, on a trouvé des hachettes et une rondelle avec signes gravés semblables à ceux qu'il avait trouvés lui-même (8).

(1) S'ils avaient tous la même patine, ce serait suspect. — S. R.
(2) Aucune preuve. — S. R.
(3) Précisément parce que c'est du néol. I. — S. R.
(4) Voir Oct. 22. — S. R.
(5) Cercle très vicieux. — S. R.
(6) Vayson n'a pu montrer ce canal à Morlet ; il a mal vu, l'ami Guillou aussi. — S. R.
(7) Le malin faussaire aurait bien mal travaillé. Les ingénieurs, consultés, ont donné tort à Vayson. — S. R.
(8) L'assertion que Clément aurait fourni des modèles ou même un seul croquis à Émile est une invention. — S. R.

6° Depuis l'arrivée de Morlet, on suit les progrès de la technique et les découvertes sont arrivées à point pour détruire des objections ou confirmer des vues (1).

7° L'absence de la lettre B [attention !] prouve que le faussaire l'a évitée au début parce qu'elle lui a paru d'un caractère trop moderne (2), ou bien qu'il a copié au commencement sur des alphabets où elle n'existait pas (3) et que, lorsqu'on lui a signalé, l'intérêt de cette absence, il l'a respectée (4).

8° Les idoles bissexuées sont inspirées d'idoles néolithiques. Les premières n'étaient pas bissexuées ; cette perversion est due à l'influence de Van Gennep qui s'occupe d'anomalies physiologiques ou psychiques (5).

Vayson se défend 1° d'avoir trop bien déjeuné ; 2° d'avoir jamais essayé d'acheter la collection Fradin ; il s'est contenté de demander un échantillon de chaque série.

Il termine en parlant d'un membre de l'Institut qui « eut jadis assez de prestige pour maintenir contre une foule de preuves et une foule de savants l'authenticité de la tiare de Saïtapharnès (6). »

OCTOBRE 23. — Paul Souday *(Temps)* écrit : « Glozel aura, cet hiver, sa scène dans toutes les Revues et sa chanson rosse dans tous les cabarets... Déjà la version de M. Jullian, qui croit à un gisement gallo-romain, avait un peu diminué l'invraisemblance folle de la thèse des préhistoriens radicaux. Mais quand on apprit que M. Dussaud avait présenté à l'Institut un mémoire concluant à une mystification, on se sentit réellement soulagé... Il faut bien dire que la galerie n'ayant pas oublié la tiare, M. Dussaud est grand favori. »

— Dans la *Dépêche de Vichy*, Morlet demande si l'on va laisser saboter Glozel ? Il s'agit de la prétention ridicule de la S. P. F. « qui

(1) Contre-vérité qui n'a pas changé de nature par le fait d'avoir été répétée vingt fois. — S. R.

(2) Hypothèse grotesque, n'est-ce pas ? — S. R.

(3) Seuls les alphabets ibérique et étrusque n'ont pas de B ; or la grande majorité des signes est phénicienne, grecque ou italique. — S. R.

(4) Quand S. Reinach a signalé l'absence du B à Glozel, il y avait déjà plus de cent inscriptions ! L'hypothèse est absurde et implique une accusation déloyale. — S. R.

(5) Voir la note 2. — S. R.

(6) Sur ce point, S. R. dirait que Vayson *ment* s'il ne savait qu'il se contente de répéter, sans critique, les propos de calomniateurs.

a mis deux ans à s'émouvoir ». On lit dans son *Bulletin*, p. 240 :
« L'hypothèse de l'authenticité des objets ne trouve pas de défenseurs dans l'assistance. »

— Ce jour a paru la brochure de Dussaud, *Autour des
inscriptions de Glozel*, Paris, Colin. Il a dédié à Victor
Bérard « ce bel exemple de mirage occidental ». Fidèle
à la devise empruntée à Tacite sur le titre du présent
volume, on croit devoir résumer longuement un écrit qui,
au jugement de plus d'un, ne fait pas honneur à la science
et témoigne d'un médiocre souci de la vérité.

P. 12-13. La négligence avec laquelle ont travaillé les savants
qui ont le plus affirmé l'authenticité du site n'est pas douteuse (1).
— p. 15. On laisse des fouilles se pratiquer pendant trois ans sans
contrôle suivi. Morlet reconnaît lui-même qu'aucune fouille n'a
été plus mal conduite (2); il en accuse à tort la suspicion dont il a
été entouré. — p. 16. Un de mes amis a réussi, dans son apparte-
ment à Paris, à reproduire une brique de Glozel bien gravée et
suffisamment cuite, avec racine perforante au milieu (3). — p. 21.
Après avoir dit le contraire, Dussaud avoue avoir communiqué
sa lecture faite en comité secret, mais se garde de nommer le
Journal, à qui il l'a remise, et, en revanche, donne en appendice
(p. 47), la lettre de Begouen aux *Débats* où il est dit [faussement],
que les 17 membres présents avaient « juré le secret », mais qu' «.on
a recueilli çà et là des impressions de séance ». Cela fait un aveu
suivi d'une fausseté, alors que c'est ordinairement le contraire.
— *Même page :* S. Reinach s'armerait volontiers du règlement
pour imposer la croyance à l'origine néolithique de l'alphabet
phénicien (4)... Le secret s'applique à la délibération prise en commun ou à des mesures d'ordre intérieur (5). » — p. 21. La commu-

(1) A la différence de l'auteur, ils sont allés voir. — S. R.
(2) Invention (on sera poli). — S. R
(3) Simple affirmation. Quel air a cette brique ? — S. R.
(4) Invention. — S. R.
(5) Ce n'est pas exact. Le secret est imposé quand il s'agit de personnes,
non de choses, comme dans les discussions sur les prix, les candida-
tures, etc. — S. R.

nication de Dussaud a été « une œuvre d'assainissement scientifique qui s'imposait... une démonstration épigraphique faite devant des épigraphistes de métier. » — p. 22 : « Je ne nie pas qu'on trouve à Glozel des vestiges très anciens, notamment ceux qu'y ont laissés les pêcheurs à la ligne...» — p. 23 : «Le grand argument de M. S. Reinach repose sur l'absence du B latin dans l'écriture de Glozel. Il paraît qu'un faussaire n'aurait pas manqué de l'y introduire. Je n'ai encore trouvé personne qui pût me fixer sur la portée de cet admirable argument qui suffit à M. S. Reinach pour asseoir sa foi (1). » — p. 24. La première brique a *seule* été gravée avant cuisson (2). Les briques qui apparaissent ensuite sont gravées après cuisson. La main devient plus habile, le répertoire des signes s'enrichit. On trouve tous les degrès de la cuisson. Si friables que soient ces tablettes, elles ont affronté, dans un terrain constamment trituré, les 8 ou 10 millénaires qui nous séparent de leur origine (3). — p. 25. La théorie du Dʳ Morlet s'est précisée à mesure que sa documentation s'est étendue : 1º mémoire de Rougé (4) (1874) et *Dictionnaire* de Saglio (5) ; 2º Entre le 28 déc. 1925 et le 16 février 1926, le tableau de l'alphabet de Maspero (6), puis les *Civilisations préhelléniques* de Dussaud ; 3º Vers la fin de 1926, les découvertes de Byblos, connues par la *Civilisation phénicienne* de Contenau... A son insu [!] l'écriture des glozéliens a suivi, pour se révéler à nous, la même progression que son érudition (p. 26). Je n'attaque ni ne suspecte personne [!]. Dans sa seconde brochure, Morlet établit un tableau comparatif entre le phénicien et le glozélien : sur 81 caractères connus à Glozel, il y a les 22 phéniciens ; mais ce sont ceux d'Eshmounazar (vᵉ siècle), non ceux d'Ahiram, ce qui démontre la fraude (7). — p. 30 : « Les glozéliens prétendent maintenant que le texte le plus farci de lettres phéniciennes fut trouvé par Fradin avant qu'il connût Morlet. Cette affirmation est contredite par les rapports formels

---

(1) Comme on ne peut accuser Dussaud d'inintelligence, on en est réduit ici à une explication moins indulgente. Pourquoi, d'ailleurs, parler du B romain et non du B grec ? — S. R.

(2) C'est faux. — S. R.

(3) Propos absurdes empruntés à Vayson.— S. R

(4) Morlet ne l'a jamais vu. — S. R.

(5) Vu une fois à Nice par Morlet. — S. R.

(6) Inconnu de Morlet. — S. R.

(7) L'observation serait intéressante et digne d'un épigraphiste si elle n'était fondée sur des constatations *imaginaires*. — S. R.

de plusieurs personnes (1) et même par les écrits de M. Morlet.
Je n'accepte donc pas ce procédé de discussion (2). » — p. 31 :
« Entre le 28 déc. 1925 et le 18 février 1926 surgissent 9 tablettes
qui permettent à Morlet d'ajouter à son répertoire quelques caractères empruntés à la stèle de Mésa (3)... Vers la fin de 1926, Morlet n'hésite pas à changer le numérotage de son classement, ce qui
empêchait désormais de retrouver l'ordre d'apparition des divers
caractères ; il osa même affirmer (4) que les lettres d'Ahiram
étaient plus voisines des signes glozéliens que celles d'Eshmounazar.
Aujourd'hui encore, il manque 10 lettres d'Ahiram aux 100 et
quelques signes de Glozel, tandis que les 22 lettres d'Eshmounazar
s'y trouvaient dès la fin de 1925 (5). — p. 33 : « Sur 150 tablettes
pas une demi-douzaine n'ont été découvertes en présence d'autres
personnes que Morlet et Fradin... Le conservateur du Musée de
Saint-Germain se rappela un jour qu'une inscription restée énigma-
tique (6) avait jadis été trouvée à Alvao et y chercha un terme
de comparaison... Le rapprochement est aussi peu significatif
que possible (7). Surtout il est fâcheux qu'on dise que l'inscription
d'Alvao fut trouvée dans un dolmen, ce qui implique une date,
alors que tout le monde sait (8) que la trouvaille eut lieu en dehors
du dolmen (9). M. Reinach expédia à Morlet la Revue *Portugalia*;
dans l'article, ce périodique donnait le tableau des alphabets ibériques. Par une singulière coïncidence (10), quelques semaines
après la réception du périodique (11), apparaissaient sur de nouvelles tablettes des lettres de l'alphabet ibérique. La même Revue
reproduisait des galets forés de cinq points ; également, après l'envoi de *Portugalia*, on découvre à Glozel des galets gravés de 5
points (12). M. S. Reinach, imprudemment, avait documenté le

(1) Lesquelles ? — S. R.
(2) Donc, Morlet et Fradin mentent ? — S. R.
(3) Accusation de fraude contre Morlet. — S. R.
(4) C'est parfaitement vrai. — S. R.
(5) Même remarque qu'à la note 7, p. 152. — S. R.
(6) Il y en a plusieurs ; M. Dussaud n'a donc jamais vu *Portugalia* ?
(7) Négation gratuite ; l'analogie crève les yeux. — S. R.
(8) Où demeure-t-il, ce « tout le monde ? » — S. R.
(9) Ce n'est pas exact, personne n'a dit cela. — S. R.
(10) Invention. — S. R.
(11) Mais S. Reinach envoya *Portugalia* parce qu'il avait constaté,
avec Leite, l'extraordinaire affinité d'Alvao avec Glozel ! — S. R.
(12) Leite a attesté *par écrit* qu'il les avait remarqués (et S. Reinach
aussi) bien avant l'envoi de *Portugalia*. Donc, contre-vérité. — S. R

faussaire. — p. 36. La main secourable, qui n'a cessé de se manifester, avertie par la discussion que soulevait l'inscription d'Alvao, a utilisé la documentation que lui révélait *Portugalia*. — p. 37. Comme il importait d'établir la haute antiquité de l'écriture glozélienne, les signes glozéliens apparaissent sur des objets néolithiques ou prétendus tels (2). — p. 38. Que le dessin du renne soit authentique ou non, les signes d'écriture suffisent pour qu'on soit fixé sur la supercherie (3). — p. 41. Affligé d'une surdité presque complète, Espérandieu n'était pas désigné pour surveiller cette fouille et par suite pour l'authentifier (4)... La publication de Morlet est truquée comme la fouille. — p. 42. Morlet a dissimulé que trois autres savants (un Belge, un Suédois et Nourry) ont évité de signer le procès-verbal (5). Le savant belge aurait dit à Nourry : « Tous les objets sont faux, la tombe est fausse. » Le savant français avait constaté le truquage dès le début ; la boue n'adhérait pas aux objets ; ceux-ci répétaient, avec une intention évidente, toutes les séries de Glozel. Un incident dévoila nettement la supercherie (suit l'histoire de Fradin découvrant un cervidé après avoir annoncé un cheval) (6). Le savant français rédigea le lendemain un rapport qu'il envoya à Morlet (7). Celui-ci n'a même pas signalé la présence des trois savants conviés par lui, montrant une fois de plus que tous ceux qui ont fouillé à Glozel ne sont pas convaincus... Audollent s'est éliminé lui-même, puisque, avant la fouille, il a déclaré qu'il ne signerait aucun procès-verbal (8). — p. 43. M. le Président de l'Acad. des Inscr. était

(1) Contre-vérité. — S. R.

(2) Ignorance. Il n'y a pas un seul objet gravé qui soit *généralement* considéré comme néolithique et il n'y a aucune gravure sur une hache polie du type néolithique courant ! L'auteur ne sait rien de ces choses, mais compte sur la crédulité de ceux qui savent moins encore. — S. R.

(3) Cercle vicieux. — S. R.

(4) Inconvenance à l'égard d'un confrère, doublée d'erreur, car Espérandieu y voit à merveille, d'autant mieux qu'on ne le distrait pas facilement. — S. R.

(5) Ce n'est pas exact, on ne l'a demandé à personne. Et puis, il n'y avait pas de Belge. — S. R.

(6) Ce jour, on ne trouva pas de cheval ! Tout ce qui précède dérive d'une conversation mal comprise avec Nourry, qui s'est empressé de démentir (plus bas, p. 159). — S. R.

(7) Jamais Nourry n'a envoyé de rapport ; invention. — S. R.

(8) Fait déformé à plaisir. — S. R.

informé de tous ces faits (1). Je lui demande de bien vouloir les signaler à l'Académie pour qu'il en soit fait mention dans les comptes-rendus (2) et qu'une atténuation soit ainsi apportée aux affirmations d'Espérandieu, ignorant ce qui s'est passé autour de lui. — p. 44. On a établi les pseudo-tombes à l'instar du four de verrier (3) pour donner à celui-ci l'apparence d'une tombe. — p. 4. Jullian a noté *(Rev. Ét. anc.,* 1927, p. 185) : « On me dit qu'on a trouvé à Glozel une ou plusieurs tombes ». Nous apprenons par là qu'il a fallu deux mois pour installer les tombes et les saler. Il apparaît, en même temps, que quelqu'un qui se tient à Glozel à l'écart de ces agissements est informé de tout (4). — Dussaud parle ensuite des idoles bissexuées sans même en avoir regardé de près une photographie : « Cette idole est d'une grâce un peu sévère, ayant adopté la mode vraiment particulière de se croiser les seins (5). Ces inventions de mythomanes doivent suivre les conversations échevelées où elles s'élaborent (6). »

p. 53. Nous ne réclamons pas la mort du pêcheur, ni même la fermeture du Musée, mais que les comptes-rendus de l'Académie ne se voient plus imposer des relations de fouilles truquées et des inventaires d'objets faux. Jamais l'Académie n'avait connu un pareil scandale (7); cela devait cesser, même au prix de quelques heurts. — p. 54 : « La preuve est faite que pas un cadavre n'a jamais été enseveli ou incinéré dans le champ des morts de Glozel (8), que tout le bazar glozélien n'est qu'une imposture ridicule, que notamment tous les textes sont faux. M. S. Reinach peut mesurer l'imprudence qu'il a commise lorsqu'il a répété, à bout d'arguments, le mot d'un mal appris (9) : « Il faut être aveugle ou mal-

(1) Comment S. Reinach pouvait-il être informé d'un tas de faussetés qui n'avaient pas encore vu le jour ? — S. R.

(2) Ils ne sont pas rédigés chez ou pour les portières. — S. R.

(3) Invention de Vayson. — S. R.

(4) Cela vise Mosnier, ami de Morlet, ou cela n'a pas de sens. — S. R.

(5) Il n'y a d'indication de seins sur aucune idole ! Un écolier qui travaillerait ainsi recevrait des pensums. — S. R.

(6) Folle insinuation contre les mœurs des glozéliens. — S. R.

(7) Oui, celui qu'a donné l'auteur en violant le secret d'un comité et en diffamant d'honnêtes gens. — S. R.

(8) Alors les ossements humains de Glozel proviennent de sépultures violées ? — S. R.

(9) *Quis tulerit Gracchos de seditione querentes ?* — Juvénal.

honnête (1) pour douter de l'authenticité des découvertes de Glozel. — p. 54. Il s'explique sur le but « charitable » de la lettre non
signée à Varigny ; plus tard il allèguera une autre excuse, la rigueur
des règlements académiques [!] qui interdisent de déflorer un mémoire. — p. 57 : « Notre objectif est atteint : aucun épigraphiste
ne prêtera jamais plus la moindre attention à l'écriture de Glozel (2) ».

OCTOBRE 24. — Les *Débats* publient de longs extraits
de la brochure de Dussaud.

—Depéret déclare à l'Académie des Sciences qu'ayant
fouillé lui-même un carré de terrain à 3 mètres des tranchées existantes, il affirme l'authenticité des objets ; le
gisement serait un cimetière, avec objets votifs abandonnés sur le sol et enfouis par le ruissellement de l'argile. Couturier (de Lyon), analysant des cendres contenues dans un vase, y a reconnu des cendres d'os. Les
corps auraient été incinérés dans le prétendu four de
verrier, dont les parois auraient été vitrifiées au cours des
opérations. Depéret a rappelé les rudiments d'écriture
magdalénienne et les objets néolithiques avec signes analogues. « Le gisement de Glozel se révèle comme une découverte de premier ordre, en raison surtout de l'existence d'une écriture très complète à une époque fort
antérieure à celle de toutes les écritures d'Orient. »
(*Matin* du 25, avec l'en-tête : *La controverse sur les
fouilles de Glozel rebondit* ; *Débats*, 26 octobre ; *Merc.*,
15 nov. 1927, p. 197).

(1) On peut cumuler. — S. R.
(2) Cette écriture sera étudiée par des orientalistes et l'on se passera,
pour cela, du concours de l'auteur. — S. R.

— On écrit de Bruxelles à l'*Écho de Paris* que Bayet soutient la cause de Glozel, mais que Boisacq la combat. « On a vu, dit-il, un savant de premier ordre amené à croire qu'il tenait enfin la confirmation d'une théorie qui lui est chère de l'origine occidentale de notre civilisation européenne ». A la fin de l'article, on annonce que Fr. Cumont se propose de prendre position, [Il l'a fait en louant la brochure de Dussaud dans la *Rev. de philologie belge.*]

OCTOBRE 25. — Marcel Sauvage *(Comœdia)*, citant Félix Falk, demande pourquoi, à propos de Glozel, on ne tient pas compte des découvertes préhistoriques faites dans l'Afrique du Nord.

OCTOBRE 27. — Boule déclare à l'*Information :* 1º le renne de Glozel est copié dans Brehm ; 2º tout n'est pas faux ; 3º on a fait trop de bruit autour de Glozel.

— Un faussaire anglais de profession, condamné pour falsification d'écritures, Hunter Charles Rogers, affirme avoir acheté à Londres une collection d'antiquités sans valeur et l'avoir enterrée en 1926 à Glozel (*Daily Mail ; Merc.*, 15 nov. p. 229).

OCTOBRE 28. — Marcel Sauvage ayant demandé dans *Comœdia* (25 oct.) des précisions sur les trois anonymes dont parle Dussaud, Espérandieu répond en racontant l'histoire donnée plus haut, 24 juin 1927.

OCTOBRE 29. — Nourry (Saintyves) déclare que « les propos qu'on lui prête [dans la brochure de Dussaud] appellent de sérieuses rectifications ». Il se réserve de déposer devant la Commission.

OCTOBRE 30. — Pierre Mille raconte les faux dont fut victime Boucher de Perthes et en tire une leçon de prudence *(Temps)*.

OCTOBRE 31. — Revenu de Glozel où il a étudié de près le Musée sans voir Morlet, le prof. Birger Nerman de Stockholm vient voir S. Reinach et exprime sa surprise qu'on ait pu contester de pareilles découvertes ; en Suède, on en eût honoré l'auteur.

— Les *Débats* insèrent (en supprimant un passage sur Begouen) une lettre d'Audollent, datée du 26, qui donne des détails sur la fouille du 21 juin 1927 à laquelle il assistait. Le Suédois De Klercker se tenait loin de la fouille ; il n'y avait aucun Belge. L'histoire du galet gravé trouvé par Fradin ne signifie rien. Ni en 1926, ni en 1927 les soupçons d'Audollent n'ont été éveillés. Nourry lui a dit que la police avait surveillé les Fradin sans rien remarquer de suspect (*Merc.*, 15 nov. 1927, p. 219).

— Dans le *Figaro*, Ch. Chassé esquisse une *psychologie de l'Esprit de Glozel*, à la suite d'une conversation avec Vayson. « C'est l'Esprit de Glozel que Fradin et Morlet auraient aperçu rôdant autour du champ, tantôt de haute taille et à lunettes, tantôt imberbe et pourvu d'une longue barbe blanche, vêtu d'une longue cape où il dissimulait un pic et un gros paquet ». [Fradin dit, en effet, avoir aperçu un rôdeur autour du champ enclos de fils barbelés, mais l'enquête ne donna rien].

Dans le même n°, Morlet réfute Vayson qui se fonde sur une chronologie imaginaire « puisque l'ordre dans lequel j'ai publié les documents n'est pas leur ordre véritable ».

DATES MOINS PRÉCISES

1. Saint-Hillier, *Petite grammaire glozélienne*. Explication par l'arabe. L'auteur traduit ainsi la quatrième tablette : « Le jour des noces, abondamment il déjeuna ; il fait des saletés, il fait du mal et brise les meubles. Cachez, ne maudissez pas ; ils sont mariés, elle et lui. » *Deliramenta*.

2. Silvestre de Sacy, à Saint-Germain-en-Laye, rapproche l'écriture de Glozel du grec *cadméen*.

3. Saintyves (Nourry), *Mes deux visites à Glozel*. Il expose comment vers la fin d'octobre, dans un salon, au milieu du brouhaha, il a rencontré Dussaud et lui a raconté des histoires que celui-ci comprit tout de travers. Le soupçon principal avait été conçu par Mme Saintyves ; ainsi Adam chargeait Ève du premier péché. Dans le *Mercure* (15 déc. 1927, p. 700), Van Gennep conteste (à tort) toute compétence au dit Saintyves.

4. Loth, *Revue celtique*, 1927, p. 11 (distribuée en oct.-nov.) : «Les Glozéliens sont les *héritiers* des chasseurs de rennes, les Aziliens des *successeurs*. » Il se rallie à l'idée de Shetelig (1926) que l'art animalier de Norvège et de Suède (rupestre) dérive de l'art paléolithique occidental et correspond à notre néolithique. — p. 12 : « L'apparition de la civilisation de Glozel est une surprise, mais ce n'est pas une énigme. Ce qui en est plutôt une, c'est sa brusque disparition... Il est possible que les porteurs de la civilisation mégalithique, qui n'ont jamais possédé d'écriture véritable, aient fini par asséner le dernier coup à une civilisation qu'ils ne pouvaient comprendre... L'élite glozélienne aura été submergée dans la masse d'envahisseurs, restés inaccessibles à des influences civilisatrices [cf. S. Reinach, *The Antiquaries Journal*, 1er janvier 1927].

*
* *

NOVEMBRE 1927

NOVEMBRE 1. — La Commission dite internationale comprend 8 membres : Hamal-Nandrin (Belge), Pittard (Suisse, uniquement anthropologiste), Bosch Gimpera (Catalan, préhistorien), Absalon (Tchèque, préhistorien), Miss Garrod (Anglaise, élève de Breuil), Forrer (Strasbourg), Peyrony (les Eyzies), Favret (Épernay). [Il n'y a pas un épigraphiste, pas un philologue, pas un Scandinave ou Hollandais. — S. R.]

— Le Dr Bayet écrit dans le *Flambeau* de Bruxelles, à propos des découvertes de Glozel : « Et l'on hésite ? C'est à douter du bon sens humain ! » [mais non de la malice humaine].

— Mendes Correa traite la question dans *O Primeiro de Janeiro* (Porto).

— M. et Mme Massoul ont étudié le prétendu four de verrier (*Merc.*, 1er nov. 1927, p. 702). Les gouttelettes de matière vitrifiée peuvent ne pas être tombées d'un creuset de verrerie ; des cendres se liquéfiant par endroits ont pu déterminer la formation de ces larmes de verre. Un échantillon prélevé à Glozel dans la couche archéologique et soumis à un feu violent est devenu un **grès**, ce qui s'explique par la nature d'un terrain contenant des éléments granitiques en décomposition.

— Chauvet *(La Nature)* étudie le montage et l'utilisation des harpons de Glozel. Ils ne sont pas votifs, mais montés comme ceux du Mas d'Azil ; au point de vue pratique, ils sont en progrès sur les harpons magdaléniens (*Merc.*, 1er déc. 1927, p. 464).

NOVEMBRE 2. — Dans le *Figaro hebdomadaire*, Dussaud raconte, d'après Clermont-Ganneau, l'histoire des poteries moabites (1872-1877) ; des savants allemands, envoyés pour enquêter sur place, furent trompés par un Arabe astucieux qui leur fit déterrer des pièces de sa façon. [Dussaud a voulu évidemment marcher sur les traces de son maître, mais il a mal choisi sa tête de Turc. — S. R.]

NOVEMBRE 3. — A. Trouillot, géographe algérien, ayant visité Glozel, se déclare convaincu *(Dépêche de Constantine)*.

NOVEMBRE 4. — Passant par la gare de Lyon, en route pour Vichy, la Commission y est importunée par Begouen qui prétend dissuader les journalistes de l'accompagner. Ceux-ci, flairant une machination, partent quand même. Le soir, la Commission loge au *Majestic*.

NOVEMBRE 5. — Il pleut à Glozel ; on va d'abord au Musée. Absolon a été retenu en Moravie par un deuil. Tricot-Royer, maître de conférences à Louvain, assiste à titre de journaliste (1). Pittard a été nommé président. Les membres de la Commission fouillent eux-mêmes. Peyrony trouve un poinçon en os qu'il brise en l'arrachant du sol. Miss Garrod s'engage dans la tombe et doit en être retirée par les pieds. On a suivi plusieurs galeries horizontales ou verticales, mais sans rien trouver au bout ni au fond. Le *Petit Parisien* (6 nov.) prête au grand-père Fradin l'opinion que le gisement est épuisé.

Les *Débats* sont représentés par Varigny, le *Quotidien* et l'*Illustration* par Labadié, le *Petit Parisien* et *Excelsior* par Hegner, le *Journal* par Bringuier.

NOVEMBRE 6. — La tranchée délaissée la veille a été saupoudrée de plâtre. On trouve un galet avec tête de renne (?) et les lettres XTVX, surmontées d'un trait parallèle et d'un L ; puis une idole d'argile, dont l'empreinte négative se voit sur une motte, et une pendeloque en os fossilisé. Tricot-Royer déclare : « La Commission pourrait à la rigueur s'en aller ! »

(1) C'est à lui qu'est due la relation la plus détaillée des fouilles. (*Neptune* d'Anvers, 30 déc.), que les archéologues trouveront au Musée de Saint-Germain — S. R.

— L'*Avenir du Plateau Central* intitule son article :
« La Société des Nations à Glozel. »

« Qui connaissait il y a trois ans le pauvre hameau de quatre
feux perdu dans la montagne du Bourbonnais à 700 m. d'altitude ?
Aujourd'hui Glozel est presque aussi célèbre que Pompéi. C'est
une question internationale qui a dressé les uns contre les autres
les savants du monde entier. »

— Dans la *Dépêche de Vichy*, Morlet répond à la brochure de Dussaud.

La première tablette (l' « invitation à Vichy » de Jullian) a été
trouvée un an avant que Morlet connût l'existence de Glozel ;
les signes ont été gravés *avant* cuisson, les briques à caractères
indistincts ont été à tort brossées ; Tafrali connaît dans les Balkans,
par exemple à Cucuteni, de nombreuses poteries demi-cuites.

Morlet n'a jamais vu le mémoire de Rougé ; il n'a vu le *Dictionnaire* de Saglio qu'à Nice, au début de 1926 ; il n'a jamais possédé le *Mirage oriental* (1) ; il n'a vu le livre d'Evans qu'au Museum ; Fl. Petrie lui a envoyé le sien à la fin de 1926 ; il n'a
jamais vu l'*Histoire* de Maspero. Leite de Vasconcellos a constaté
l'existence des galets à cupules avant l'arrivée de *Portugalia ;* contrairement à ce que dit Dussaud, les 22 lettres d'Eshmounazar
ne sont pas contenues dans le tableau où Morlet a rapproché le
glozélien du phénicien. « La première tablette contient 23 signes
d'aspect phénicien sur 52 et une vingtaine d'aspect ibérique ; la
proportion des signes d'aspect phénicien y est telle que, dès le
début, le colonel de Saint-Hillier proposa d'y voir une inscription
phénicienne. » Morlet prouve que les signes d'Ahiram, en particulier l'*aleph* à l'aspect de K, se trouvent déjà dans son second
fascicule (15 mars 1926), alors que la *Civilisation phénicienne* de
Contenau n'a paru qu'en septembre.

— *Le New-York Times* consacre six colonnes à Glozel. « La
charrue d'un paysan déchaîne une guerre entre savants. » Article
bien écrit, mais non sans erreurs.

(1) Complétement épuisé ; S. Reinach en a vainement cherché un
exemplaire pour Morlet. — S. R.

NOVEMBRE 7. — Pittard, président de la Commission, repart pour Genève; il est souffrant et doit assister à une séance importante (?) Forrer est nommé à sa place. Le matin, avant le début des fouilles, il se produit un vif incident ; Miss Garrod, envoyée par Favret pour relever un repère posé la veille, est surprise par Morlet creusant un trou dans l'argile ; elle nie d'abord, puis avoue; on crie un peu, puis on parle d'un « malentendu » ; on convient que la presse ne racontera rien, et l'on se serre la main. (*Débats*, 5 janv. 1928, Peyrony). Mais cette affaire, jointe au départ peu justifié de Pittard, a éveillé les soupçons de Morlet à tel point qu'il veut suspendre les fouilles ; Tricot-Royer le retient et on continue. Le matin, Favret découvre une brique inscrite que Morlet retire et qu'on met à sécher, sans observation sur le gisement ; mais Favret dit, au témoignage de Labadié (*Quotidien* du 8) : « Sur cela, on peut remballer ! » L'après-midi, Bosch Gimpera trouve un anneau de schiste avec gravure et deux objets en os. Là-dessus, la Commission déclare qu'elle cesse la fouille (*Débats* du 9).

[Il faut s'arrêter ici un moment pour constater avec regret un manquement au devoir et à l'honneur. Dans son rapport de décembre, la Commission affirme que la tablette était placée en bas d'une motte de terre et d'une masse d'argile meuble, le tout ayant été enlevé et puis replacé, après le dépôt récent de la tablette. Si l'on a cru constater un fait aussi grave, le président Forrer devait appeler tout le monde — Morlet, Fradin, les journalistes — pour s'associer à la constatation de la fraude et, au besoin la discuter. Morlet et Fradin étaient, à Glozel, des accusés; les juger sans les avoir entendus, sans les avoir interrogés sur place, quand on le pouvait, est une pratique d'inquisiteurs, non de savants honnêtes.

Varigny écrit (*Débats* du 9) : « On photographie la tablette avant
de l'extraire, travail qu'on confie à Morlet ; autour d'elle, comme
autour d'un pavé roulé de la pente, la terre est plus meuble. » Il
y avait donc lieu de s'arrêter sur cette particularité, depuis longtemps signalée par Morlet, et de contrôler l'explication qu'il en
donne. Au lieu de cela, l'abbé Favret prononce des paroles intentionnellement équivoques (à moins qu'elles ne fussent sincères à
ce moment) et la comédie recommence après la découverte de
l'anneau inscrit. Il n'y a pas de termes pour exprimer le mépris
qu'inspirent de pareils procédés ; la honte en rejaillira éternelle-
ment sur ceux qui ont osé y recourir. — S. R.]

NOVEMBRE 8. — Trompée par l'attitude de la Commission, particulièrement cordiale (sauf Hamal-Nandrin et Miss Garrod) envers Morlet, la presse est presque
unanime à célébrer le triomphe des glozéliens. Citons ces
lignes du témoin compétent Labadié *(Quotidien) :* « La
détente des esprits est générale ; les fouilles de Glozel
sont désormais parfaitement authentifiées. Il semble
tout indiqué, en classant Glozel, de rendre la direction des
travaux au Dr Morlet qui l'a bien mérité... Les opérations ont donné des résultats qui confondent les hommes
de parti-pris. Chacune des trouvailles constitue une
tête de série, il ne manque qu'un exemplaire des vases
à masque. On prête à Forrer ce mot : « Je suis venu *Sau-
lus*, je pars *Paulus* (1). » Dussaud déclare (*Quotidien* du
8) : « Il n'y a rien de changé, il n'y a qu'une fouille de
plus » et se console d'une défaite escomptée en demandant à nouveau l'examen des objets de Glozel dans des
laboratoires de son choix. Il n'a tenu qu'à la Commission d'obtenir de Morlet des spécimens pour analyses ;

(1) *Illustration*, 19 nov. p. 553, sous une forme un peu différente.

mais quand il déclara qu'il prélèverait en même temps des éléments pour une contre-expertise à Lyon, on renonça à rien emporter, nouveau manquement au devoir.

« Nous allons en être réduits, dit Dussaud, à demander l'acquisition par l'État du champ de Glozel (1). » [Mais on m'a dit à l'Élysée, le 15 novembre, que c'était inadmissible, qu'on n'y pensait pas. — S. R.]

.Vayson continue à arguer (*Quotidien* du 8) : 1º des différences de patine, alors que les objets sortent d'une même couche ; 2º des rayures *récentes* sur les galets de schiste tendre ; 3º du fait que les poteries se délitent après leur extraction.

Interrogé par téléphone, S. Reinach répond (*Quotidien* du 8) : « Je suis satisfait sans être surpris. Il n'était pas besoin d'une Commission internationale pour constater qu'il fait jour en plein midi. »

Pourtant, les esprits critiques ne remarquent pas .sans inquiétude qu'au lieu d'exprimer sa conviction tout de suite, la Commission s'est ajournée à un mois, comme pour oublier quelque peu ce qu'elle a vu et se prêter à des influences en sens contraires.

Elle n'a pas bien travaillé, mais on va la travailler avec persistance.

NOVEMBRE 9. — *Excelsior* publie, avec des photographies de pièces de la collection Morlet : *Morlet discutant avec les membres de la Commission ; le terrain saupoudré de plâtre le soir.*

(1) Cf. *Merc.*, 1ᵉʳ déc. 1927, p. 460, qui reproduit à ce sujet une lettre indignée d'Espérandieu à Morlet : « Cela ne peut pas être et cela ne sera pas ! »

— On écrit de Vichy au *Matin* : « La trouvaille de Glozel est d'un aloi éblouissant... Le grand-père Fradin nous disait tout à l'heure : « Mon petit fils, est-ce qu'il n'est pas maintenant un des grands noms de l'Europe ?... » Le rédacteur ajoute : « Dressons une couronne civique et bien française à Mlle Picandet ! »

— Dussaud fait des déclarations à l'*Intransigeant* :

Je n'ai jamais douté de l'authenticité du gisement, mais de celle des objets... On a eu tort de composer la Commission de savants qui ignoraient encore la question, car l'exemple de Breuil prouve qu'on peut croire d'abord, nier ensuite. La Commission n'a pu étudier sérieusement 3.000 objets... C'est l'enfance de l'art de truquer un terrain argileux et superficiel... Mon opinion est celle de tous les épigraphistes... Le gaillard suit pas à pas les impulsions de ceux dont il se joue... Je me réjouis des résultats proclamés (1) par la Commission, qui comprend cinq étrangers contre deux Français. Ainsi la science française se trouvera préservée du ridicule de l'affaire de Glozel qui commençait à l'éclabousser. »

— Labadié écrit dans la *Dépêche de Toulouse* :

« M. Begouen se trouvait à la gare de Lyon. Quel intérêt particulier portait-il à Glozel ? C'est bien simple. M. Begouen accompagnait à la gare l'un des membres de la Commission d'enquête, le plus charmant, certes, mais non le moins prévenu, Miss Garrod... Malgré les leçons de ses maîtres, ni Miss Garrod ni son ami M. Hamal ne pourront nier l'évidence... Les fouilles, que j'ai suivies des yeux seconde à seconde, centimètre à centimètre, ne sauraient donner lieu maintenant à aucune discussion rétrospective. »

— Dans le *Phare de la Loire*, P. Combes rappelle avec raison le chronomètre de Kerviler, qui permet de situer Glozel au néolithique. [Accepté par Waddington et Alex. Bertrand, ce calcul, incriminé de cléricalisme, fut attaqué par G. de Mortillet. Voir S. R., *Alluvions et Cavernes*, p. 75.]

---

(1) On n'a rien proclamé du tout. — S. R.

NOVEMBRE 10. — La dernière et cinquième journée de la Commission est décrite par Varigny *(Débats)* ;
elle comportait une excursion en montagne (1.165 m.), très
contrariée par le temps. Le soir, banquet au *Majestic ;*
Place parla au nom du Syndicat, Forrer au nom de la
Commission, Tricot-Royer au nom de la presse. Mosnier
raconta la genèse des fouilles et son éloge de Morlet fut
applaudi.

— Dans le *Correspondant*, Auguste Audollent, doyen de la
Faculté des Lettres de Clermont, publie l'*Énigme de Glozel*,
article écrit à la fin de juillet, mais dont la publication a été
différée par la « prudence » de la direction.

P. 442. L'authenticité ne fait pour moi aucun doute... Certains
regrettent qu'on n'ait pas noté la position exacte de chaque objet.
Était-il possible d'agir avec cette précision dans un terrain de
faible étendue, où tout se présente en quelque sorte pêle-mêle,
dans une couche d'argile épaisse de 0ᵐ 70 ?

p. 454. Audollent propose dubitativement de voir dans les bissexuées « comme un symbole précurseur des signes prophylac-
tiques qui seront utilisés à l'époque historique contre le mauvais
œil ».

Ibid : « Antre de sorcière, si l'on veut, mais n'est-il pas possible
d'admettre que celle-là exerçait son métier vers la fin de l'époque
néolithique ?

p. 457 : « Les systèmes que préconisent Jullian et Saint-Hillier
ont le tort de laisser inemployés la plupart des signes qui se lisent
sur les briques.

p. 458 : « N'est-ce pas à cette même écriture que se rattachent
les signes sur des anneaux de schiste dans le voisinage même de
Glozel, à Montcombroux, à Sorbier, sur une hache de Sansat ?
(*Bull. Soc. Émul. Bourb.*, 1925, p. 18-19).

p. 461 : « Si la destination en partie funéraire des objets n'est
plus douteuse après la découverte de deux tombes, il est possible
aussi qu'une intention votive ou magique en ait provoqué l'en-
tassement sur un espace restreint. »

— Le *Times* publie un résumé des travaux de la

Commission. La découverte de la tablette inscrite « a élevé l'authenticité du gisement au-dessus de tout doute raisonnable ».

NOVEMBRE 11. — Bringuier *(Journal)* craint que la Commission ne mette pas fin à la controverse « que cette génération n'épuisera pas ». Labadié *(Quotidien)* remarque que si Fradin avait fait des faux, ses charrois et le remaniement du terrain auraient éveillé les soupçons du voisinage. Yves Guyot *(Journal des Économistes)* dénonce le misonéisme et rappelle l'histoire de Boucher de Perthes.

— Dans l'*Express du Midi*, P. Mesple rend compte d'une conversation avec Begouen. Il regrette que les reporters se soient mêlés de l'affaire. « C'est ce que je disais à mon ami Varigny sur le quai de la gare de Lyon, lorsque j'allais porter au train de Vichy les 33 livraisons du *Mercure* contenant ies articles du Dr Morlet (1). » Il s'exprime ainsi sur les membres de la Commission : « Ils ont vu sortir de terre, sous leurs yeux, certaines pièces de la série de Glozel ? Mais depuis combien de temps les objets sont-ils dans la terre ? Si la Commission a arrêté les fouilles, se déclarant pleinement convaincue, c'est après avoir trouvé certains objets dans une terre plus molle... L'opinion de la Commission était faite : elle se trouvait en présence d'un terrain remanié (2). » Begouen déclare qu'il persiste à croire à la supercherie, tout en admettant la bonne foi de Morlet.

— Ch. de Saint-Cyr (*La semaine à Paris*, p. 7) : « Puisque la Commission a prouvé que Glozel était authentique, quelles sanctions vont être prises contre ceux qui ont mené, avec les procédés que l'on n'ignore plus, l'abominable campagne que l'on sait et ont ainsi tenté de nuire à la pensée et à la science françaises ?... La civi-

(1) Pour qui ce ballot ? Il est bien lourd. — S. R.
(2) Ainsi quelqu'un de la Commission a trahi presque aussitôt la cabale, formée à Glozel ou à Vichy. — S. R.

lisation est née en Occident, sans doute sur le sol de la France : les
Druides en gardaient le secret. »

NOVEMBRE 12. — Les *Débats* publient le résumé d'un
article de Jullian, à paraître dans la *Rev. des Études anciennes*, avec fac-similé altéré de la 1re tablette. L'article est intitulé : « De Glozel aux eaux de Vichy. »
Jullian ose traduire : *Tali(ter) nob(is) l(oquitur) Ax...
ut opitulare(tis) amare, s(ic) n(ova) l(una) c(irca)
cal(endas) april(is) adite Sux(onem) lavatim*. « Ainsi
nous parle AX... Afin que vous vous aidiez à aimer,
faites ainsi à la nouvelle lune, autour des calendes d'avril :
allez au Sichon prendre des bains. »

« Il est possible, ajoute Jullian, que *Suxon* désigne
Vichy même » et plus loin :

« On ne peut encore garantir l'authenticité de l'inscription. Le
faussaire, si faussaire il y a, est un savant d'envergure, connaissant
à fond la langue et les habitudes balnéaires de l'Empire romain et
les arcanes de la paléographie cursive latine. »

[En admettant des abréviations dont il n'y a *jamais* d'exemple,
Jullian se montre peu initié aux dits arcanes. — S. R.].

NOVEMBRE 13. — Le *Temps*, jusque là très réservé,
entre dans la lice en publiant un article de S. Reinach et
un autre de Dussaud.

L'OPINION DE M. SALOMON REINACH

MEMBRE DE L'INSTITUT

M. Salomon Reinach nous apprenait tout récemment qu'il est
allé deux fois à Glozel en 1926 et en 1927, et qu'il a assisté à quatre
longues matinées de fouilles. Jusqu'à sa première visite du champ
des Fradin, il était sceptique. Il nous a même confié, que, dans la
dernière lettre qu'il adressa au docteur Morlet avant de se rendre

à Glozel, il écrivit ceci : « Secouez donc Fradin comme un prunier, pour savoir où il prend ces objets-là!... »

M. S. Reinach a bien voulu nous remettre l'article que voici :

DE BELLO GLOZELICO

Le peu de nouvelles certaines que nous ayons — car les membres de la Commission internationale ont donné un louable exemple de discrétion — permettent d'affirmer d'ores et déjà que ladite commission n'a trouvé aucune trace de fraude ni de truquage à Glozel, mais qu'elle a rencontré, en fouillant dans des conditions qui excluent toute supercherie, des spécimens de presque toutes les séries dont le docteur Morlet et son jeune auxiliaire É. Fradin ont recueilli, depuis 1926, de si nombreux exemplaires. Une éclatante réparation est donc due au docteur Morlet qui, pour avoir entrepris les fouilles à ses frais, pour avoir sauvé un gisement archéologique de la plus haute valeur, pour avoir publié au fur et à mesure — et non, comme tels savants célèbres, dix ans après — ses découvertes, pour s'être montré accueillant envers tous ceux qui voulaient, sans arrière-pensée, assister à ses fouilles, s'est vu traiter de faussaire, de mystificateur, accuser de bluff et de charlatanisme, en un mot bassement insulter par des personnes qui n'avaient rien vu ou n'avaient pas voulu ouvrir les yeux. J'ai recueilli au passage toutes ces manifestations, souvent discourtoises, d'un scepticisme systématique et je compte les publier un jour comme un curieux épisode de l'histoire des recherches archéologiques sur notre sol.

Ce n'est pas le premier, bien qu'il ait été le plus bruyant. Quand Boucher de Perthes, vers le milieu du siècle, découvrait la civilisation de Saint-Acheul, l'homme quaternaire contemporain du mammouth, les géologues de l'Académie des sciences se moquèrent de lui ; il fallut, en 1859, la réunion à Abbeville d'une commission internationale — déjà ! — composée de savants anglais et français dont j'ai encore connu quelques-uns, pour que la grande découverte de Boucher de Perthes ne fût pas ensevelie avec lui.

Quand Lartet et Christy, depuis 1864, révélèrent au monde l'existence d'un art quaternaire dans le Périgord, de sculptures et de gravures en partie admirables, dues à l'homme contemporain du mammouth et du renne, Adrien de Longpérier en France, Lindenschmit en Allemagne, et bien d'autres ailleurs, hochèrent la tête ou crièrent au faux. J'ai encore connu, en 1886, le vieux

Lindenschmit, directeur du musée de Mayence ; bien que les trouvailles se fussent multipliées, il n'en voulait pas accepter une seule et arguait de l'existence de deux faux ridicules pour mettre tout dans le même sac.

Même histoire en 1874, lorsque l'Espagnol Sautuola, ou plutôt sa petite fille, découvrit d'étonnantes peintures quaternaires sur les parois de la grotte d'Altamira, près de Santander. G. de Mortillet, sans y aller voir, les déclara fausses ; sauf en Espagne, personne n'y crut, et il fallut plus de vingt ans, marqués par des découvertes analogues faites en France, pour que l'authenticité de ces œuvres de premier ordre fût reconnue.

Lorsque Piette, à la fin du siècle dernier, découvrit les galets peints du Mas-d'Azil, avec d'incontestables rudiments d'une écriture, — lorsque je publiai la statuette aurignacienne d'une grotte de Grimaldi, — lorsque les fils Begouen constatèrent l'existence, au fond d'une caverne de l'Ariège, d'un groupe merveilleux de deux bisons en ronde-bosse, — mêmes dénégations, mêmes criailleries: On prête à un préhistorien connu cette spirituelle et injuste boutade : « Les bergers d'Altamira ne peignent pas mal, mais les fils Begouen modèlent mieux. »

Ce scepticisme a bien des causes, légitimes ou non. Parmi les causes légitimes, il y a la méfiance à l'égard des faussaires. Ceux-ci ne manquent pas et sont de plus en plus habiles, mais tous copient ou compilent ; ils n'inventent pas, et si, par hasard, ils inventent, ce qui est très rare, ils produisent des choses si grotesques qu'elles ne peuvent tromper personne, comme les inscriptions sanscrites sur os quaternaires du pharmacien Meillet (1864). Il y a encore la crainte de se compromettre par la crédulité, comme si l'on ne se compromettait pas tout autant par le scepticisme ! Mais il y a encore, parmi les raisons moins excusables, l'horreur du nouveau, qui va à l'encontre de ce qu'on enseigne, et quelquefois — pourquoi le taire ? — la jalousie. Celle-ci se manifeste volontiers, dans certains groupes, à l'égard de ce qu'on nomme aux courses les *outsiders*, les savants sans diplômes ni chaires qui n'ont pas le droit d'avoir plus d'esprit ou de chance que les savants prébendés. Il se trouve justement que les chercheurs qui ont constitué, puis immensément enrichi la science des origines de l'humanité — Boucher de Perthes, Lartet, Sautuola, Piette — n'étaient pas des archéologues de profession, et Lartet, qui était géologue et paléontologiste, ne put exécuter ses fouilles mémorables dans le Périgord qu'avec le concours d'un riche chapelier anglais, Henry Christy (1).

Le docteur Morlet a rejoint cette phalange d'heureux amateurs et conservera parmi eux un très haut rang, car il ne s'est pas contenté de découvrir ; il a vu clair du premier coup et n'a pas eu besoin de gens du métier pour le mettre dans la bonne voie. *Inde irae !*

Qu'enseignent, au rebours des doctrines courantes, les fouilles du gisement néolithique *ancien* de Glozel ? Cela peut s'indiquer brièvement :

1° Alors qu'on admettait que la civilisation quaternaire de la Madeleine était morte avec le dernier renne, tuée par l'adoucissement du climat, les fouilles ont montré que, sur les contreforts du Plateau Central, le renne a survécu quelque temps et la civilisation avec lui.

2° Alors que la coexistence du renne et de la céramique passait pour impossible, les fouilles ont montré que les débuts de la céramique, dans cette région, sont contemporains des derniers rennes.

3° Alors que l'on croyait que l'art de la gravure sur pierre et sur os était mort avant l'époque néolithique, on l'y trouve encore, bien que dégénéré, avec les premiers vases, les premières haches mal polies.

4° Alors que l'on croyait que l'imitation des formes humaines en terre cuite ne paraissait pas en Gaule avant l'an mille, on l'y constate au moins vingt siècles plus tôt, sous l'aspect d'idoles aux deux sexes qui n'ont de similaires nulle part ailleurs et de vases à visages dont des exemplaires très perfectionnés, *beaucoup plus tardifs*, apparaissent en Troade et dans l'Allemagne du nord.

5° Alors — et voici la grande nouveauté — qu'on faisait venir de l'Orient méditerranéen après l'an mille les rudiments d'écritures linéaires en Gaule et en Espagne, les fouilles ont prouvé que, sur le point exploré, l'écriture linéaire sur terre cuite et sur pierre, sans aucun vestige d'emploi du métal, était déjà très développée vers 3000 à 4000 avant notre ère. Les tablettes de Glozel, dont l'une contient plus de 100 caractères, sont contemporaines des plus anciennes inscriptions d'Égypte et de Chaldée, sinon plus

(1) [On a reproché à l'auteur de n'avoir pas nommé ici Émile Cartailhac. Mais cet excellent homme, qui fut un « animateur », n'a jamais rien découvert ; tant en France qu'en Espagne, il a passé à côté de grandes découvertes sans en faire lui-même. — S. R.]

vieilles, et ne leur doivent absolument rien. En revanche, les 120
ou 130 signes de cette écriture comprennent, à côté de beaucoup
qui sont tout nouveaux, presque tous ceux des écritures ibériques,
phéniciennes, grecques, italiques, etc. (Cet *etc.* est indispensable,
car il faut penser aussi aux écritures de Libye, de Chypre, de Crète,
peut-être même du nord de l'Europe.) Force est donc de se demander si l'alphabet dans lequel j'écris ces lignes ne serait pas d'origine
occidentale, hispano-gauloise, et non orientale, c'est à dire syro-
phénicienne.

Bien que ces conclusions étonnent et scandalisent, elles ont été
en partie prévues, sur de faibles indices, par des hommes que les
savants en *us* qualifiaient d'amateurs téméraires, à savoir Estacio
de Veiga et Ricardo Severo au Portugal (1891, 1904), Piette
en France (1896), Wilke en Allemagne (1912). Piette, surtout,
s'autorisant des signes graphiques découverts par lui au Mas-
d'Azil et de ceux — bien rares — qu'on avait remarqués depuis
Lartet (1865) sur des objets quaternaires, avait pressenti avec un
véritable génie divinatoire que les Phéniciens furent les classifi-
cateurs, les abréviateurs, les propagateurs, mais non les créateurs
de l'alphabet, qu'ils surent extraire, pour les besoins de leur commerce, de l'ensemble confus des écritures linéaires nées dans l'ouest
méditerranéen, les 22 signes qui ont fait une si grande fortune.
Ces écritures descendent, par voie de développement, des rudiments
de l'art d'écrire à l'âge du renne. Cette magnifique civilisation
du Périgord et des Pyrénées a pu être étouffée, en Gaule et en Espagne, par des invasions venues du nord, mais ses conquêtes essen-
tielles se sont conservées près de la grande mer intérieure, ont
voyagé vers l'est et ont été rendues bien plus tard à nos rivages
par les marins phéniciens et grecs. L'histoire connaît de ces chocs
en retour.

Il résulte encore de ce qui vient d'être exposé une conclusion
contraire aux idées reçues : la civilisation de l'âge du renne en
Gaule n'appartient pas au huitième ou au dixième millénaire
avant notre ère, mais à une époque bien plus récente, puisqu'on
en discerne si nettement les survivances au début du néolithique
(vers 4000). A Glozel, où il y a des vases de terre, non de cuir, la
civilisation est déjà, en partie du moins, sédentaire, et cela con-
corde avec la chronologie babylonienne, conservée par la *Genèse*,
qui place entre 4000 et 5000 l'origine de la civilisation, passant
peu à peu du nomadisme à la fixité.

Résultats grandioses ! Chapitres nouveaux de l'histoire ! Qui ne voudrait avoir été insulté et honni comme le docteur Morlet pour les avoir écrits ou du moins suggérés par ses découvertes ? L'immortalité s'est souvent achetée plus cher.

Salomon Reinach.

L'OPINION DE M. RENÉ DUSSAUD

MEMBRE DE L'INSTITUT

M. René Dussaud a déjà fait connaître son avis sur Glozel dans une étude, publiée en brochure, dont les conclusions contestent nettement l'authenticité du gisement. L'éminent épigraphiste a bien voulu consentir à résumer pour nous l'exposé de sa thèse dans la déclaration qu'on va lire :

DÉCLARATION DE M. RENÉ DUSSAUD

En ce moment, le mieux serait d'attendre la publication des travaux de la commission internationale, qui vient de quitter Glozel, *et dont les conclusions réservent peut-être des surprises au public* qui a lu les manchettes sensationnelles des journaux et entendu les appels indiscrets de la T. S. F. Je ne puis cependant résister aux aimables sollicitations du *Temps*.

D'ailleurs, comme la Commission internationale ne compte aucun épigraphiste, j'ai toute liberté pour me mouvoir sur le terrain des écritures où je voudrais me cantonner. Je connais le texte de la réponse qui sera faite dans le *Mercure de France* du 1er décembre aux déductions épigraphiques de ma brochure *Autour des inscriptions de Glozel*. Cette réponse n'apportera que plus de précision à ma thèse que les caractères phéniciens de Glozel, tirés des vingt et une premières tablettes, ont été empruntés à l'alphabet phénicien récent, du type d'Eschmounazar (cinquième siècle avant Jésus-Christ), que certains caractères archaïques ne sont apparus que postérieurement et qu'enfin, lorsque l'écriture phénicienne du treizième siècle avant notre ère a été connue de l'éditeur des tablettes, le numérotage des signes glozéliens a été bouleversé et l'on a affirmé que l'écriture glozélienne était encore plus voisine de l'alphabet d'Ahiram (treizième siècle) que de l'alphabet d'Eshmounazar. Or, sur ce dernier point notamment, la réponse en question est inopérante.

Ma démonstration touchant la fausseté des tablettes glozéliennes reste donc entière ; elle est même renforcée par la précieuse adhésion de presque tous les épigraphistes français. Je ne citerai, car elle les résume toutes, que l'opinion d'un éminent spécialiste au savoir aussi profond qu'étendu, M. Isidore Lévy, professeur à l'École des hautes-études (Sorbonne) : « Démonstration décisive ; la cause est entendue. »

Le public qui, contrairement à l'avis de certains augures, garde par-dessus tout le goût des choses de l'esprit, se demande comment d'autres savants professent une opinion contraire. Cela tient uniquement, dans le cas présent, à une différence de méthode.

Une école, celle de l'esprit géométrique, accepte pour authentique ce qu'elle ramasse dans la terre et, quel que soit l'objet trouvé, elle généralise au point d'admettre pour indiscutables, sans examen, les 3.500 pièces qu'on lui présente. Une telle prétention ne se comprendrait que si les fouilles avaient été conduites, dès le début, d'une manière impeccable ; mais tel n'est pas le cas.

La seconde école considère les objets en eux-mêmes et les étudie — ou demande à les étudier. Elle les suspectait si peu au début que nombre de ses tenants ont d'abord plus ou moins admis l'authenticité des séries glozéliennes. On le leur reproche à tort aujourd'hui. Partis d'horizons différents et ayant suivi des voies indépendantes, les partisans de la seconde école, préhistoriens, spécialistes dans l'étude du terrain, épigraphistes, ont tous été conduits par leurs investigations à reconnaître une masse imposante de pièces fausses.

La même question de méthode a soulevé, en 1872-1877, les discussions sur les *Moabitica* ou antiquités soi-disant trouvées dans le pays de Moab. Le gouvernement prussien, qui avait acquis un premier lot de 1.700 pièces, envoya sur place un délégué pour mener les fouilles de contrôle et vérifier si les tablettes à inscriptions, les statuettes et vases en terre cuite, qu'on disait provenir du pays de Moab, s'y trouvaient réellement. A trois reprises le délégué prussien entreprit des fouilles et retira de ses mains, dans un terrain qui ne lui parut pas remanié, tablettes, statuettes et vases en terre cuite. Le consul d'Allemagne à Jérusalem fit à son tour la même expérience qui réussit parfaitement. Cependant, on sut, quelques années après, qu'un simple Arabe, sans instruction, Selim el Qari, avait fabriqué de ses mains à Jérusalem toutes ces pièces et toutes ces inscriptions. Dès le premier jour, Clermont-Ganneau avait décélé le faux en s'appuyant sur l'épigraphie.

L'habileté des faussaires rend de plus en plus difficile le métier d'archéologue. On peut le constater sans verser dans l'excès qui pousse à tout suspecter. Ce dernier état d'esprit n'est pas le mien, puisque j'ai sur la conscience d'avoir publié jadis un objet faux, imitation en terre cuite d'un poids bilingue assyrien et araméen. Je l'avais acquis à la vente d'un savant étranger. En 1908, je le montrai à Salomon Reinach en lui confiant mes doutes.

« Pourquoi, me dit-il, voulez-vous qu'on se soit amusé à fabriquer une pièce pareille ? Faites-moi un article que je publierai dans la *Revue archéologique*. »

Ce qui fut dit fut fait ; mais l'objet n'en demeura pas moins faux, ni moins vive mon admiration pour le savant directeur de la *Revue archéologique*.

J'ai, personnellement, si peu la hantise du faux que, récemment, j'ai déclaré authentique une inscription phénicienne gravée sur la statue du pharaon Osorkon Ier, bien que cette inscription ait été considérée comme fausse depuis près de vingt ans.

A cette occasion, j'ai pris mes responsabilités, d'abord en publiant le texte phénicien dans la revue *Syria*, puis en faisant acquérir le monument par le musée du Louvre. Est-ce trop demander qu'on en use de même avec les textes de Glozel et que ceux qui affirment leur authenticité les publient dans la *Revue archéologique* et les fassent acquérir par le musée de Saint-Germain ?

René Dussaud.

— Dans le *Svenska Dagbladet*, le professeur Nerman, qui a vu Fradin et le musée de Glozel, conclut en faveur de l'authenticité des trouvailles, tout en regrettant le manque d'un journal de fouilles. Il est favorable à la thèse de l'origine occidentale de la civilisation et signale des analogies scandinaves avec les objets de Glozel.

NOVEMBRE 14. — Les *Débats* publient une lettre d'Audollent, datée du 5, qui rectifie une erreur de la brochure de Dussaud (p. 43, note 1). S'il n'a pas signé de procès-verbal, c'est qu'il a cru que le nom d'Espérandieu suffisait. « L'exploration de la tombe m'a paru faite en toute loyauté. »

NOVEMBRE 15. — Dans le *Mercure* de ce jour, Morlet relate les fouilles de contrôle de l'année 1927 ; 21 avril, en présence d'A. Mallat et du Dr Michon ; 5 mai, avec Labadié ; 19 mai, avec Loth ; 21 juin, avec Espérandieu et Audollent; 19-20 juillet, avec S. Reinach, Espérandieu, Chaillan, Albert et Marc Déchelette, Alex. de Laborde, Butavand, Mosnier ; 21 juillet, avec Depéret, Arcelin, Björn ; 11 septembre, avec Correa, Mayet ; 25 septembre, avec Peyrony, Tafrali, Solignac, Verne.

Au printemps de 1927, Morlet avait voulu creuser une grande tranchée transversale ; il dut abandonner ce projet pour les explorations en terrain vierge au gré des archéologues venus à Glozel. Depuis le 31 juillet, les savants venus pour des fouilles de contrôle ont rédigé des rapports.

— Van Gennep (*Merc.*, 15 nov., p. 209) répond à Dussaud et à Vayson, qui raisonnent de même, avec cette différence que l'un est amer et méchant, l'autre méchant et violent (p. 211). L'auteur répète qu'au delà du terrain dénudé il y a un terrain boisé ; si la couche archéologique continue sous les arbres, que diront les sceptiques ?

Van Gennep accuse Dussaud de vouloir jeter de la poudre aux yeux : 1º en usant d'anecdotes arrangées comme de preuves ; 2º en n'utilisant qu'un article de journal favorable à sa thèse sur une trentaine ; 3º en ne citant qu'une partie des pièces du procès, alors que les autres sont imprimées dans le *Mercure* ou ailleurs.

— Le même écrit encore (*Merc.*, 15 nov. p. 214) : « Dès le début, les partisans de Glozel ont été traités par Begouen et autres de naïfs, d'imbéciles, de fumistes, d'arrivistes, de réclamistes, de faussaires, en termes soigneusement méchants et polis. Quand nous nous sommes défendus, nos harceleurs se sont posés en victimes et ont crié que nous les injurions. » [C'est la vérité même. — S. R.]

— Audollent (*Merc.*, 15 nov. 1927, p. 213) fait valoir que dans un hameau de quatre maisons on n'aurait pas pu préparer des milliers de faux ni les transporter d'ailleurs sans éveiller l'attention des voisins.

— J. Lefranc *(Tribune de Genève)* répète ce propos d'un savant : « Il y a des savants, de vrais savants, dont l'ambition est de démolir les monuments scientifiques si péniblement édifiés. » [Et quand ce sont des châteaux de cartes ? — S. R.]

NOVEMBRE 16. — C. Jullian résume dans les *Débats* son sentiment sur Glozel :

Le gisement original est authentique — débarras de sorcier ou de prêtresse sorcière. La date n'est plus, à son avis, le IIe ou le IIIe siècle, mais la fin du IVe, à cause des formes de lettres et de noms barbares qui ne peuvent être du Haut-Empire. La présence des objets préhistoriques s'explique comme talismans et fétiches. L'absence du métal est le propre de certains dépôts magiques (1) ; d'ailleurs, on n'a pas encore trouvé le sanctuaire central. Les poteries sont des vases de circonstance, fabriqués par les dévôts avec l'argile du lieu. Les figurations d'animaux sur les poteries sont d'un style qui rappelle les poteries romaines de l'Auvergne (2). Quant aux briques, Jullian a pu déchiffrer les briques trouvées à l'origine (3) ; c'est de la paléographie latine cursive où l'on retrouve toutes les lettres de l'alphabet latin sauf *z* et *r*. Les mots sont de la langue populaire latine ; les formules sont celles qu'on peut attendre dans un rendez-vous magique : recette pour se faire aimer, pour favoriser l'accouplement, plusieurs pour nouer ou dénouer les aiguillettes, pour invoquer ou chasser les démons (4). « Je tiens à la disposition des érudits, outre les inscriptions que j'ai publiées ailleurs, la lecture de celles que je n'ai pas encore données. » Vers avril ou mai 1926, je déclarai fausses les deux grandes inscriptions (*Rev. études anc.*, 1926, p. 362 ; 1927, p. 210) ; on avait calqué ou moulé les lettres de textes authentiques (5). Depuis le

(1) Aucun texte ne confirme cette assertion. — S. R.
(2) Mille fois *non* . — S. R.
(3) Personne n'en a déchiffré une ligne. — S. R.
(4) Pas une de ces assertions ne soutient l'examen ; ce sont des rêves. — S. R.
(5) Même observation. — S. R.

printemps de 1926, les faux se sont multipliés (*ibid.*, 1927, p. 392). « Pour la science française », Jullian adjure ceux qui savent la vérité de la dire. « Mais je ne veux pas insister, ayant résolu, dès le début, de m'occuper des objets et non des hommes (1)... J'ignore et aime mieux ne pas savoir dans quelles circonstances et à quelle époque les faux ont été éxecutés. »

— Boule déclare *(Temps)* qu'il ne croit pas à l'authenticité de tous les objets découverts à Glozel, le seul qu'il lui ait été donné d'examiner étant faux. Morlet lui ayant apporté le galet avec l'image d'un renne, il trouva un enduit — gélatine ou colle forte — au creux d'un trait de la gravure ; puis il montra le renne de Brehm à Morlet. Celui-ci le pressa en vain de venir à Glozel. « Le certain, dit-il, c'est que le galet qu'il a soumis à l'épreuve du microscope est faux. »

— On écrit de Norvège à Morlet : « Il y a malheureusement aussi ici des savants qui veulent se débarrasser d'un problème gênant en alléguant des faux. »

— Depéret, à l'Académie de Lyon (*Matin* du 17), dit que Glozel est un cimetière à crémation d'une date voisine du magdalénien. Des disques et anneaux de schiste ont été trouvés antérieurement dans l'Allier. — Germain de Montauzan et Appleton ont répliqué qu'il fallait comparer les inscriptions de Glozel aux tablettes de Pompéi ou de Transylvanie [avec lesquelles elles n'ont pas le moindre rapport. — S. R.]

NOVEMBRE 18. — Dans la *Dépêche de Vichy*, A. Regimbal raconte les fouilles de là Commission qui a semblé *ahurie* de ses trouvailles.

(1) Comme il n'y a pas de faux sans faussaires, ce principe ne peut s'appliquer ici. — S. R.

— Ch. Bruston, ex-doyen de Montauban, écrit aux *Débats* que C. Jullian a bien raison de voir du latin dans le document publié par le journal le 12 novembre ; mais il faut lire : *init nobis nox... ut opituletur tibi ibi, amate,* ce qui veut dire : « Pour qu'assistance te soit accordée dans cette nuit, aimez ! » ce qui est bien conforme à l'enseignement des apôtres que la charité couvre une foule de péchés (1).

NOVEMBRE 19. — Labadié, dans l'*Illustration,* publie la brique trouvée (et en partie gâtée) par l'abbé Favret.

— Morlet envoie aux *Débats* la transcription de la tablette mal copiée par (ou pour) Jullian (voir 12 nov.). Le journal déclare que Jullian maintient intégralement ses lectures.

— S. Reinach écrit aux *Débats* : « Il ne sert de rien de dire : *Je n'accuse personne,* quant on accuse nettement Morlet d'être un faussaire. Quant aux lectures de Jullian, elles ne peuvent provoquer que la stupeur, accrue par la fantaisie de la transcription, où l'on trouve le B, aussi étranger à l'écriture de Glozel qu'à celles de l'Étrurie et de l'Ibérie... Pas un mot de la transcription, pas un mot de la traduction ne peut soutenir l'examen. *Ipsi sibi sommia fingunt,* dit Virgile. »

— Nourry (Saintyves) écrit au *Mercure* (1er déc. 1927, p. 459) pour annoncer l'envoi de sa brochure : *Mes deux visites à Glozel.* Dès le 27 juin, il avait écrit une lettre confidentielle à Espérandieu pour lui exprimer ses inquiétudes et lui dire qu'il croyait utile de laisser le champ libre au faussaire qui s'enhardirait au point de produire des faux indiscutables (2). Le 12 novembre, Espérandieu lui écrivait encore pour tenter de l'enrôler sous les drapeaux de l'orthodoxie glozélienne. « Je crains fort pour lui que son attitude ne lui attire pas de gloire. »

NOVEMBRE 20. — Dussaud écrit *(Débats)* que Jullian avait obtenu des « résultats remarquables » sur les tablettes de Glozel jusqu'au milieu de 1926, puis plus rien; donc, ce sont des faux. Mais c'est que l'Esprit de Glozel, prévenu que Jullian appliquait

---

(1) Reproduit ici pour fortifier l'élément comique dans ces *Éphémérides.* Cf. *Mercure,* 15 fév. 1928, p. 225.

(2) Il est impossible d'interpréter ainsi cette lettre. — S. R.

« les ressources de la cursive latine » avec succès, abandonna les signes « dont l'imprécision favorisait l'hypothèse » de Jullian. Il dit encore que Boule vient de donner « la démonstration définitive » de la fausseté du renne, dont le dessin, emprunté à Gazier, est accompagné des lettres STX, « inscription nécessairement fausse, puisque sur un objet faux ». — « En mettant en évidence la transformation que subit l'écriture de Glozel, l'éminent savant a rendu à la vérité le plus éclatant service (1). »

— Vayson *(Temps)* répète ses erreurs habituelles, avec cette addition : « Depuis trois jours, je crois avoir la source des idoles bissexuées ; elle est dans une figure de la *Revue gynécologique* de nov. 1925 (fig. 4), reproduisant un faux hermaphrodisme d'après Simpson et que l'on peut comparer avec celle du *Mercure* du 15 oct. 1927 (fig. 3). Il y a des analogies trop caractéristiques pour être accidentelles (2). »

— Espérandieu écrit à Franchet qu'à son avis on n'a pas trouvé de verre à Glozel. « Les menus fragments de ce pseudo-verre sont une matière organique et rien de plus. Les larmes bataviques sont de la pierre, peut-être de l'opale (?) ». Sur quoi Franchet (*Rev. scient.*, déc. 1927, p. 751), dit que cela eût pu être vérifié en quelques minutes et regrette qu'Espérandieu ne lui ait pas envoyé d'échantillons.

— L'abbé Moreux *(Petit Journal)* ne doute pas de l'authenticité, mais place les écritures de Glozel en 8000. « L'écriture datant de l'âge du renne est bien le plus plaisant cadeau que nos préhistoriens puissent recevoir pour leurs étrennes. »

— Dans la *Dépêche de Toulouse*, Homodei (Huc) débite des faussetés sur l'histoire de la tiare de Saïtapharnès et conclut : « Doutez de tout, ne doutez de rien ; c'est une double formule, plus philosophique qu'elle n'en a l'air et qui est pour mettre d'accord les belligérants de Glozel. »

NOVEMBRE 21. — Morlet répond dans le *Temps* aux propos de Boule touchant le galet au renne ; le

(1) Au point de vue scientifique, ceci est peut-être ce qu'on a écrit de pire au cours de toute l'affaire. — S. R.

(2) Vérification faite, cette prétendue analogie est inexistante ; il n'y a pas même l'ombre d'un rapport. — S. R.

microscope n'était qu'une loupe à pied ; jamais il ne fut question de gélatine ou de colle forte. « S'il avait cru à un faux dès le printemps de 1926, pourquoi M. Boule aurait-il attendu la fin d'octobre 1927 pour le proclamer tout à coup dans les journaux ? »

.NOVEMBRE 22. — S. Reinach répond à Dussaud *(Débats)*. Ce qu'on prête à Boule n'a pas de sens ; Dussaud, qui croit la méthode de Jullian « inopérante », trouve qu'elle a donné des résultats « très remarquables », ce qui n'a pas de sens non plus. Enfin, l'hypothèse du faussaire, gravant du charabia quand il s'aperçoit qu'on explique ses tablettes par le bas-latin, est effarante. « C'est peut-être moi, après tout, qui ai tort ; alors, je suis bien fou. Mais si je suis dans le vrai ? Alors, ce sont les autres. »

— Dussaud écrit dans le *Petit Méridional* de Montpellier :

« Le gisement de Glozel n'a jusqu'ici été authentifié que par les manchettes des grands journaux parisiens. La Commission n'a rien dit et n'a chargé personne de parler en son nom... Les séries glozéliennes et notamment les tablettes à inscriptions sont des produits récents. La plupart de ces pièces n'ont jamais été mises en terre ; elles ont été directement posées sur les étagères du Musée. On n'a truqué le terrain qu'au fur et à mesure et pour les nécessités des fouilles de contrôle. Dans tous les exemples de fouilles truquées, les fouilles de contrôle ont toujours réussi. C'est pourquoi j'ai demandé non qu'on fît des fouilles, mais qu'on soumît les objets à l'étude des savants dans leur laboratoire... Je ne me considère nullement comme infaillible. J'ai tenu, au contraire, à éprouver une démonstration épigraphique en Comité secret. Les adhésions formelles que j'y ai recueillies me permettent de croire que je ne me suis pas trompé. D'ailleurs, la confirmation ne s'est pas fait attendre ; elle est telle que je ne pouvais la désirer plus éclatante. M. Marc. Boule vient de démontrer que le décor qui orne un galet découvert à Glozel est manifestement récent. Ce décor comporte une figure de renne copiée sur le Dictionnaire Gazier, mais aussi une inscription STX. Voilà donc une inscription indubitablement fausse et mes déductions épigraphiques vérifiées. »

— Le comte de Bourbon-Busset, habitant d'un château près de Glozel et enfant du pays, a écrit à Chassé que Morlet et les Fradin étaient au-dessus de tout soupçon.

NOVEMBRE 23. — S. Reinach écrit au *Temps*, en réponse à Vayson, qu'il n'y a aucune analogie entre les idoles bissexuées et la gravure publiée par la *Revue gynécologique*... « Cette campagne de dénégations est un péché contre l'Esprit. »

— Le Dr Morlet, à Lyon, présente les pièces provenant des dernières fouilles au doyen Depéret et aux professeurs Roman, Mayet et Arcelin. Les galets sont fort semblables à ceux que Mayet a recueillis à La Colombière, Ain (*Progrès de Lyon*, 24 nov.).

— A la Chambre, Ferd. Bougère ayant protesté contre les dégradations dont souffrent les monuments, le ministre Herriot lui répond que l'art des graffites est extrêmement ancien, puisqu'il remonte à l'époque glozélienne *(rires)*.

NOVEMBRE 24. — Jullian publie, dans le *Petit Journal*, un article sur les caractères simples ou liés de l'alphabet de Glozel.

— Espérandieu écrit au *Petit Méridional* (Montpellier) :
« Je prends à mon compte la phrase de M. Labadié : « L'authenticité du gisement de Glozel est plus que mathématiquement sûre ; elle est ouvrièrement sûre », car aucun de ceux qui ont participé, comme je l'ai fait pendant sept jours, à des fouilles de contrôle, ne peut avoir à cet égard le moindre doute... Il n'est pas une assertion des contempteurs de Glozel qui n'ait été combattue victorieusement. Tout est tendancieux ou inventé dans ces assertions, et c'est bien ce que je vois de plus triste dans cette affaire... Quant à la recrudescence des attaques passionnées auxquelles nous assistons, il n'est pas bien difficile d'en soupçonner la cause. Il suffit de se souvenir que la Commission de contrôle n'a pas encore déposé son rapport. »

— Le *Temps* publie une entrevue de Loth. « La supercherie est impossible. Dire le contraire est un véritable défi au bon sens... Le paléontologiste qui a traité un galet de faux a eu le tort de ne pas aller à Glozel. Il aurait pu constater que, par suite de la composition de la terre, il se dépose fréquemment, sur les objets, une sorte d'enduit organique. »

— Un anonyme publie dans l'*Animateur* (p. 8) des dessins rupestres de Tiout et conclut : « Les civilisations ont pu marcher de l'Ouest à l'Est, comme le démontre l'alphabet glozélien, antérieur à celui des Phéniciens. »

— J. Reid Moor *(Times)* écrit que l'hypothèse de 3000 faux enterrés ne serait admissible que si l'auteur de la mystification était un fou.

LES FAUX TÉLÉGRAMMES

Le *Télégramme* de Toulouse a publié dans le numéro daté du 25 novembre courant l'information que voici :

Paris, le 24 novembre. — On mande de Porto que le professeur Mendes Correa avait rapporté de Glozel un certain nombre d'objets pour études. L'analyse chimique à laquelle ont été soumis les os a démontré que ceux-ci avaient conservé toutes leurs matières organiques, gélatine et graisse, et ne présentaient aucune trace de minéralisation ou de fossilisation. Ils ne seraient donc pas anciens.

Ce télégramme, qui est un faux, a été suivi dans le journal toulousain du commentaire suivant.

Dès réception de cette nouvelle, nous avons été demander à notre ami le professeur Begouen ce qu'il en pensait.

« Je connaissais le fait, nous a-t-il répondu, et il ne me surprend pas. Dès le début des discussions sur Glozel j'avais insisté sur l'état de conservation des objets en os, absolument incompatible avec le long séjour que l'on prétendait qu'ils avaient fait en terre, et voici plus d'un an que je réclamais une analyse chimique, que le docteur Morlet s'était toujours refusé à autoriser. C'est pour vaincre ses résistances en créant un courant d'opinion dans le monde savant que je me suis décidé à publier le cas du crâne de panthère de notre musée, avec la note si précise et si concluante de M. Astre. Mon but a été atteint, car j'ai décidé mon excellent ami Mendes Correa à procéder à cette analyse. Il l'a faite, et avec sa grande loyauté, il n'a pas hésité à me faire connaître un résultat qui est de nature à ruiner la thèse, qui lui est chère, de l'authenticité du gisement. Il cherche une explication, mais je crois pouvoir assurer qu'il n'en trouvera pas. La conservation des matières organiques dans les os est une preuve absolue que ceux-ci ne remontent pas à l'époque néolithique.

« Nous ne tarderons pas d'ailleurs à connaître bientôt le résultat des travaux de la Commission qui ont trait justement en ce moment à des analyses chimiques.

« Je répéterai à ce sujet que c'est à tort que certains journaux prétendent connaître l'opinion de ses membres. Le secret le plus absolu a été gardé par eux, et les propos que l'on prête à quelques-uns d'entre eux, ou bien sont inexacts, ou bien sont mal interprétés. Je suis autorisé à le déclarer.

« Je ne sais rien, mais je n'en suis pas moins convaincu que la Commission ne pourra pas proclamer l'authenticité du gisement.

J. D.

Le commentaire dû au fabricant de la dépêche aggrave son cas, car Mendes Correa n'a rien « fait connaître » à ce fabricant, comme on le verra plus loin. Mais voici qui est encore pire :

Le *Journal des Débats*, dans le numéro daté du 26 novembre, qui parut à Paris le soir du 25 novembre, publiait de son côté les lignes suivantes :

Porto, le 21 novembre. — Le bruit court dans les milieux scientifiques de notre ville que les os rapportés par le professeur Mendes Correa de ses fouilles de Glozel ont été étudiés et analysés par le laboratoire de notre Université.

Ces os auraient conservé toutes leurs matières organiques, graisse et gélatine, et ne présenteraient aucune trace de fossilisation. Ils seraient donc modernes. *(De notre correspondant.)*

Ce télégramme est un faux sorti de la même officine que celui qui parut à Toulouse.

NOVEMBRE 26. — Espérandieu écrit au *Temps :* « Une campagne frénétique est menée en ce moment ; il s'agit d'influencer les membres de la Commission. De là certains articles outranciers dont, pour ma part, je ne crois pas un seul mot. L'accusation contre le jeune Fradin est ridicule. Pour la fabrication de cette masse d'objets, une véritable usine eût été nécessaire... On a parlé de tombes creusées en tunnel, mais a-t-on réfléchi qu'il n'y a pas une seule grosse pierre non employée dans le champ Fradin ? Il eût fallu apporter d'assez loin les matériaux, et cela au vu de tout le monde... Il y a des erreurs, voulues ou non, qui sont à redresser. J'ai l'habitude des recherches archéologiques et la surdité qu'on m'a reprochée ne m'empêche aucunement de voir clair. J'ai la conviction absolue que tout est parfaitement authentique. La vérité, malgré tout, finit par prévaloir. »

— Le Dr Baudouin *(Progrès médical)* fait de Glozel une station en plein air de l'âge du cuivre, avec sanctuaires souterrains ; l'alphabet serait *atlantidien.*

NOVEMBRE 27. — M. L. Marin, président de l'Institut international d'anthropologie, déclare dans différents journaux qu'il ne peut ni infirmer ni confirmer les articles publiés dans la presse au sujet de Glozel. La Commission, procédant actuellement à des recherches complémentaires (1) et à la rédaction de son rapport, publiera celui-ci au début de décembre dans la *Revue anthropologique,* organe de l'I. I. A.

— Pendant toute la soirée, Peyrony, à Glozel, pose à Émile mille questions insidieuses et examine les livres qu'il possède, affirmant savoir de bonne source [par M. Augustin Bernard] qu'il possède des livres de sorcellerie *(Dépêche de Vichy* 20 décembre.

— Butavand, ingénieur en chef des Ponts et Chaussées, écrit au *Temps* que, comme dans le cas de billets de banque faux, il est indispensable de découvrir l'atelier du faussaire. Or, on n'a rien trouvé de tel.

(1) Ce n'était pas vrai. — S. R.

NOVEMBRE 28. — On constate qu'un télégramme, daté de Paris 24 novembre, donnant des informations intentionnellement fausses sur l'analyse d'un os de Glozel par Correa, a paru dans le *Télégramme* de Toulouse avec un commentaire triomphant de Begouen, puis le soir dans les *Débats* comme télégramme de « notre correspondant » à Porto. Morlet écrit à ce sujet au *Temps* (28 nov.) pour communiquer les passages de deux lettres adressées à lui par Correa sur cette analyse. Le total de 27,4 % comprend la matière organique, plus l'humidité, alors que, dans les os frais, l'osséine seule figure pour 30 à 40 %. La preuve est déjà faite que l'os n'est pas moderne. — A la suite, le *Temps* publie une lettre de S. Reinach : « Il semble que l'auteur et le commentateur du *Télégramme* soient difficiles à distinguer... M. Correa n'a nullement dit ce qu'on lui fait dire... Je crois inutile de formuler une appréciation sur le procédé employé pour peser sur les membres de la Commission. »

— Peyrony écrit à Correa demandant des précisions sur son analyse.

Pittard fait de même quelques jours après.

— Correa écrit de Porto au *Télégramme* que les informations adressées de Paris au sujet de l'analyse des os de Glozel sont inexactes.

NOVEMBRE 29. — Depéret écrit au *Temps* relatant ses fouilles à Glozel, rappelant les antécédents magdaléniens de l'écriture glozélienne, dont Alvao a livré des spécimens plus tardifs, examinant et réfutant les objections (tunnel, présence d'un vide entre la dalle

latérale d'une tombe et la paroi argileuse, manque de
patine des sillons d'une gravure sur galet). Conclusion :
« Il ne reste rien des faits annoncés par les détracteurs
de Glozel. Quant aux déductions psychologiques, elles
dénotent chez leurs auteurs une imagination très vive,
mais sans aucune portée scientifique. »

NOVEMBRE 30. — S. Reinach reçoit de Correa
le télégramme suivant qu'il envoie au *Temps* :
« Ai télégraphié protestation *Débats*. Pas chargé
Pierre Paris transmettre Begouen résultats non défi-
nitifs. Mendes Correa. »

[C'est en effet M. Pierre Paris, directeur de l'Institut français
à Madrid, qui, ayant causé avec Correa d'une question qui lui
est tout à fait étrangère, en a indiscrètement avisé Begouen en
passant par Toulouse ; puis Begouen fabriqua les deux télégrammes. — S. R.]

— Dans le *Temps*, deux lettres de Begouen :
1º La Commission s'est renfermée « dans un silence
farouche » ; mais il est fâcheux que la presse ait été
admise sur le champ des fouilles.
2º Mis en cause par S. Reinach, Begouen avoue que
la paternité de la nouvelle [les deux télégrammes frau-
duleux] et le commentaire du *Télégramme*, sont de lui.
« Fort loyalement, M. Correa m'avait fait prévenir du
résultat d'une analyse qui le surprenait... Il ne m'avait
pas demandé le secret. » [Ce n'est pas exact ; Begouen n'a
rien reçu de Correa, mais a bavardé avec P. Paris.] Il
estime trop les membres de la Commission pour admettre qu'ils aient pu subir une influence, même du fait

« de la scandaleuse campagne menée par la presse »,
alors que la Commission se renfermait « dans un mu-
tisme farouche ». Il repousse avec énergie l'appréciation
qui termine la lettre de S. Reinach [elle est beaucoup
trop douce. — S. R.]

— George Engleheart écrit au *Times* que le grand nombre des
trouvailles de Glozel est une cause de suspicion. Il y a beaucoup
de répliques des formes les plus faciles à imiter. Des dessins des
vases « à chouette » et des tableaux d'alphabets archaïques se
trouvent dans tous les manuels.

— La *Nation* de New-York intitule un spirituel article : « La
guerre de Glozel » ; il débute ainsi :

« Dans cette haute, calme région où les hommes de science
poursuivent la vérité éternelle, la guerre a éclaté ; c'est une guerre
de l'âge de la pierre. Les savants français combattent avec acharnement et, comme dans toutes les guerres françaises, l'aire de la
guerre s'étend à travers toute l'Europe. Le Serajevo de cette guerre
mondiale est Glozel. »

SANS DATE PRÉCISE

José Teixeira Rego, *Os alfabetos de Alvao e Glozel*
(vol. III, fasc. 3 des *Trabalhos dà sociedade Portugueza
de Antrop. e Etnol.*, Porto, 1927, avec résumé en français.)

Glozel est indubitablement authentique, en rapports étroits
avec Alvao. L'auteur ne pense pas, comme Correa, que l'alphabet
d'Alvao ressemble plus à l'ibérique que celui de Glozel. L'écriture
alphabétique paraît dès le magdalénien. Les signes linéaires trouvés en Égypte depuis la 1re dynastie, quelques caractères proto-
élamites, même les caractères chinois archaïques dérivent des
alphabets néolithiques occidentaux, qui ont leur origine commune
dans les signes magdaléniens.

* * *

DÉCEMBRE 1927

DÉCEMBRE 1. — Dans le *Mercure* de ce jour
(p. 257-293), Morlet montre les erreurs et les audacieuses
contre-vérités de la brochure de Dussaud. La brochure
supprime quelques inexactitudes du résumé publié par
le *Journal*, mais en ajoute d'autres ; ainsi il n'est plus
question du B de Glozel, sinon que Dussaud déclare
qu'il ne comprend pas l'argument de S. Reinach.
Mais il écrit : « Morlet reconnaît lui-même qu'aucune
fouille n'a été plus mal conduite », et c'est là le comble...
de la bonne foi. La partie épigraphique, qui prétend
mettre en évidence les sources imprimées des faux, est
un tissu d'erreurs. Dussaud attribue à Morlet l'usage de
livres qu'il n'a jamais vus ou qu'il n'a vus qu'en 1926.
Il prétend que les galets aux cinq points ont été fabriqués après l'envoi de *Portugalia*, alors que Leite a constaté que les galets étaient là avant que Morlet eût entendu parler de *Portugalia*. Il nie que Fradin ait trouvé
une tablette avec signes phéniciens un an avant l'intervention de Morlet, alors que précisément cette tablette servit aux hypothèses de Saint-Hillier. Morlet établit (p. 277) que les signes de l'écriture d'Ahiram
étaient dans l'alphabet de Glozel avant la publication
de Contenau. Dire que les caractères ibériques n'ont
apparu à Glozel qu'après l'envoi de *Portugalia* est un
autre mensonge. L'histoire de la fouille de la deuxième
tombe est un tissu d'erreurs et de calomnies. Le Sué-

dois De Klercker cherchait seulement les microbes et pollens ; il refusa de regarder la fouille et but deux litres de vin chez les Fradin (p. 284). Il ne fut pas rédigé de procès-verbal, ce qui ne se faisait pas encore. L'histoire de la découverte d'un équidé par Fradin est d'autant plus stupide qu'il n'y en avait pas dans la tombe (seulement deux têtes d'élan). Mosnier, persuadé depuis longtemps que le site était funéraire, avait annoncé, dans un rapport au ministère, qu'on trouverait des « tombes de chefs ». Dussaud se moque de la « femme néolithique » alors qu'aucune image féminine n'a été trouvée à Glozel. En terminant, Morlet constate que Dussaud a spéculé « sur la sottise humaine dont parlait Renan et qui donne le sentiment de l'infini ».

— Morlet répond aussi à Boule (*Merc.*, 1er déc. 1927, p. 454). Il a altéré la vérité (27 oct.) en disant que, lorsqu'on fouille au hasard à Glozel, on ne trouve rien. Ses variations au sujet de Glozel et son hostilité récente (26 oct.) s'expliquent par l'intervention de Depéret (24 oct.) à l'Académie des Sciences, savant pour lequel les sentiments de Boule sont bien connus.

— Rendant compte de l'article de S. Reinach au *Temps* (13 nov.), Van Gennep prétend que la découverte de Glozel ne justifie nullement, comme on l'a écrit, un retour à la chronologie babylonienne conservée par la Genèse. Il s'occupe aussi de l'article de Dussaud dans le même journal. Pourquoi les fouilleurs publieraient-ils dans la *Rev. archéol.*, qui est trimestrielle, ce qu'ils peuvent publier dans le *Mercure* bi-mensuel ? « Il est drôle de disposer ainsi du bien d'autrui. »

— Audollent raconte *(Temps)* comment Jullian l'engagea à se rendre à Glozel, comment il y retourna le 21 juin 1927 pour l'ouverture de la tombe. Il énumère les raisons qu'il a d'admettre l'authenticité des trouvailles et s'élève contre l'attitude, contraire à l'esprit scientifique, qui s'inspire de ce principe : « Je ne comprends pas, donc c'est faux. »

— S. Reinach écrit au *Times* que Reid Moir a raison quand il dit que le faussaire prétendu serait un aliéné, mais cet aliéné serait très savant, évitant le B, employant l'X barré (ibérique) et le T à barres verticales (asianique). « Mais pourquoi insister sur une pareille hypothèse ? Les vrais aliénés doivent peut-être se trouver ailleurs. »

— Correa trouve suspect que la Commission se soit réunie pendant l'incident de l'analyse des os et le déclare aux journaux portugais.

— Begouen dit (*Télégramme* de Toulouse) que Correa cherche une explication favorable à Glozel, mais est obligé de constater les faits qui le condamnent. Le travail de la Commision est entravé parce qu'il a fallu de longues négociations pour obtenir de Morlet l'autorisation de faire une analyse et de prélever les fragments nécessaires [contre-vérité. — S. R.] Morlet a toujours aimé s'entourer de mystère et n'a guère facilité le contrôle de ses fouilles [*Id.*]. A ce propos, où sont les rapports des deux délégués du ministre, Peyrony et Champion ? Sans doute, M. Herriot attend pour les publier que la Commission ait terminé ses travaux. Mais il faut espérer qu'il les lui aura communiqués (1)... La commission « est composée de gens de la plus haute valeur scientifique et morale. Morlet a accepté d'avance son jugement dans une lettre pleine d'angoisse [*Id.*]. Il ne pourra plus, de bonne foi, le récuser. »

— On fait observer, dans l'*Ère Nouvelle,* que le renne a pu survivre en Auvergne puisqu'on l'acclimate aisément en Savoie.

DÉCEMBRE 3. — Le *Journal* croit pouvoir annoncer que la Commission rendra hommage à la bonne foi de Morlet, mais refusera de se prononcer sur le gisement.

____

(1) Begouen savait parfaitement qu'on avait demandé à ces deux hommes un inventaire, non des rapports ; mais son affectation de l'ignorer est une ruse. — S. R.

— Les *Débats* ont reçu un télégramme de Mendes Corrrea, mais n'en publient qu'un résumé obscur. Ce jour, P. Paris, interrogé par S. Reinach, a dit que Correa, à Madrid, lui avait parlé des résultats de l'analyse et que lui, Paris, passant par Toulouse, en avait causé avec Begouen.

— Au Club du Faubourg, une discussion est instituée sur « le mystère de Glozel » ; Vayson attaque, Labadié répond. On continuera ce petit jeu.

DÉCEMBRE 4. — Le *Temps* publie plusieurs lettres :

1° S. Reinach dit que le cas de Begouen peut être noté pour l'histoire des mœurs. Il n'est pas vrai que la Commission ait été nommée par le Congrès. Correa, qui aurait sans doute demandé un expert scandinave, n'a même pas été consulté. Le « silence farouche » dont, suivant Begouen, s'enveloppe la Commission, n'est pas si farouche que cela (1). Begouen a tort de regretter qu'on ait admis des journalistes à Glozel ; il est fâcheux que les experts allemands, qui crurent autrefois constater *in situ* des poteries moabites, n'aient pas été accompagnés de journalistes.

2° Morlet écrit au ministre Marin, président de l'I. I. A., que si la Commission veut à nouveau examiner des objets à Paris, il les apportera, mais tient à être présent. S'il doit y avoir des prélèvements pour analyses, il faut que Morlet puisse confier des morceaux des mêmes objets à des contre-experts.

3° Van Gennep, qui possède quelques objets de Glozel (fragment de tablette, bobine, briques à marques digitales, vase à masque), rappelle ses études sur la céramique kabyle et conclut à l'incompétence des sceptiques.

— Mendes Correa (*Seculo* de Lisbonne) proteste contre la fausse nouvelle propagée par Begouen et la convocation de la Commission avant le démenti nécessaire. « Malgré toutes les intrigues, les fouilles de Glozel resteront une des grandes révélations de la science préhistorique. »

— Varigny *(Débats)* émet l'hypothèse que les objets de Glozel auraient dévalé à diverses époques de la partie haute du coteau.

(1) Boule a nié, devant Salomon Reinach, que l'on fût privé de renseignements à cet égard. Voir 11 novembre. — S. R.

Il admet que « les tombes et les vases funéraires n'ont pas dû voyager » ; mais les tablettes avec inscriptions n'ont-elles pu glisser d'un foyer gallo-romain ?

— On dit de différents côtés que Fradin a un frère aîné antiquaire et faussaire à Lyon ; renseignements pris, il n'a qu'un frère cadet âgé de 9 ans.

DÉCEMBRE 5. — A la Société Linnéenne de Lyon *(Progrès de Lyon)*, Arcelin expose d'abord comment tout gisement intéressant a été contesté ; on peut regretter seulement les éléments « tout à fait inusités » dont les antiglozéliens ont nourri leur polémique. Mayet raconte comment certains d'entre eux ont voulu d'abord mettre la main sur Glozel, sans y avoir suivi aucune fouille. La décision d'une Commission désignée par l'État major antiglozélien est d'ores et déjà récusable. Depéret s'attache strictement aux arguments scientifiques. Au-dessous du sol formé par le ruissellement des hauteurs voisines, il y a peut-être un autre sol où l'on trouverait des vestiges d'une civilisation plus ancienne. Depéret a retiré de ses propres mains des objets pris dans un bain de racines qui datait de plus de 20 ans. Glozel a simplement confirmé avec éclat ce qu'on savait. L'hypothèse du four de verrier a eu pour point de départ une erreur reconnue par Morlet lui-même. L'hypothèse de la sorcière fait honneur uniquement à l'imagination de l'auteur. Depéret conclut : « Voilà la vérité ! L'école lyonnaise aura eu la gloire de l'avoir maintenue et proclamée ! »

— Correa proteste au *Télégramme* de Toulouse. On n'a pas trouvé « toutes les matières organiques » dans deux décigrammes

d'os, comme l'a dit Begouën, mais environ 27 % de matière vola-
tile dont il faut séparer l'humidité. — Sur quoi Begouen ajoute
(ibid.) : « Ces os n'ont pas l'antiquité qu'on leur attribue. Correa
lui-même hésite et va jusqu'à dire qu'il fait des réserves sur la
chronologie, mais est convaincu de l'authenticité de Glozel. Soit !
Cela revient à dire qu'il a vu les objets sortir de terre ; mais
depuis quand y sont-ils ? »

— Mendes Correa *(Diario de Noticias* de Lisbonne) proteste
contre cette nouvelle tirée du *Journal* comme quoi la Commission,
reconnaissant la bonne foi de Morlet, refuserait de garantir l'authenticité de la collection. Il voit là, une fois de plus « la mani-
festation la plus vive de l'esprit de classe, acharné contre une
découverte faite par un chercheur indépendant. »

DÉCEMBRE 6. — H. Simoni *(L'Œuvre)* annonce que le rapport de la Commission sera signé le 12 décembre. On se rappelle
que M. Correa « dut déclarer qu'ayant soumis les os à l'analyse
chimique il constata que ceux-ci avaient conservé leurs matières
organiques, ce qui signifie, en clair, que les os sont modernes (1). »
Voici donc que les glozéliens, ainsi que le remarque très justement
F. A. Schæffer, se mettent à saboter une des dernières armes dont
la science dispose pour éclaircir l'affaire : l'analyse chimique. « Mais
alors, quand tous les arguments seront épuisés ? Alors, conclut
M. Schæffer, il restera le bon sens, cette vertu éminente de l'esprit
français. Il eût été si opportun d'y avoir recours dès le début. »

— S. Reinach écrit *(Débats)* pour protester contre l'assertion
de Varigny qu'on ait trouvé à Glozel du gallo-romain ; il n'y en a
pas la moindre trace, « car de qualifier les tablettes inscrites de
romaines, malgré quatre douzaines de caractères sans exemple
ailleurs, c'est ce qu'on appelle un cercle vicieux, même très
vicieux. »

DÉCEMBRE 7. — Massabuau écrit aux *Débats,* réclamant pour
lui la priorité de l'erreur de Varigny (glissement de terrain). Le
même journal donne un article non signé rappelant la multitude
des faux de Vrain Lucas et contestant, en conséquence, qu'Audol-

(1) [I. M. Peut-on deviner ce que cachent ces sigles ? — S. R.].

lent ait raison de conclure de la multitude des objets de Glozel à leur authenticité.

DÉCEMBRE 8. — On téléphone du *Temps* à S. Reinach que Champion (chef des ateliers du Musée de Saint-Germain) aurait remis au ministre un rapport défavorable sur Glozel. S. Reinach n'en sait rien.

— Varigny répond à la revendication de priorité de Massabuau, demande qu'un géologue étudie Glozel et s'étonne que S. Reinach considère comme négligeable la thèse gallo-romaine de C. Jullian.

— Le fascicule d'octobre du *Bull. soc. préhist.*, distribué ce jour, dit que la lecture des brochures de Vayson et de Dussaud « ne peut manquer de faire réfléchir tout esprit impartial ».

DÉCEMBRE 9. — Depéret écrit aux *Débats* que l'hypothèse Varigny-Massabuau est tout à fait contraire au mode de formation extrêmement lent de la couche archéologique, d'âge entièrement néolithique, de Glozel.

— Le *Temps* publie une longue lettre de Correa.

1° Les résultats de l'analyse étaient préliminaires et incomplets.

2° Begouen a écrit que Correa « l'a fait prévenir des résultats fâcheux des analyses de Glozel ». En réalité, c'est dans une conversation avec Pierre Paris, le 19 novembre, que Correa en a parlé ; il a dit seulement à Paris de saluer Begouen de sa part à Toulouse. C'est Paris qui a « pris l'initiative » de rapporter la conversation. Correa a été très surpris de voir Begouen tirer de là des articles où les faits étaient exagérés ou déformés. « Je sais même que Begouen s'est empressé de communiquer ces informations à la Commission. Je n'attribue ces faits qu'à un manque de calme ». [Correa est bien bon. — S. R.]

3° Le gisement est absolument authentique. Il n'y a aucune trace d'une introduction récente des objets. Une mystification ancienne est impossible, puisqu'elle présumerait des connaissances archéologiques qui sont tout à fait récentes.

4° « Je ne suis pas encore fixé quant à la chronologie du dépôt... J'incline sous réserves à voir la solution du problème dans le

rajeunissement du néolithique ancien dans l'Europe occidentale.
Il n'est pas impossible que les derniers chasseurs de rennes aient
été contemporains des plus anciennes dynasties de la vallée du
Nil. ».

5° Pourquoi ne pas admettre que les Phéniciens auraient puisé
leur écriture dans leurs voyages en Occident ? Ils auraient eu le
mérite du perfectionnement et de la diffusion de cette découverte.

— Simoni publie dans l'*Œuvre* un article intitulé :
« Les Glozéliens ont la fièvre. »

« La Commission ne s'est pas réunie. Les termes du rapport n'ont
donc pas pu être arrêtés. Peut-être faisait-on allusion à un autre
rapport, lequel n'est point celui de la Commission, mais qui n'en
a pas moins une grande importance. Sur celui-là il n'y a pas d'erreur possible. Il est nettement défavorable à Glozel. M. S. Reinach, qui a quelque raison de ne pas l'ignorer, en est désolé (1).
Quant au rapport de la Commission, il est hors de doute que certains ont un intérêt moral trop évident à lui mettre des bâtons
dans les roues et il se pourrait que sa parution subît de ce fait
quelque retard. Mais déjà quelques-uns, qui sentent trembler sur
ses bases le fragile édifice de Glozel, s'occupent de contre-exper-
tises. »

— Dans la *Nation Belge*, Dumont-Wilden prétend que le rapport « ménage la chèvre et le chou ».

DÉCEMBRE 10. — On lit dans l'*Opinion* :
« Glozel... On glose... L'épilogue est proche... Mais la consigne,
dans les sphères officielles, est d'observer un silence rigoureux.
Il n'en circule pas moins dans la coulisse quelques rumeurs, et
elles ne sont pas de nature à réjouir les défenseurs des fouilles.
Le rapport de Champion, remis au ministre (2), leur serait nettement défavorable, et la Commission, quoi qu'en aient dit les communiqués complaisants, ne s'est nullement prononcée dans un
sens plus indulgent. La vérité est en marche. »

(1) S. Reinach ne savait encore que ce que le *Temps* lui avait téléphoné
et n'y croyait pas. — S. R.
(2) Ce n'est pas exact ; c'est Peyrony qui a pris sur lui de le demander pour influer sur la Commission. — S. R.

DÉCEMBRE 12. — S. Reinach écrit aux *Débats*. Massabuau et Varigny se disputent, comme disait Renan, « la priorité dans l'erreur ». Varigny a reconnu que les tombes n'ont pu glisser ; or, elles ont donné des spécimens de l'écriture néolithique qui ne peuvent provenir d'un lointain foyer gallo-romain. « Je n'oublie nullement — qui l'oubliera jamais ? — que M. Jullian lit du bas-latin sur les tablettes de Glozel, mais trois épigraphistes, Audollent, Espérandieu et moi, affirmons qu'il fait erreur et aucun épigraphiste des deux mondes ne lui a donné raison. »

— Un article de l'*Indépendance belge* cite des termes mêmes du rapport ; les *fuites* n'ont pas cessé.

DÉCEMBRE 13. — Ayant reçu des coupures de journaux relatives au rapport de Champion *contre* Glozel, S. Reinach lui dit à Saint-Germain : « Il est question de vous dans les feuilles. » Champion paraît surpris ; S. Reinach lui dit que c'est à propos d'un rapport de lui sur Glozel. Il répond sans embarras qu'il a écrit ce rapport pour la Commission, à la demande de Peyrony. S. Reinach écrit à la Direction des Musées et aux Beaux-Arts pour signaler l'irrégularité de cette demande et de la suite qui lui a été donnée ; Champion n'avait été chargé que d'un inventaire.

DÉCEMBRE 14. — On apprend que le ministre Herriot a vu Peyrony, lequel lui a donné un aperçu des conclusions défavorables de la Commission.

— J. Völter, théologien hollandais en retraite, tente, dans le *Handelsblad* d'Amsterdam, d'expliquer les inscriptions de Glozel par celles du Sinaï (vers 1400 av. J.-C.)

MÊME DATE. — Dans la *Gazette des Hôpitaux*, à propos de la longueur relative des « témoins », le

Dr J. Herber conclut que les idoles de Glozel ont une anatomie de gauchers (il n'y a qu'*une* exception, *Merc.*, 15 août 1927, où le témoin gauche descend plus bas que le droit).

DÉCEMBRE 15. — H. Boussac *(La Nature)* étudie les figures sans bouche de Brassempouy, de Glozel, de la voûte et des parois d'une caverne australienne, etc. « Par analogie avec la « Niké sans ailes », l'homme primitif, voulant prévenir toute indiscrétion, s'arrêta au parti de représenter la figure humaine sans bouche, pour l'empêcher de parler. » [Les sept gravures publiées ont seules quelque intérêt. — S. R.]

— L. Greller (*Merc.*, 15 déc., p. 702) rapproche les idoles de Glozel du type boschiman. [Aucun rapport. — S. R.]

— Van Gennep écrit (*Merc.*, 15 déc., p. 706) : « Il y a des parti-pris logiques comme il y en a de politiques et de religieux ; les savants, quoi qu'on suppose communément, sont des absolutistes par tempérament ; sinon, ils auraient fait du commerce. » [Plusieurs « savants » impliqués dans l'affaire ont une idée si rudimentaire de la correction que, s'ils avaient fait du commerce, ils seraient sous les verroux. — S. R.]

DÉCEMBRE 16. — Morlet *(Dépêche de Vichy)* étudie l'anti-glozélisme de Champion, qui, ayant déclaré fausse une flèche en schiste poli, parce qu'il n'en connaissait pas de semblables, reçut mal la démonstration qu'elles sont fréquentes en Norvège et ailleurs. Chargé, avec Peyrony, d'un simple inventaire, quel droit avait-il d'envoyer un rapport *de vero et falso* à la Commission ? [La faute incombe entièrement à Peyrony. — S. R.]

— Le Dr Marc Romieu, professeur à l'École de médecine de Marseille, place Glozel à la fin du néolithique *(Petit Marseillais)*.

DÉCEMBRE 17. — Ayant appris que Peyrony avait montré à Émile un galet avec gravure fausse, S. Reinach demande à Champion s'il en est l'auteur. Champion affirme qu'il n'en est rien. — « Alors, c'est Peyrony ? — Je ne puis rien dire. »

— Simoni, dans l'*Œuvre*, dit qu'on attendra le rapport jusqu'à vendredi. « Nous répéterons qu'un très important rapport d'un collaborateur de M. Reinach conclut à la non-authenticité des objets de Glozel. Et nous ajouterons qu'il ne serait pas impossible que l'affaire eût une suite judiciaire... Notons, en attendant, que M. S. Reinach promène, à travers les Académies, un front singulièrement brumeux. On le surprend à murmurer à travers sa barbe: Ah ! ces savants ! ces savants !... Nul ne sait à quoi il fait allusion (1). »

DÉCEMBRE 18. — Bringuier *(Journal)* pense que le rapport a été signé le 12. Ce qui l'étonne le plus, puisqu'il a assisté aux fouilles, « c'est le revirement de ces savants que nous avons vus enthousiastes sur le champ de Glozel ». [Si la Commission n'a pas bien travaillé, on a bien travaillé la Commission. — S. R.]

DÉCEMBRE 20. — Massabuau interpelle Herriot au Sénat. Il parle des rennes de la forêt hercynienne, dit que Vayson s'est fait passer pour un acheteur américain, réclame pour Morlet le droit de continuer les fouilles et demande un crédit de 5.000 francs pour creuser une grande tranchée. Le ministre répond qu'il n'a pas à intervenir dans une controverse de savants et ajoute que, dans quelques semaines, la Commission de classement instituée par le ministre se sera prononcée (*Matin*, 21 ; *Merc.*, 5 janv. 1928, p. 477).

DÉCEMBRE 22. — Correa télégraphie à Morlet que, l'analyse terminée, le pourcentage de matière organique descend au-dessous de 20, y compris l'humidité du terrain (6-7 %). Cette analyse a été envoyée à la Commission,

---

(1) [Comme tous les articles signés Simoni, celui-ci est d'un confrère doué de trop d'imagination. — S. R.]

mais est arrivée trop tard. [Elle savait qu'elle était en route, mais s'est hâtée de conclure. — S. R.]

— Dans un article intitulé « De quelques escroqueries », visant tout le temps Glozel sans en parler, Maurice Garçon *(Débats)* raconte, avec des erreurs, l'histoire de la fausse nécropole néolithique de Beauvais en 1881.

DÉCEMBRE 23. — Le rapport défavorable de la Commission a été mis en vente ce jour chez Nourry et publié *in extenso* le soir par le *Temps*.

Averti à 8 h. 1 / 2 du matin par le journal, S. Reinach a rédigé une protestation qu'Espérandieu, de passage à Paris, a signée à midi et que Loth a signée au début de la séance de l'Académie (1). Un journaliste de l'*Intransigeant* en a demandé copie, après quoi plusieurs autres en ont fait autant ; S. Reinach, quoi qu'en aient dit des menteurs, n'en a *offert* de copie à personne.

Le rapport, dont l'insignifiance mécontente à la fois les deux partis, se termine par ces mots : « A l'unanimité, la Commission conclut à la non ancienneté de tous les objets qu'on lui a soumis. » En post-scriptum, une déclaration pateline de Peyrony, avouant qu'il avait d'abord jugé avec précipitation, qu'il retire son adhésion et compte que ce sera pour lui une leçon de prudence.

(1) « Il manquait à la découverte admirable de Glozel la consécration la plus haute, celle dont l'Inquisition romaine honora le génie de Galilée. A ce titre, la commission Begouen a bien mérité de la science et les soldats de la juste cause lui doivent des remerciements. Quant à elle-même et à son inspirateur toulousain, ils partageront, avec la commission de 1663, la seule immortalité qui soit à leur portée : celle du ridicule. » *Signé* S. Reinach, Loth, Espérandieu.

— Les *Débats* publient la note suivante :

L'Académie des sciences, inscriptions et belles-lettres de Toulouse, fondée en 1746, vient d'élire comme président le comte Begouen, chargé du cours de préhistoire à la Faculté des lettres de Toulouse.

Notre excellent collaborateur et ami, qui est déjà directeur de la Société archéologique du Midi et président de la Société de géographie, se trouve ainsi à la tête des principales sociétés savantes du Midi (1).

— F. Butavand, *Glozel et ses inscriptions néolithiques*. Paris, Chiron. — L'auteur rapproche des signes glozéliens et de l'inscription de Carpentras les caractères tifinagh (berbères). Voici un spécimen de traduction (Morlet-Fradin, III, 13) : « Livre des morts, septième. Caverne de Lalla Tirat, épouse de Mas... Agmama, Chapitre des morts deuxième. Mastaba. » [A côté de ces *deliramenta*, il y a quelques observations utiles sur les séquences de caractères].

DÉCEMBRE 24. — Le *Matin* publie un très long article avec l'en-tête « : Le mystère de Glozel n'est pas éclairci. » Car de nombreux savants reprochent déjà aux experts de n'avoir pas tenu compte d'analyses concluantes, et la bataille continue. Après un exposé exact, l'auteur reproduit la *Déclaration-Galilée*, et une conversation que S. Reinach lui a dictée par téléphone. La Commission n'était pas internationale ; Correa n'a même pas été consulté, etc.

— De Vichy, on télégraphie au *Matin* qu'on a vu Morlet inébranlable ; au printemps, d'autres savants procéderont à de nouvelles fouilles.

Les *Débats*, en première page, publient un article de Begouen : « La mystification de Glozel. »

« Étrange affaire qui se classera en bonne place parmi les plus

(1) D'autres, moins chargés de dignités, se consolent par le vieil adage : *Plus d'honneur que d'honneurs* [S. R.]

audacieuses mystifications scientifiques... Le long rapport est une œuvre tout à fait remarquable... Nous savions bien, au bureau de l'I. I. A., à quelles compétences et à quelles consciences nous nous adressions... A-t-on tout fait pour faciliter leur mission ? On remarquera dans le texte des réserves qui indiquent discrètement qu'ils ont rencontré certaines résistances... Il faut lire la description à la fois si sobre et si précise, lorsque la Commission remarqua la trace de coups de bêche ayant enlevé les mottes de terre qui n'avaient pu être remises exactement à leur place et marquaient une différence de niveau révélatrice entre les couches de terre... La Commission est restée dans le vague en ce qui concerne la date à attribuer à l'introduction des objets dans le sol. Il semble que l'on peut admettre un an, deux tout au plus, le temps de permettre aux fougères et aux plantes de pousser leurs racines et radicelles... La Commission ne paraît pas avoir relevé de façon précise le fait, constaté très nettement par Vayson, de l'introduction horizontale ou oblique d'objets dans l'argile. Mais elle a constaté qu'il était impossible de retrouver le lendemain un petit trou fait la veille pour déposer un caillou... On s'étonne que certains faits n'aient pas été remarqués par des savants auxquels on aurait cru plus d'esprit d'observation. Rien qu'à la lecture des descriptions (des tombes) données par Morlet, Espérandieu et Audollent, je les avais repoussées... L'analyse chimique complète que je réclame en vain depuis un an aurait été une confirmation nouvelle, mais presque superflue, du peu d'ancienneté des os... Comment le Dr Morlet et ses partisans se conduiront-ils en présence du verdict de la Commission ? Le Dr Morlet, dans sa lettre au président de l'I. I. A., a déclaré qu'il l'accepterait sans réserve... Ce n'est pas à son érudition, à sa compétence, à sa clairvoyance, célébrées par ses partisans, que la Commission rend hommage : c'est simplement à sa bonne foi. Mais que dire de ceux qui l'ont encouragé, poussé dans cette voie dangereuse ? Ne sont-ils pas, eux, les vrais coupables ? Ne faut-il pas se livrer à une révision sévère des valeurs scientifiques de certains augures qui l'ont embarqué dans cette pitoyable aventure, au risque de discréditer avec eux la science, qui a su avantageusement se reprendre à temps ? »

— H. de Varigny, dans le même journal, écrit après avoir résumé le rapport : « L'archéologie connaît des exemples de faux

retentissants. C'en serait un de plus. Mais tout, absolument tout,
est-il faux ? Et surtout, à quand remonterait la mystification, et
de qui serait-elle ?... On peut s'attendre à un tapage formidable
et à des discussions ultra-véhémentes. L'affaire n'est point enterrée
encore. Au contraire, elle va rebondir. »

— Bringuier, dans le *Journal*, résume le rapport et écrit :
« On ne se trompe pas sur l'ambiguité de certains termes, ni
sur les réticences scrupuleuses ni sur les apaisements qu'ils se sont
efforcés d'accorder aux partisans de Glozel. » Morlet a répondu
par téléphone à Bringuier : « Je remercie les savants de ne pas douter de ma bonne foi, mais que l'on sache bien que je me solidarise
complétement avec les Fradin. Je n'abandonne certes pas la lutte ;
je garde de précieux témoignages. » Bringuier ajoute : « De l'autre
côté de la barricade on se réjouit. M. Dussaud savoure silencieuse-
ment son triomphe. M. Vayson nous a dit doucement : « Je savais,
je savais. La Commission a conclu comme moi. M. S. Reinach
s'entête parce qu'il ne peut plus reculer. Il est dommage qu'une
carrière comme la sienne s'achève par une telle défaite. » Et Bringuier conclut : « De ces luttes qui ne sont pas terminées, il reste
une impression d'amertume et de stérilité. Et ceux qui croient au
rayonnement de la science française ne la voient pas sans tristesse
troublée par une ombre même légère. »

— Le *Petit Parisien* reproduit en tête la Déclaration-
Galilée, avec les fac-similés des signatures. Un rédacteur a été trouver Dussaud et S. Reinach, qui lui ont
parlé suivant leurs convictions.

— Labadié rappelle *(Quotidien)* qu'à Glozel « l'évidence apparaissait à tous tellement manifeste qu'aucune note discordante
ne se fit entendre dans la presse. » « MM. S. Reinach, Loth, Espérandieu m'autorisent à publier leur opinion, textuellement for-
mulée dans cette phrase concise : « Nous considérons ce jugement
comme égal à zéro. » D'autre part, Labadié reproduit le télégramme
de Correa sur l'analyse de l'os subfossile et ajoute : « Ce renseigne-
ment est extrêmement important au moment où la Commission
regrette de n'avoir pas été mandatée pour effectuer ces analyses...
L'opinion publique tout entière réclame une nouvelle enquête. »

— L'*Écho de Paris* prétend qu'un académicien lui aurait dit de S. Reinach : « Notre excellent confrère n'a évidemment pas de chance. Après la tiare de Saïtapharnès, il découvre la couronne de Glozel : c'est la sombre guigne. Enfin, les condamnés ont vingt-quatre heures pour maudire leurs juges. » Ce jour, S. Reinach écrit à l'*Écho de Paris,* que si un académicien a tenu ce propos, il en a menti, et la lettre ajoute pourquoi [voir l'*Appendice*].

— Suivant *Excelsior,* « à haute voix on n'a pas soufflé mot de Glozel, hier, en séance de l'Académie des Inscriptions ; mais, à voix basse, on s'est bien rattrapé. Les conclusions de la Commismission ont été très commentées, et elles l'ont été dans un sens favorable presque par tous les membres. Quant à M. Dussaud, il déclare s'en remettre absolument aux conclusions de la Commission et pour lui, désormais, l'incident est clos. »

— L'*Œuvre* publie, sous la signature de H. Simoni, un article lielleux :

« L'*Œuvre* a été le seul journal de la presse parisienne à soutenir la thèse antiglozélienne. Dès le premier jour, nous avons donné à nos lecteurs l'opinion autorisée de M. René Dussaud qui affirmait que les caractères écrits — qui faisaient l'admiration enthousiaste de M. S. Reinach — étaient faux. Quelques savants illustres, tels que le comte Begouen et l'abbé Breuil, partagent cette conviction... Il nous plaît de constater que le rapport de la Commission nous donne raison sur tous les points. »

Suit un article de Hélène du Taillis intitulé « A l'Académie des Inscriptions », où il est dit : « Lorsqu'il se leva pour déclarer la séance terminée, M. S. Reinach tenait un papier à la main. Et il lut, on devine de quelle voix, ce qui suit (la déclaration *Galilée*). — [Convaincue, sur ce point, d'erreur, Mme H. du Taillis a écrit à S. Reinach *qu'elle n'assistait pas à la fin de la séance !* — S. R.]

A la quatrième page, dans un article anonyme, on lit : « Il reste désormais à connaître comment une telle mystification a pu se produire et quand. C'est sans doute ce que l'on va désormais se préoccuper de rechercher. Et peut-être n'aura-t-on pas à aller très loin pour trouver celui qu'on a appelé l'Esprit de Glozel. »

— Dauzats *(Figaro)* dit : « Non, on le voit, ce n'est pas encore là la fin de l'affaire de Glozel. »

— Ch. Chassé *(L'Opinion*, p. 18) a fait une enquête auprès de techniciens. Aux fossoyeurs du Père Lachaise, il a demandé si les parois d'une motte d'argile remuée conservent les traces du terrain de la surface, si un terrassier peut dire s'il y a eu fouille, même en terrain humide. Ils ont répondu que oui. Puis il publie la lettre du gardien du cimetière de Saint-Malo : « J'ai vu, dans notre cimetière, des entourages faits en briques et des pots de fleurs traversés par des racines de chiendent, et le chiendent vivait tout de même, et la racine était beaucoup plus grosse de chaque côté de la brique que dans la traversée... Quant à la question de la terre remuée, *la terre qui a été remuée une fois ne se colle plus à la terre vierge.* »

— Il y a un mélange de vérités et de contre-vérités dans un article publié dans *Aux Écoutes :*

« Les savants se disputent et même s'injurient. M. Capitan a froidement commencé à démontrer au Collège de France que « Glozel est une supercherie. » M. C. Jullian continue de prétendre que certaines briques sont vraies. Champion, envoyé sur place par le Gouvernement, dit : « C'est une blague ! » — Vous êtes un primaire ! » lui crie S. Reinach. — « Vous êtes une poire ! » riposte son second (1).

« Un homme consterné est M. Loth, celtisant, de l'Académie des Inscriptions, qui, d'abord glozélien, a tourné nettement casaque (2). S. Reinach disait de lui, tout au début : « C'est un savant de choix et un homme de goût. » Maintenant il le voue au diable et le défie : « M. Loth a des allures de soudard en retraite. Regardez ce visage rubicond ! Il doit se saouler ! » Mais S. Reinach, prévoyant son échec aujourd'hui certain, répète : « Ce Comité, après tout, il a pu se tromper (3) ! »

— Franchet maintient *(Rev. scientifique*, p. 748) que la fosse ovalaire est un four à fritter (calciner). Le véritable four à fondre était le four rond, à proximité du four ovale. Il n'admet pas l'hypothèse de Depéret sur une crémation partielle. L'article s'occupe aussi, pour le réfuter, de celui de Massoul. — P. 751. « Il est impossible de dire qu'il n'y a pas de poterie romaine à Glozel sans en

(1) Pas un mot de vrai. — S. R.
(2) Invention inepte. — S. R.
(3) Pas un mot de vrai. — S. R.

avoir fait une étude technique. La céramique lustrée rouge ne représente qu'une céramique de luxe et ne peut, par conséquent, se rencontrer à Glozel où le mobilier est toujours très pauvre (1). »

— Le *Times*, après avoir résumé le rapport, ajoute : « A la question qui se pose inévitablement comment et quand l'introduction des objets fut faite, le rapport n'offre pas de réponse ».

— De même la *Gazette de Francfort :* « Mais qui sont les auteurs des faux, du truquage du terrain ? Pas un mot de cela dans le rapport. »

DÉCEMBRE 25. — Depéret dit au *Petit Parisien ;* « Si Fradin est l'auteur de cette supercherie, c'est vraiment un farceur de haute science et il faudrait le décorer sans retard. »

— On mande de Vichy au *Matin :* « La bataille continue ; mieux vaudrait dire qu'elle commence à peine. » Suit le dernier télégramme de Correa, avec le commentaire de Morlet.

— Un important article de G. Fragny paraît dans le *Progrès de l'Allier :*

« Les conclusions qui viennent d'être publiées déroutent toutes les personnes qui ont assisté aux fouilles glozéliennes. Au début, ces Messieurs se gardaient farouchement ; ils regardaient le père Fradin comme on regarde un faussaire. Puis, peu à peu, vint la détente ; de bonnes poignées de mains furent données aux Fradin et la Commission, au grand complet, alla prendre le café chez eux... Hésitations, suppositions, suspicions, tout paraissait avoir été balayé. Comment la Commission a-t-elle pu donner le change d'une manière si absolue à tous les témoins de ses faits et gestes, et mieux de ses paroles ? »

Morlet reste tout à fait confiant. Heureusement, le terrain n'est exploré qu'à moitié ; la vérité sortira de terre. L'analyse de

(1) Ignorance des éléments de la céramographie romaine. — S. R.

Correa, parvenue trop tard à la Commission, est déjà « un coup droit ».

Fragny se demande : 1° pourquoi Peyrony, après avoir affirmé l'authenticité le 25 septembre 1927, a déclaré le contraire huit semaines plus tard ; 2° comment le faussaire de Glozel a pu fabriquer et enterrer 3.000 pièces, ou graver un renne que Brinkmann a déclaré « un chef-d'œuvre dessiné d'après nature » ?

— Dans la *Liberté*, Dussaud accuse ouvertement les Fradin de faux. Après la découverte du four de verrier, ils informèrent l'instituteur ; celui-ci prêta à Émile, « qui n'est pas bête et sait fort bien dessiner », le Déchelette et le volume de Brehm sur les mammifères (1). Émile montre les briques et autres objets à Morlet qui lui dit : « Je te loue ton champ 200 francs, mais je t'en donnerai bien davantage si tu fais encore d'autres découvertes. » De là vint sans doute au jeune Fradin l'idée de truquer et notamment de graver les inscriptions... « Sur une des tablettes on peut lire des chiffres arabes, 7 et 0... (2) » Notez bien qu'il peut se trouver dans le nombre des objets authentiques enfouis là pour les besoins de la cause... Qu'est-ce que prouvent les analyses de Correa ? « Simplement que les os ont été enfouis dans le terrain des Fradin ! »

— L'*Écho de Paris* relève l'accusation très nette lancée par Dussaud contre le jeune Fradin. « L'affaire n'est pas terminée ; elle prend seulement une autre tournure. »

— Les *Débats* publient un article anonyme (sans doute de Begouen) intitulé « La sérénité du savant » et dirigé contre S. Reinach.

(1) Inventions. — S. R.
(2) *Id.* — S. R.

« C'est avec une peine réelle qu'on voit un grand savant, qui fut et reste considérable par la masse de ses travaux, manquer d'esprit critique au-delà d'un certain degré... Où sont les arguments dans le papier signé *ab irato* par le président sortant de l'Académie des Inscriptions ? Que vient faire Galilée dans cette galère ? A quoi rime l'allusion au rôle de l'Inquisition romaine ? Et M. S. Reinach parle de ridicule !... Les anthropologistes étrangers qui ont assumé le rôle ingrat de mettre au point une question délicate méritent au moins des égards... Le fait d'appartenir à l'Université toulousaine n'est pas plus une tare, comme l'insinue dédaigneusement M. Reinach (1), que le privilège d'être conservateur du Musée de Saint-Germain n'est un brevet d'infaillibilité. »

— P. Souday *(Temps)* trouve le rapport « lumineux » [Il ne l'a sans doute pas lu. — S. R.].

— H. Simoni écrit dans l'*Œuvre :* « Il eût été trop beau que les glozéliens se déclarassent satisfaits du verdict. Morlet triomphe : il a reçu de Correa une dépêche disant que la fossilisation des os de Glozel est très accusée. Il est bien regrettable qu'au mois de novembre le même professeur, glozélien notoire, se soit vu contraint de déclarer, également par dépêche, que les os de Glozel qu'il avait analysés étaient modernes (2). »

— Lucien d'Autremont, dans *Comœdia*, intitule un article : « A l'ombre de Morlet. »

« Vous êtes entré, Monsieur, en nous mystifiant, dans l'immortalité. Vous y êtes entré à la suite de M. S. Reinach, votre illustre guide, et vous méritez avec lui de coiffer votre chef d'une tiare : la tiare enrichie de pierreries que portait Saïtapharnès ! A tout prendre, cela vaut mieux qu'un bonnet d'âne. Je vous fais simplement grief de nous avoir quelque peu malmenés, M. Dussaud, votre redoutable adversaire dont je salue la victoire, et nous, humble porte-voix de sa splendide campagne. Je vous reproche surtout d'avoir usé de moyens obliques, en offrant à nos yeux offusqués des objets d'une authenticité nettement hostile à la

(1) S. Reinach a d'autant moins songé à insinuer cela que Begouen n'appartient pas à l'Université de Toulouse, où il enseigne sans diplôme — S. R.

(2) [I. M Il est facile d'analyser ces sigles. — S. R.]

morale, oubliant ainsi qu'au nombre de vos juges se trouvait une
jeune Miss anglaise... La commission internationale d'Amsterdam vous a décerné un double brevet d'innocence et d'immortalité. L'un et l'autre s'accouplent fort bien. Vous n'avez qu'à
regarder du côté de l'Académie dont vous serez un jour. »

— Correa écrit dans *O Commercio do Porto* :

« La Commission prétendue internationale est, en majorité, une
simple délégation des adversaires irréductibles de Glozel, nommée
suivant le bon plaisir de MM. Begouen et Capitan. Le jugement
porté est un spectacle déplorable dans le monde scientifique. Il n'a
été tenu aucun compte de l'analyse des os de Glozel. »

DÉCEMBRE 26. — Le *Matin* part en guerre. Son
envoyé a vu Morlet à Vichy. La Commission, nommée
par Begouen et Capitan, sans consulter Correa, a procédé avec l'incorrection la plus grave, etc.

— Depéret dit que si le fait de l'enlèvement et de la
remise d'une motte était prouvé, le gisement entier
serait frappé de suspicion. Pourtant, la fraude n'expliquerait pas tout, puisque l'analyse montre que les os
sont fossiles. Depéret rappelle le gisement de Solutré,
âprement contesté pendant des années, aujourd'hui
universellement admis.

— Dans un article intitulé « La comédie de Glozel » *(Temps)*,
Souday constate que Dussaud est le « gagnant » et compare l'obs-
tination des Glozéliens à celle des antidreyfusards. Il se moque
d'ailleurs, sans nommer personne, de la déclaration-Galilée.

— L'*Éclaireur de l'Est* (cité par les *Débats*) prête à Favret ces
propos étranges : « Nous n'avons pas dit que le gisement était
faux... Les galets sont gallo-romains... Dites bien que les objets
trouvés à Glozel ne sont pas des faux, mais que le gisement ne
peut servir la science de l'archéologie... Nous n'avions pas à distinguer les objets vrais des objets faux... Les analyses ne pourront
en rien modifier nos conclusions. »

— Pierre Audiat écrit dans *Paris-Midi*, sous le titre : *Gloses sur Glozel :* « Mord-les, Morlet ! Haro sur Miss Garrod ! Dépite le professeur Pittard et brouille le jeu de l'abbé Breuil ! O mon Dieu ! les colères des savants sont terribles ! Faites que jamais une discussion ne s'engage sur la couleur des cheveux d'Ève : il y aurait des morts !... Pour confondre ses inquisiteurs, Morlet a une certaine histoire de schiste poli ; dans cette affaire, il n'y a que le schiste qui soit poli. »

— S. Reinach a écrit à l'*Œuvre* (le 24) une lettre qu'on intitule, d'après les derniers mots : « Bête à faire peur » et qu'il signe : « S. R., glozélien. » Il nie qu'il ait lu quoi que ce soit à la dernière séance de l'Académie et remarque qu'il arrive aux antiglozéliens d'inventer des faits. « Je profite de l'occasion pour vous dire que le rapport de la Commission dite internationale — en réalité composée exclusivement d'amis de M. Begouen et nommée par lui — est un document écrit en charabia et parfaitement ridicule, lequel, s'il signifie quelque chose, attribue au petit Fradin une science divinatoire qui devrait lui ouvrir les portes de plusieurs Académies. L'idée dominante, absolument opposée à celle de M. Dussaud, est celle d'un truffage remontant à plusieurs années — antérieur à la découverte toute récente de l'inscription d'Ahiram dont quelque medium, peut-être, aurait deviné les caractères nouveaux. C'est bête à faire peur. »

— Dans le même journal, Pierre Mille envisage la possibilité d'une «plainte contre X», pour transformer la controverse en affaire judiciaire. Mais que ferait un tribunal de droit commun ? Ne renverrait-il pas les parties dos à dos ? Une plainte pourrait viser aussi, à cause des ossements humains, la violation de sépulture, en plus du faux et de l'escroquerie.

— Un auteur anonyme *(Petit Journal)* dit que l'inventeur de Glozel l'intéresse plus que ses inventions.

— Prosper publie, dans l'*Écho de Paris*, une fable, parodie de La Fontaine : « Le laboureur de Glozel et ses enfants. »

DÉCEMBRE 27. — Morlet commence *(Quotidien)* à réfuter point par point le rapport de la Commission.

Pour la découverte de la tablette, il est contredit par la photographie de l'*Illustration*. La poche dessinée autour de la brique est imaginaire. La motte contenant l'empreinte négative de l'idole était attachée au sol par un faisceau de racines qu'il fallut trancher au couteau ; le rapport n'en dit mot. La première fosse n'était pas plus remplie que les autres, puisqu'un bœuf s'y prit le pied en mars 1924. Champion n'a vu les objets que juste le temps de faire l'inventaire ; il ne les a pas « longuement étudiés ». Conclusion : « Que le ministre déclasse Glozel et me le rende, afin qu'une véritable et large Commission de savants vienne, au printemps, refaire le travail de contrôle que j'ai eu la faiblesse de permettre à la Commission Begouen. »

— Marcel Sauvage *(Intransigeant)* écrit : « L'affaire de Glozel poursuit sa carrière de roman-feuilleton. Rien n'y manque : ni le traître en grand manteau sombre qu'on aperçut une nuit dans le champ des morts, ni les lettres anonymes, ni les accusations qui corsent l'intrigue avant le dénouement qui reste à venir. Une enquête judiciaire mettrait bien des choses au point... Le Dr Morlet accuse Miss Garrod d'avoir pratiqué sur le front de taille des trous arrondis, assez profonds pour faire croire à l'introduction en fraude de nouveaux objets. Le Dr Morlet accuse Peyrony d'avoir maquillé, à l'aide d'un canif, une pierre sur laquelle était gravé un renne couché ; il s'agissait de prouver que les gravures de Glozel ont été faites à l'aide d'instruments d'acier, etc.

— L'*Écho de Paris* constate également que Morlet passe à l'offensive et révèle des faits graves.

— G. Boissy *(Comœdia)* demande l'intervention d'une Commission vraiment internationale qui fouillerait aussi les environs et ferait des analyses à Paris [à quoi Van Gennep répond que les laboratoires de Paris sont aux mains de gens qui veulent étrangler la découverte].

Les *Débats* publient trois lettres :

1º S. Reinach dit que les *Débats* ont déjà conseillé la « sérénité » à Zola et que les Capitouls de Toulouse l'ont conseillée à Voltaire. Mais « la vérité méconnue est la sœur de l'innocence opprimée ».

2º C. Jullian demande qu'on distingue les objets authentiques des autres et qu'on en fixe l'âge. « La question de l'alphabet est une question essentielle ; la Commission, qui l'a écartée à dessein, la laisse intacte. » Jullian maintient l'analogie des pièces de Glozel avec l'*instrumentum magicum* (*Dict. des antiq.*, fig. 306 ; Montfaucon, *Ant. Expl.*, II, 2, p. 173). C'est à croire parfois que l'alphabet glozélien a été copié de l'alphabet magique, ou inversement.

3º Espérandieu écrit : « Ce rapport, à peine intelligible en certains endroits, témoigne d'une telle inconséquence, de tels flottements qu'on se demande quelle influence malfaisante s'est superposée, pendant quatre semaines, aux impressions que les commissaires avaient rapportées des fouilles. » Pour la tombe 2, ce que dit la Commission ne tient pas debout, car le faussaire supposé l'aurait bourrée d'argile. L'hypothèse du déplacement et du replacement d'une motte est techniquement inadmissible. « Je défie quiconque d'accomplir ce tour de force sans qu'il en reste des traces. » En somme, l'affaire de Glozel n'est pas close, mais la vérité sera peut-être lente à se faire jour. « Sachons l'attendre malgré l'exaltation des amours-propres, intéressés à l'étouffer par tous les moyens. »

— L'*Œuvre* de ce jour publie plusieurs lettres et articles :

1° Réponse de Dussaud à S. Reinach. « S. R. est vraiment injuste pour la Commission qui a pris tant de soin de ménager les personnes... N'ayant relevé aucun indice précis de datation, la Commission, par excès de scrupules, est restée dans le vague. C'est ici qu'interviennent les arguments épigraphiques qui ne laissent aucun doute [!] sur la fabrication récente des tablettes. Généralement, comme l'indique leur merveilleux état de conservation, elles ont été déposées directement dans le musée sans avoir été enfouies dans la terre du fameux champ où il n'y eut jamais de morts. Que M. S. Reinach ne demande-t-il, avec Pierre Mille, l'ouverture d'une instruction contre X, faussaire ? On le trouvera facilement. »

2° Lettre de Begouen qui reproche à S. Reinach de manquer de sens critique, de calme et d'esprit scientifique. On insulte les membres de la Commission au lieu de discuter les faits. « Quant à moi, je repousse dédaigneusement les basses insinuations. »

3° Simoni continue : « Le Dr Morlet s'agite, il accuse tout le monde, particulièrement miss Garrod. Il accuse Peyrony d'avoir truqué une pierre gravée (comme s'il en était besoin !)... La Commission est bien mal payée des ménagements qu'elle a pris. La conclusion signifie : « Le gisement de Glozel est truqué ; les objets glozéliens sont faux. » Il n'eût pas été inutile de le dire avec cette netteté... Les glozéliens répondront-ils sur le même ton au rapport que M. Herriot a demandé à M. Champion, chef technique du Musée de Saint-Germain, et qui va être publié incessamment ? Ce technicien conclut à la non-authenticité. « Il y fallut quelque courage puisque M. S. Reinach, dont les actes ressemblent au langage, a adressé une plainte officielle contre son subordonné, coupable d'avoir dit la vérité (1). »

(1) Pas un mot de vrai. — S. R.

— S. Reinach écrit pour démentir que Correa se soit jamais contredit sur l'analyse de l'os et rappelle que les télégrammes publiés à ce sujet ont été fabriqués par Begouen, « ce qui constitue l'épisode le plus scandaleux de l'histoire de la controverse de Glozel ».

— *La Rumeur*, feuille du boulevard, publie un article violent contre Peyrony et le rapport de la Commission « monument de jésuitisme scientifique. »

— Begouen, dans le *Télégramme* de Toulouse, rappelle qu'il a le premier déclaré que les tombes étaient de construction récente. « Cela enlève toute importance aux analyses de mon ami Mendes Correa. » D'ailleurs, l'Esprit de Glozel a pu se procurer de vieux fragments d'os provenant de cimetières abandonnés ou même de gisements authentiques. Les analyses n'auraient de valeur que si elles portaient sur les différentes catégories d'os qui se trouvent à Glozel. — Il continue en annonçant le « rapport formel » de Champion. « On peut dire maintenant que c'est une affaire classée. Quelques emballés pourront encore discuter; les vrais savants ne s'occuperont plus de Glozel. »

— Le correspondant parisien du *Times* à Paris constate que le verdict de la Commission n'a nullement éclairci cette question : « Comment les faux se sont-ils trouvés à Glozel, comment et quand ont-ils été fabriqués et mis en place ? »

— Le *Times* publie un article de fond sur Glozel. Les conclusions de la Commission n'ont pas converti les glozéliens, mais ont accru la gaîté du Noël français. Dans les Music-Hall, on fait des allusions aux objets découverts, dont quelques-uns prêtent à des plaisanteries non seulement basses, mais fescennines. Le public rit et les antiquaires continuent d'être enragés. Vichy et Glozel peuvent compter, pour le printemps prochain, sur un abondant afflux de visiteurs, à moins que le Gouvernement ne trouve que cette affaire nuit à la réputation de l'archéologie française et ne fasse mettre la main, par des détectives, sur l'ingénieux « Esprit de Glozel ».

DÉCEMBRE 28. — Morlet écrit au ministre Herriot : « Rendez-nous Glozel pour que nous puissions effectuer

des analyses, pour que d'éminents savants venus de
l'Europe entière puissent y travailler avec nous sans
être surveillés par un pion, pour que cette parcelle du
patrimoine français ne soit pas anéantie par des
amours-propres affolés. Rendez-nous Glozel pour que,
dans dix mois, Glozel mérite d'être classé. »

— Le *Matin* continue sa campagne. « Truqués, les documents
en litige nécessitent des sanctions juridiques. Authentiques, ils
marquent une date capitale dans l'histoire des civilisations. Pour
décréter que Fradin est un faussaire, même de génie, il faut prouver qu'il a pu détenir des documents lui permettant d'exécuter
des faux. Cette preuve n'est pas faite. »

— Savelli, sous-préfet de La Palisse, s'est entretenu sur place
avec les membres de la Commission ; il a eu l'impression nette
qu'ils ne pouvaient conclure qu'à l'authenticité.

— Loth dit au représentant du *Matin* que la bataille de Glozel
est une querelle de savants arrivés contre un archéologue amateur.
Morlet est un homme de haute conscience qui s'est fort bien initié
aux disciplines préhistoriques. Glozel finira par donner la clef du
hiatus entre le paléolithique et le néolithique.

— On attribue à S. Reinach, dans le *Matin*, une longue entrevue
donnée par téléphone où il y a des erreurs de détail et la citation,
que S. Reinach n'a jamais faite (ne connaissant pas cette pièce)
d'une lettre de Capitan à Mosnier : « *Le Dr Morlet a tort de se montrer aussi dédaigneux des vrais savants. Jamais Glozel ne sera reconnu authentique.* » Ce grave témoignage d'une tentative de main-
mise sur Glozel, avec menace sous-entendue, est nouveau pour
S. Reinach, mais bon à retenir.

1° La Commission n'était pas internationale, mais composée
d'amis de Begouen.

2° Certains germanismes du rapport *(non ancien, holocène)* décè-
lent la main de Forrer qui, comme son gendre Schæffer, s'est prononcé il y a longtemps contre Glozel. Bosch Gimpèra était d'accord avec Begouen dès le 15 mai 1927. Miss Garrod est l'élève et la
collaboratrice de Breuil.

3° Morlet ne connaissait que l'article *Alphabetum* de Lenormant. Les caractères d'Ahiram se sont trouvés à Glozel avant la divulgation de ce texte.

4° S. Reinach n'a envoyé *Portugalia* qu'après avoir constaté, avec Leite, les analogies d'Alvao avec Glozel et pour les faire sentir au Dr Morlet.

— Marcel Sauvage intitule son article de l'*Intransigeant :* « L'affaire Glozel va être soumise aux tribunaux. »

Dussaud réclame une instruction contre X, faussaire. Loth a dit que le résultat de l'analyse de Correa suffit à prouver que le rapport de la Commission n'a pas d'importance. Il note les changements d'opinion de Breuil, Boule, Peyrony. « Je puis vous certifier qu'il y a des influences occultes, et d'abord sur la Commission. » M. Loth hésite une seconde et me regarde bien en face : « M. le comte Begouen est un... (ici le mot qui désigne un homme qui se trompe volontairement). Il... (disons : s'est trompé) depuis le premier jour où il s'est occupé de Glozel... La vérité ne sera pas longue à se révéler. Au printemps prochain, on procèdera, avec toutes les garanties d'usage, aux fouilles complètes du petit champ. D'autre part, une série d'analyses actuellement en cours mettront fin à cette lamentable affaire. Je plains vraiment quelques hommes dont la mauvaise foi est flagrante pour qui juge de sang-froid. M. le Cte Begouen ignore évidemment la science préhistorique. Il n'appartient d'aucune façon aux cadres de l'Université, comme il l'avait laissé croire. C'est un archéologue amateur... Quant au Dr Morlet, j'estime que c'est un homme extrêmement intelligent et un observateur remarquable... La station néolithique de Glozel est absolument authentique ; nul savant ni faussaire n'a inventé les idoles bissexuées, par exemple. Je plains les hommes qui n'ont pas su s'incliner devant les faits. »

— Artigny *(Figaro)* rappelle que depuis des siècles on attribuait aux poètes un caractère exécrable. Mais voici que leurs émules les dépassent. « L'homme de science est irascible, âpre à la défense de théories personnelles, prompt à se répandre en invectives contre quiconque n'épouse pas ses idées. »

— Vayson dit à la *Liberté* qu'il met sous presse un historique de l'affaire de Glozel. « Le truquage ne fait pas de doute. Les injures de M. S. Reinach, en réponse aux précisions données par la

Commission, ont produit dans le monde savant une impression
désolante. Quant aux accusations de Morlet, portant atteinte
à l'honneur des membres de la Commission, ce sont de pures infa-
mies qui ne parviendront à déshonorer que leur auteur ».

— Dans l'*Œuvre*, H. Simoni demande que la dispute autour de
Glozel se poursuive avec la sérénité qui convient à la science. Dussaud a déclaré : « J'ai actuellement quatre démonstrations du
faux par l'épigraphie. Ces arguments n'apportent pas seulement
une confirmation aux constatations de la Commission : ils permettent de déterminer que la date de cette mystification, laissée
dans le vague par la Commission, est toute récente.

— Dussaud écrit à *Comœdia :* « Le Dr Morlet ne s'est pas prêté
aux analyses envisagées par les savants enquêteurs (1). Le rapport
jette un voile sur cette carence. »

— L'*Éclaireur de l'Est* rectifie, mais sans netteté, des propos
étranges qu'il a prêtés à Favret (plus haut, p. 210).

— Begouen écrit dans la *Petite Gironde :* « Le fraudeur a été
guidé par les confidences mêmes des savants, qui signalaient l'absence de certains objets. Après la découverte authentique, faite
en 1925, on a dû procéder au truffage méthodique du champ. Les
os analysés par Correa proviennent de tombes déclarées suspectes
par la Commission ; mais des os anciens ont pu être placés dans
ces tombes. Les conclusions du rapport suffisent à mon édification.
M. S. Reinach, une fois de plus, s'est trompé. Je ne rechercherai
pas, à l'encontre de mon illustre confrère en science préhistorique,
aucun des avantages journalistiques dont les glozéliens ont paru
vouloir se faire une arme. La vérité fait son chemin toute seule
en dépit quelquefois des foules et des journaux. »

— Un article de fond du *Manchester Guardian* déclare que, s'il
y a eu fraude, elle est une des plus raffinées de l'histoire. « Nous
avons le droit d'en savoir davantage, ainsi que sur les prétendus
conspirateurs qui ont enseveli cette profusion extraordinaire d'antiquités fausses dans le sol de Glozel ».
Dans le corps de ce journal, S. Reinach rappelle la composition
suspecte de la Commission, l'avis des fossoyeurs sur l'impossibilité

(1) Ce n'est pas exact. — S. R.

de déplacer des mottes sans laisser de traces, les singulières déclarations prêtées à Favret, membre de la Commission, etc.

— Dans le *Canard Enchaîné*, Whigs publie une pièce de mauvais vers, saluant la disparition de la femme néolithique aux
seins croisés :

> *Aussi, Salomon Reinach,*
> *Rentre dans ton bric à brac.*

— Miss Garrod fait savoir dans le *Times*, qu'elle dédaigne de
répondre à l'accusation d'avoir pratiqué des trous dans l'argile
pour y introduire des objets faux. [Il n'a jamais été question de cela ;
c'est répondre, mais à côté. Oui ou non, a-t-elle pratiqué un trou,
et si oui, pourquoi ? Voir p. 203, ligne 7. — S. R.]

DÉCEMBRE 29. — Morlet téléphone au *Matin* que le dessin
de Dussaud dans le journal de ce jour est un *faux*. Déjà il avait
inspiré le truquage d'une photographie *(Journal)* qui permettait
de lire *Glozel* au bas d'une tablette.

— Forest *(Matin)* trouve un grand intérêt aux histoires de Glozel. « Elles habituent le public à penser à la préhistoire, aux générations d'hommes qui jadis, pour sortir de la sauvagerie, ont len-
tement conquis la civilisation par des ingéniosités successives. »

— Dussaud, dans le *Matin*, parle d'abord de la lettre non signée.
Il devait, le 9, demander le Comité secret : « Nos réglements sont
très stricts, je ne pouvais déflorer ma communication (1) et je
désirais pourtant prévenir Varigny qu'il s'enferrait. » — Ce n'est
qu'en 1923, au lendemain de la découverte d'Ahiram, que Dussaud a attribué l'invention de l'alphabet aux Phéniciens (2). Il
n'est donc pas vrai que Glozel menace « l'œuvre de sa vie ». — Si les
tablettes trouvées à Glozel étaient authentiques, ce serait le nom-
bril du monde (3). — Dussaud rappelle son article de *Syria* (1923)

(1) *Jamais* aucun réglement n'a interdit d'écrire une lettre, en la
signant, sur une question qu'on désire soumettre à l'Académie. Cette
nouvelle excuse est une plaisanterie. — S. R.
(2) C'est jouer sur les mots ; il s'agit de l'invention *exclusive*, sans antécédents. — S. R.
(3) Mais quel imbécile a jamais fait inventer l'alphabet dans ce vallon ?
— S. R

au grand bénéfice des faussaires (1) ». — Clément aurait exprimé
à Fradin le regret de ne pas voir de signes sur les tablettes. Alors
Émile en apporte une en janvier 1925 avec des chiffres déformés
et un signe d'équation [le fac-similé donné ici est un *faux*, voir
plus haut]. Puis Clément prête des livres à Fradin (2) qui fait des
progrès. En avril 1925, entré en relations avec Morlet, il lui remet
des briques mieux cuites dans le four de verrier. Bientôt il est à
même de satisfaire toutes les exigences. « M. S. Reinach veut-il
une brique avec caractères phéniciens ? La voici (3). » — Mon très
savant confrère Jullian, l'imagination aidant, déchiffre d'em-
blée l'inscription où il voit des cursives latines. Sa joie s'affaisse
à l'apparition d'une nouvelle tablette inintelligible et qu'il déclare
apocryphe. Pourquoi ? Parce que le jeune Fradin l'a semée de
caractères appartenant à tous les alphabets archaïques, de caractères isolés dépourvus de toute signification (4). Les groupes de
deux lettres sont rarissimes et ce n'est que dernièrement que
Morlet a obtenu quelques groupes de trois lettres. Ce fatras de
caractères sans suite, sous lesquels il n'existe pas de langue,
prouve que le faussaire a piqué au hasard du tableau ou des tableaux qui lui ont servi de modèles (5). — Dussaud rappelle ensuite
que M. Reinach a démontré (6) à l'Académie l'analogie entre les
caractères de Glozel et ceux de Spiennes, qui sont un faux de
Lequeux.

— « J'affirme que toutes les inscriptions de Glozel sont vaines ;
tout le bazar est truqué, à l'exception de quelques spécimens d'on
ne sait où, glissés dans le tas pour égarer les scrutateurs. « *On jette
les hauts cris quand nous inculpons le jeune Fradin d'avoir fabriqué
3.500 pièces*, dont certaines sont vraiment d'un grand artiste.
Vrain Lucas en avait fabriqué 2.700, Selim el Kari et Lequeux

---

(1) Dussaud sait pourtant que *Syria* ne circule pas dans l'Allier ! C'est
la première fois qu'il met en avant cette énormité pour expliquer la
tablette de mars 1924, niée par lui précédemment. — S. R.

(2) Quels livres ? Que Clément les produise ! — S. R.

(3) Voir le sigle p. 209, note 2.

(4) Pas un caractère sanscrit, pas un d'hébreu carré ! Dussaud croit-
il lui-même à ce roman ? — S. R.

(5) Où sont ces tableaux ? Qu'on les produise ! — S R.

(6) S. Reinach n'a rien *démontré* ; il a signalé en passant le svastika
employé comme caractère dans une brochure de Rutot qui avait été
mystifié par Lequeux. — S. R.

presque autant (1)... *Les deux Fradins détiennent la clef du mystère de Glozel.* Ils sont les auteurs de la mystification, ou les complices d'un auteur plus averti (2). Dites bien, en tous cas, que je tiens le Dr Morlet pour parfaitement sincère et simplement victime des mystificateurs. »

« Jusqu'à ce jour, remarque le journaliste, le jeune Fradin accepte, avec une résignation stoïque, d'être traité de faussaire, dédaigneux des lois qui sont à sa disposition pour riposter. »

— Loth dit au *Matin :* « Il est parfaitement ridicule de présenter le Dr Morlet comme un naïf, victime des Fradin. C'est un homme jeune d'esprit et de cœur ferme, très intelligent, excellent observateur ; ses professeurs de l'École de médecine de Clermont ont de lui la plus haute idée. Quant à présenter le jeune laboureur Fradin comme l'inventeur des 3.000 pièces recueillies, c'est bouffon, c'est un défi au bon sens. »

— Pittard, interrogé à Genève, a dit qu'il croit fermement à une mystification, la profondeur du gisement ne correspondant à aucune réalité scientifique. « M. Espérandieu, qui tient toujours pour l'authenticité, serait attendu à Genève, où il soutiendrait, en conférence, la thèse glozélienne ». [Par déférence pour Pittard, Espérandieu a écrit à Deonna, dès qu'il connut le verdict de la Commission, qu'il ne parlerait pas à Genève. — S. R.].

— S. Rocheblave se demande dans les *Débats* qu'en penserait Caylus ? Il rappelle qu'au lendemain d'une querelle entre savants il écrivait au P. Paciaudi : « Les savants qui se battent sont bien ennuyeux ». [S. Rocheblave, depuis une autre Affaire, n'aime pas qu'on combatte pour la vérité. — S. R.].

— Dans le *Figaro*, Mendes Correa félicite Morlet du résultat « absolument favorable » de l'analyse de l'os et ajoute : « Dans ma lettre à Pittard et à Bosch, je leur dis que je ne crois pas qu'ils signent un rapport où les constatations de l'absence de fraude ne soient pas proclamées formellement. »

— Morlet, dans la *Liberté*, nie les emprunts qu'Émile aurait

(1) Quel amour de l'inexactitude ! Lequeux a peu fabriqué. — S. R.
(2) S. Reinach craint fort que les soupçons de son confrère ne descendent un jour jusqu'à lui.

faits à des livres et proteste contre l'accusation de Dussaud qui
traite Émile de fausssaire.

DÉCEMBRE 30. — Herriot a dit à Massabuau : « Le
classement ne sera pas interrompu. Dans cette affaire,
je n'ai chargé personne d'une mission officielle. Le rapport de Champion ne manifeste qu'une opinion personnelle. » On annonce une nouvelle interpellation du
sénateur de l'Aveyron.

— **Aug.** Audollent publie *L'énigme de Glozel*, Paris,
éd. Spes. C'est l'article du *Correspondant* du 10 nov.,
augmenté d'un appendice jusqu'au 23 décembre. « La
Commission devra fournir la preuve de la supercherie
et le nom du faussaire. C'est le moins qu'on soit en droit
de lui demander (p. 31). »

— Camille Jullian *(Matin)* confirme sa thèse hémi-
glozélienne. Dans son ensemble, le « trésor » serait authentique, mais gallo-romain.

« Je ne varie pas d'une ligne. A Glozel, nous nous trouvons en
présence d'un gisement original dont le centre est fixé par la place
du four à fritter (renvoi à l'art. de Franchet). Le gisement serait
l'annexe d'un sanctuaire gallo-romain, là où la route Bourges-
Vichy-Ferrières-Feurs abandonnait le territoire des Arvernes
pour celui des Ségusiaves et passait par Glozel. Les pièces authentiques sont des pièces courantes dans la sorcellerie. L'écriture des
premières tablettes est de la cursive latine, avec lettres couchées
comme dans les formules de magie. Le fragment où on lit GLOZ
a pour pendant un abraxas publié en 1657 où on lit GLOZ à la 2e
ligne [c'est inexact. — S. R.] Dans toutes les formules magiques,
les sorciers gallo-romains employaient des caractères empruntés
aux alphabets hébreu (1) et phénicien. Je tiens pour authentique

(1) Pas une lettre hébraïque à Glozel ! — S. R.

et gallo-romaine une partie du trésor de Glozel. Mais, j'abonde dans le sens de la Commission qui dénonce l'introduction d'un nombre considérable d'objets tarés. Toutefois, le lot des objets authentiques a un réel intérêt, car il s'apparente aux dernières manifestations de la vie païenne dans les endroits les plus reculés de la Gaule. »

— Morlet *(Quotidien)* réduit à néant les accusations de la Commission sur la non-virginité du sol de Glozel et oppose à des propos frivoles le témoignage des photographies. En P. S., il signale la fausse transcription d'une tablette par Dussaud (*Merc.*, 1er déc. 1927; p. 266).

— Loth écrit à l'*Intransigeant* qu'une preuve de non remaniement du terrain, c'est que les tessons de grès ne sont pas mélangés à l'argile.

— Marcel Sauvage *(Ibid.)* trouve surprenant que des personnages comme Begouen, Peyrony, miss Garrod ne fassent pas justice des accusations qui pèsent sur eux.

— On a dit, puis nié qu'Herriot irait à Glozel pendant les vacances du nouvel an.

— Tricot-Royer publie, dans le *Neptune* d'Anvers (30 déc.) un minutieux historique des fouilles de la Commission, auxquelles il assistait, et une critique concluante du rapport.

— Marin, ministre des pensions, dit qu'il n'a jamais cru à Glozel, que les membres de la Commission ont été convaincus par leur premier contact avec le terrain. Pittard est reparti parce que le soir même la Commission était tombée d'accord sur la non-authenticité. « Quant à S. Reinach et à ses amis, leur attitude me paraît presque indécente. »

— Le Dr Romieu, dans le *Petit Marseillais*, trouve très faible le rapport de la Commission et dit que sa foi reste entière dans l'authenticité du gisement.

— Le correspondant du *Times* traduit l'attaque de Dussaud contre les Fradin et parle à la légère du manque de méthode et de discipline qui ont vicié les fouilles.

DÉCEMBRE 31.— Breuil écrit au *Matin* pour déclarer : 1º qu'il admet comme la Commission le truquage du champ ; 2º que la présence d'os fossiles renforce la thèse de la fraude, car, étant donné le terrain de Glozel, ils auraient dû tous disparaître ; 3º qu'il a vu Pittard et peut affirmer qu'il n'a jamais cru à Glozel ; 4º que la végétation superficielle ne prouve rien. — A quoi Morlet a répondu en envoyant au *Matin*, qui le publie, le cliché d'un vase-masque traversé par une racine de bruyère ; le vase, extrait en présence d'Audollent, suffirait à ruiner l'accusation de fraude portée [par l'ignorance et la jalousie] contre les Fradin.

Le *Matin* s'occupe ensuite des brochures de Butavand et d'Arthaud, cherchant l'explication du glozélien dans le tifinagh ou dans le turc archaïque *(deliramenta)*.

« Et là-bas, impassible, le jeune Fradin continue à faire les honneurs de son Musée, de 4 à 10 francs par tête, suivant le degré de curiosité du visiteur. »

Enfin, une lettre de Begouën. C'est l'affaire de Marin de répondre pour l'I. I. A. ; reste son rôle personnel. «Morlet m'accuse d'avoir voulu naufrager Glozel ; c'est reconnaître qu'il s'agissait d'un *bateau*. » Morlet n'a rien trouvé à redire à la Commission tant qu'il a cru, dans son aveuglement, qu'elle lui serait favorable. » C'est une victime de l'esprit fraudeur de Glozel et aussi de quelques savants dont la responsabilité est grande, dans cette affaire. Et il termine par ces mots héroïques : « Je ne permets à personne de suspecter ma bonne foi et mon impartialité ! »

— Dans la *Dépêche de Vichy*, Morlet critique en détail le rapport.

1º Comment admettre que l'introduction de pièces dans le sol laisse intactes les racines ?

2º Le dessin de la p. 12 est aussi inexact que la description. La photographie montre dans la terre végétale des traits verticaux

lisses qui sont les traces de l'instrument tranchant avec lequel
Favret a détaché la motte. Cette motte a été enlevée sans être
examinée. A ce moment, Pittard était parti et Bosch fouillait à
l'autre bout du champ. Les nombreuses racines qui, sur les photographies, pendent au-dessus de la tablette, attestent que la terre
n'offrait aucune discontinuité à ce niveau. S'il avait existé, comme
dit le rapport, une cavité de terre jaune très meuble, elle n'aurait
pu supporter la masse des terres quand Morlet a creusé un canal
pour dégager la tablette. Sur le croquis, la pierre d'éboulis est
bien à l'aplomb au-dessus de la tablette et la description prétend
que la couche jaune pénétrait, par un relief de 8-10 centimètres,
dans la couche végétale. Or la pierre était placée bien plus à droite
et la ligne de séparation des deux couches de terrain présentait
une légère voussure de 2 centim. d'épaisseur. Jamais on n'a pu
constater la moindre parcelle de terre trouvée dans la couche
archéologique. Le dessin figure un cône vertical de terre dont il
n'y a pas de trace sur la photographie (1).

3º Les antiglozéliens, qui nous ont reproché d'invoquer l'argument d'autorité, s'inclinent aujourd'hui devant des savants qui
ne valent pas nos témoins.

4º La tablette est fausse, dit-on, parce qu'autour d'elle la terre
est plus meuble ; mais l'idole, entourée d'une terre dure, serait
fausse aussi. [Évidente mauvaise foi. — S. R.]

5º La motte contenant l'empreinte négative de l'idole était
attachée au sol par un faisceau de racines qu'il fallut trancher au
couteau. Il n'y a pas un mot de cela dans le rapport.

— Breuil écrit aux *Débats* une lettre semée d'injures
pour affaiblir la démonstration de Correa.

1º La Commission ayant, après Vayson, établi l'introduction
frauduleuse d'objets dans le sol (2), il est possible qu'on y ait
introduit aussi des os subfossiles ; 2º vu la nature du sol de Glozel,

(1) Le dessin n'est pas, comme on l'a insinué, de Tricot-Royer, mais
peut-être involontairement inexact ; quant à la description, elle est simplement frauduleuse. — S. R.
(2) C'est cette phrase qui est frauduleuse. Vayson et la Commission
sont en parfait désaccord, celui-là croyant aux canaux latéraux, celle-ci
aux trous verticaux ! — S. R.

aucun os ancien ne peut s'y conserver ; 3° des racines ne signifient
rien, car il suffit, avec la collaboration des lombrics, de peu
de semaines pour reconstituer des radicelles. En terminant, Breuil
affirme que Pittard a quitté à cause d'une toux cardiaque et qu'il
a pris une part active à la rédaction du rapport.

— H. Clouzot intitule *Finis Glozeliæ* un violent
article dans l'*Opinion :*

« Non ! nous n'illuminerons pas ! Ce dénouement est lamentable.
Non seulement la science est victime d'une escroquerie, mais les
visiteurs du musée de Glozel sont fondés à intenter une action ;
Mᵉ Garçon l'a prouvé dans les *Débats*. Comme à Guignol, on verrait
apparaître le gendarme au dénouement... La Commission a découvert, sur une pierre faisant partie de l'appareillage inférieur du four
de la ferme, la gravure très nette d'une tête d'animal, vue de pro-
fil (1). Il n'était que juste, à la gueule de ce four, que le potier glozélien laissât son signe et sa signature. »

Suit le texte de la Déclaration-Galilée, qualifiée de « singulière »
et un hommage rendu à la conversion de Peyrony. A la fin, Clouzot cite le mot « d'un glozélien notoire », résistant jusqu'au bout à
l'évidence : « Glozel, Monsieur, n'est peut-être pas authentique,
mais il le deviendra (2). »

— L'*Intransigeant* réédite l'histoire stupide du faussaire anglais, Rogers, donnée il y a longtemps par le *Daily Mail* (7 oct.
1927), qui prétend avoir « truffé » Glozel.

— Chassé, poursuivant son enquête sur Glozel *(L'Opinion)*,
songe aux empreintes digitales, consulte un détective, un presti-
digitateur, un briquetier, un potier, un psychologue, etc. Les uns
se récusent, les autres croient à l'authenticité.

— Dans l'*Illustration* (p. 760), le rapprochement de la coupe mal
dessinée du terrain et de la photographie de ladite coupe constitue un document précieux et accusateur.

(1) Cette ânerie est, en effet, dans le rapport. Il s'agit d'un *lusus natu-
ræ*, sans trace de travail humain ! — S. R.
(2) Médiocre parodie du mot de Diderot sur Dieu. Aucun « glozélien
notoire » n'a pu dire une pareille bêtise.

— Labadié-Cabrerets, dans le *Progrès civique*, attend la Commission de savants indépendants qui doit fouiller à Glozel au printemps. « Si celle-ci concluait à la fraude, nous serions les premiers à réclamer, comme Pierre Mille, des poursuites contre le fraudeur inconnu. »

Le Journal du Midi (Nîmes) publie un prétendu télégramme de Paris : « On se préoccupe de savoir qui alimente, au point de vue financier, les polémiques soulevées par le rapport concluant aux fraudes de Glozel. Des sommes considérables sont dépensées, on se demande dans quel but ».

— Un télégramme de Paris au *Times* donne le détail de la thèse de Jullian et rappelle que Morlet a signalé la fausse copie sur laquelle est fondée une de ses lectures, ainsi qu'un faux analogue produit par Dussaud.

— Dr G. Arthaud, *Étude sur le syllabaire de Glozel.* Paris, Presses universitaires. L'auteur croit à l'authenticité des objets, mais s'imagine que les signes glozéliens s'apparentent à ceux de la Chine (1) et du runique sibérien de Thomsen (inscriptions turques de l'Orkon). L'inscription STX, lue de g. à d., donne avec le tableau de Thomsen la transcription DoQA, qui rappelle l'anglais *dog*, chien. — *Deliramenta.*

(1) Émile Burnouf avait lu et traduit par le chinois (qu'il ignorait d'ailleurs) une inscription trouvée par Schliemann à Hissarlik.

1928

JANVIER

JANVIER 1. — S. Reinach (*Matin*) donne trois raisons pour ne pas admettre la thèse gallo-romaine de Jullian, concède que quelques signes de l'alphabet de Glozel ont pu se conserver dans les écritures secrètes des sorciers, mais considère la thèse de la fabrication d'une telle masse d'objets par un paysan comme un défi au bon sens. Il note que Jullian, avec sa probité intellectuelle, ne l'admet pas davantage. — Le *Matin* ajoute : « La controverse continue, mais peut-être ne tarderons-nous pas à être fixés. »

— Espérandieu (15 nov. 1927), raconte au *Mercure* (1er janv. 1928, p. 193), l'histoire de l'ouverture de la 1re tombe, et du professeur de botanique suédois, ami de Bacchus, qui vint le trouver à Nîmes pour lui dire que tout était faux. Voir 24 juin 1927.

— Marcel Coulon (*ibid.*, p. 123) traite la campagne antiglozélienne de « magnifique cas clinique » et souhaite que « les Dussaud, Breuil et autres Vayson » donnent un peu la paix au *Mercure*.

— Van Gennep (*ibid.*, p 197) parle de la « lettre en coup de poignard de S. Reinach », qui détruit toute l'argumentation de Begouen, et se félicite qu'il y ait eu lors des fouilles plusieurs

témoins journalistes impartiaux. — « J'ai moi-même, écrit-il, ma
théorie : pillage du sanctuaire par des ennemis et dispersion des
objets sacrés » [mais il y aurait eu de la casse ! — S. R.]

— Mayet (*ibid.*, p. 195) proteste contre le passage de la brochure
de Dussaud où les fouilles de Solutré sont critiquées sans aucune
connaissance du sujet et où il est question d'un rapport inexistant
d'Absolon. « Il est lamentable, écœurant même, de voir discuter
une question scientifique avec des ragots de concierges. »

— Begouen, écrivant à la *Dépêche* de Toulouse, dit que S. Reinach altère sciemment les faits. P. Paris, venant de Madrid, lui a
dit que Correa cherchait une explication pour des analyses d'os
rapportés de Glozel. « On ne me demandait pas le secret. J'adres-
sai à un journal de Paris une note disant que le bruit courait, etc.
Cela était scrupuleusement exact. Le journal inséra cette note
en lui donnant son lieu d'origine, Porto, sans mentionner le relai
de Toulouse. » Du reste, « nous sommes d'accord, Peyrony et moi,
sur Glozel. Cela me venge des sarcasmes et des injures de Loth,
Espérandieu et autres Reinach. »

— Le *Journal du Midi* (voir 31 décembre 1927) insère une protestation d'Espérandieu contre le télégramme publié le 31 : « C'est
sûrement un faux qui fait suite à quelques autres, comme, par exemple, certain télégramme daté de Porto, mais fabriqué à Toulouse. »

— Billiken, dans l'*Écho d'Anvers*, écrit : « Les professionnels
ont-ils le monopole de quoi que ce soit ? M. S. Reinach est plus
jeune, plus éloquent, plus vrai qu'eux tous quand il affirme qu'aucun rapport ne saurait détruire ce qui est. L'erreur n'a jamais
le dernier mot et, ce qui recevra des coups dans cette circonstance,
c'est la science officielle, ce n'est pas la vérité. »

— *El Sol* (Madrid) rend compte d'une conférence faite à Barcelone le 30 décembre par Bosch Gimpera, qui réédite les arguments
de la Commission et ajoute : « Admettre l'authenticité de tels
objets serait modifier essentiellement le fondement de toute
l'archéologie préhistorique. »

JANVIER 2. — Morlet répond à Breuil *(Progrès de l'Allier)*.
Breuil, qui parle des «fausses nouvelles souvent calomnieuses et

lâches répandues à profusion par les glozéliens », ce qui est une
audacieuse interversion des rôles, voudrait être le seul préhistorien de France et qualifie ses adversaires de « polygraphes, celtisants, anthropologistes physiques, etc. » Il confond *décomposition osseuse* et *fossilisation*, qui sont précisément des états contraires. Comme Begouen, membre occulte *aussi* de la Commission,
il dit maintenant que l'analyse des os est sans intérêt. Ce qu'il
affirme sur la soudure rapide en terre est contredit par Espérandieu.
Ce qu'il dit de la croissance rapide de la fougère confond *étendue*
et *profondeur*. Au sujet de Pittard, le savant suisse a donné lui-
même plusieurs versions. Il voulait partir à cause d'un cours,
puis d'une toux ; Peyrony a rapporté qu'il voulait assister à la
discussion du budget des laboratoires. Il n'a pu prendre la part
importante que dit Breuil à l'élaboration du rapport, puisqu'il
est parti avant la découverte de la tablette sur laquelle roule
l'accusation de faux.

JANVIER 3. — Loth fait l'historique des fouilles de
Glozel au Collège de France et annonce pour le 7 une
réfutation du rapport de la Commission.

— S. Reinach *(Débats)* répond à Breuil. Il s'étonne qu'après
avoir fait grand cas d'une analyse fausse on prétende n'en faire
aucun de la vraie. Que penser du procédé de la Commission qui
n'a pas signalé à Morlet les marques prétendues d'un remaniement du terrain ? La coupe de ce terrain, comparée à la photographie de l'*Illustration*, paraît frauduleuse. Les réseaux de
radicelles enveloppant les objets sont une preuve bien connue
d'authenticité. S. Reinach termine ainsi : « Il est triste de lire
de pareilles choses sous la plume d'un homme qui a rendu de très
grands services à la science, mais qui voudrait bien, semble-t-il
parfois, être seul à lui en avoir rendu. »

— Élu en décembre membre de la Soc. d'Émulation, Dussaud
va prendre séance à Moulins et fait une conférence avec pro-
jections sur Glozel, le public n'étant pas admis. Il essaie de
prouver qu'il ne s'agit pas d'une langue, les lettres étant piquées
au hasard et n'offrant aucune combinaison justifiable par le calcul
des probabilités. Le colonel de Saint-Hillier l'a contredit et a

raconté (*Matin* du 4) comment, avant l'intervention de Morlet, il a déchiffré sur les tablettes du libyco-phénicien, voisin de l'arabe vulgaire. — Dussaud se plaint qu'il n'y ait pas de service d'antiquités en France ; une loi devrait mettre les fouilles sous l'autorité des architectes des monuments historiques (1).

— L'instituteur Clément raconte *(Intransigeant)* que, lors de l'ouverture de la fosse ovale, Émile lui permit de prendre une grande brique ; il en laissa une autre, qui ne portait pas d'inscription. Sept mois après, Émile la lui présenta, couverte de signes. Marcel Sauvage se demande pourquoi Clément a tant tardé à raconter cela ; il rappelle que Clément, avec Viple, fut écarté du champ de fouilles et qu'il y eut des scènes entre lui et les Fradin.

— Claude Fradin, employé à la Cⁱᵉ du gaz de Lyon, cousin des Fradin de Glozel, raconte qu'il y avait dès le xvıᵉ siècle une poterie et une tuilerie à Glozel. Les briques à inscriptions, portant des commandes en abrégé, seraient des restes de cette industrie. Les vases « tête de mort » auraient contenu des teintures nocives (car la teinturerie a également fleuri dans ce pays) et les rennes seraient le blason d'une riche famille de Des Rennes, qui habitait là vers 1750. — *Deliramenta.*

JANVIER 4. — Devant témoins, Clément proteste contre les propos qu'on lui prête sur la brique où Fradin aurait inscrit des signes *(Matin)*. Il ne peut dire s'il y avait ou non des signes sur la brique que lui montra Émile en juillet 1924. Mais il dit qu'en janvier 1925 Émile annonça avoir découvert des signes en lavant la brique. « Il me montra, au cours d'une visite à Glozel, la brique sommairement nettoyée ; je dus, pour faire nettement apparaître quatre caractères, la brosser et la gratter à la curette pour la débarrasser de la boue qui la couvrait encore. »

— Ugo Antonielli, dans le *Giornale d'Italia*, approuve entièrement le rapport de la Commission et attaque violemment S. Reinach, comme principal responsable du scandale. Il a déjà protesté contre Glozel à la Société de géographie italienne le 15

---

(1) Ce serait la fin de toute archéologie ; ces Messieurs travaillent en terrassiers et le mal qu'ils ont déjà fait aux stations romaines de France est incalculable. — S. R.

décembre dernier. [Le ton de cet article est grossier et ridicule. —
S. R.]

— S. Reinach *(Daily News)* expose au long la controverse et
montre comment Favret et les autres commissaires ont manqué
à leur plus strict devoir, quand ils ont cru constater un remaniement du terrain à Glozel, en ne provoquant pas les explications
de Morlet et d'Émile Fradin. Il annonce que les fouilles seront
reprises au printemps et espère que les principales Universités
seront priées de s'y faire représenter.

— Dans le *Canard Enchaîné*, P. Bénard publie des lettres sup-
posées de Morlet à Dussaud, de Dussaud à Morlet (anonyme), de
Begouen à S. Reinach, de S. Reinach à Begouen (qu'il appelle
« vieux mammouth »), enfin d'Émile aux précédents, pour leur
annoncer que le droit d'entrée est porté à 6 francs.

JANVIER 5. — Le *Matin* publie un très important
article. En tête, la maison des Fradin et Émile dans le
champ. Pierre Guitet-Vauquelin et Clérisse, rédacteurs
du journal, ont fait des fouilles la veille en dehors
des fils de fer, après avoir visité le musée « dont pas une
pièce ne cause la moindre inquiétude aux honnêtes
gens ». La fouille eut lieu d'abord au N.-E., où l'eau
obligea d'y renoncer, puis au S. Il fallut commencer par
abattre des arbres, à quelques pieds au-dessus de la
rivière. Vers 10 h., on trouva de la poterie en grès ; à
11 h. 30, dans la masse argileuse, parut un galet noir
elliptique, portant trois signes connus. Le grand-père
s'écria : « Ceux qui croient que les Fradin sont des faussaires n'iront pas dire qu'ils ont pu mettre le caillou
où c'est que vous l'avez trouvé ! » (à 0^m 60 de profondeur, « au milieu d'une véritable forêt de racines drues »).
Après déjeuner (les Fradin y assistaient), une nouvelle

tranchée donna un harpon en os avec brisure ancienne ;
une troisième un burin en pierre dure, puis un morceau
d'os taillé en pointe « couvert de signes ». S. Reinach a
vu ces objets, dont l'authenticité défie toute critique
loyale. Le grand-père a eu raison de s'écrier : « Maintenant vous pouvez dire que ce n'est point les Fradin
qui sont des faussaires, mais ceux qui insultent les honnêtes gens qui ont assez de bien au soleil pour n'avoir
pas besoin de tromper le monde ! »

— Peyrony essaie d'expliquer sa volte-face au *Petit Parisien*.
Il a cru d'abord à la thèse de Jullian. Le galet gravé, posé verticalement, et « la constatation très nette de l'enfouissement récent
de la brique » l'édifièrent ; ce fut alors que Favret dit : « On peut
remballer. » Quant au rapport Champion, il dit n'être pas seul à le
connaître. C'est un homme honnête dans toute l'acception du
mot que Champion. » Je sais que son éminent maître S. Reinach,
bien que n'étant pas de son avis, ne me contredira pas (1). »

— Un envoyé du *Journal* a trouvé Mlle Picandet en larmes
avec Morlet. « D'occultes influences l'ont fait arracher à son fief
de Ferrières et la voilà nommée dans un autre village de l'Allier,
à Saint-Yorre. » Mlle Picandet a raconté une fois de plus son rôle,
celui de Clément et de Viple, qui démolirent la fosse ovalaire et
en emportèrent les débris. « Depuis, Clément, Viple et la Société
d'Émulation se sont brouillés avec les Fradin et sont devenus
d'ardents antiglozéliens. Pour moi, ma conviction reste inébranlable : Glozel est authentique. » Puis elle aurait dit : « Nous ne
risquons rien, n'est-ce pas ? Que pourrait-on me faire ? » —
« Pourquoi voulez-vous, triste Mademoiselle, que je vous fasse
dire quelque chose ? Sauriez-vous donc ce quelque chose de flot-
tant et d'insaisissable qui constitue tout le mystère de Glozel ? »
L'entretien en resta là, mais S. Reinach ayant écrit à Mlle Picandet, celle-ci lui confirma son déplacement, qui a toute l'apparence

(1) Champion travaille à Saint-Germain, avec S. Reinach, depuis 1896.
C'est, en effet, un honnête homme et un artiste habile ; mais, pas plus que
Peyrony, il n'a reçu aucune éducation d'archéologue. — S. R.

d'une disgrâce, parce qu'à Saint-Yorre elle n'est plus directrice d'école.

— Un journaliste, téléphonant de Vichy au *Journal*, raconte que Seymour de Ricci, assistant avec S. Reinach à une fouille en 1926, aurait prétendu que Morlet apportait des objets avec lui, alors qu'il a exprimé ce soupçon, d'ailleurs absurde, à l'égard d'Émile. D'où l'annonce d'un procès en diffamation intenté par Morlet à Ricci, rumeur que les démentis concordants de S. Reinach et de Ricci ont apaisée (*Matin* du 6 ; *Liberté* et *Journal* du 7, etc.). Voir plus haut, p. 43.

— Les *Débats* publient, comme « d'un haut intérêt psychologique », la réponse de Morlet à Breuil. En ce qui concerne « le gazon relevé par plaques, comme une couverture de lit, qui met peu de semaines à saturer son feutre » (Breuil), Morlet cite le témoignage d'Espérandieu, qui a souvent opéré des gazonnements de fortifications de campagne : « Des mottes juxtaposés ne se soudent pas aisément et l'on pourrait encore, au bout de plusieurs années, les enlever une à une. » En ce qu'il dit de la fougère, Breuil confond l'espace qu'elle peut envahir avec la profondeur de ses racines. « Comme toujours, les antiglozéliens veulent jeter de la poudre aux yeux. Begouen fabrique de fausses dépêches ; Dussaud écrit une lettre anonyme, falsifie sans vergogne (*Matin*, 29 déc.) une inscription de la 1re tablette (cf. *Merc.*, 1er déc. 1927 p. 266) ; Breuil veut faire confondre décomposition des os et fossilisation. » Au sujet de Pittard « je suis gêné de préciser » ; s'il savait à l'avance qu'il devait assister à une discussion du budget des laboratoires, pourquoi accepter des fonctions de juge ? S'il est vrai, comme le dit Peyrony, qu'il prit une part *très active* à la rédaction du rapport, comment a-t-il pu se montrer affirmatif sur le gisement de la tablette, puisqu'il n'y était pas quand on l'a trouvée ? »

— Peyrony écrit aux *Débats* au sujet de l'incident Garrod (7 nov. 1927) et dit [contrairement à la vérité] que Morlet s'engaga à n'en point parler.

— Dans la *Dépêche de Toulouse*, Émile raconte que Peyrony, en novembre dernier, l'assaillit de questions et lui dit : « Vous êtes comme ces brigands qui attaquent les voyageurs sur la grande route ! » La mère Fradin déclara : « La tête sous le couperet, nous dirions que c'est vrai ! » Un bonhomme du pays a raconté que le grand-père a longtemps vécu à Ferrières, fréquentant un château plein d'objets faux. Il y a trois ans, le facteur aurait apporté à Glozel « de pleines musettes de colis postaux mystérieux ».

— Dans le même journal, S. Reinach répond aux injures de Begouen en mettant au point l'histoire des télégrammes fabriqués.

— Clément, instituteur à Chantelle, dont Émile fut quelque temps l'élève, raconte (cf. *Petit Parisien* du 4 ; *Débats* du 5) que peu après sa première visite à la fosse ouverte le 1er mars, il reçut à La Guillermie la visite d'Émile, auquel il avait montré un jour le bracelet de Montcombroux. En oct. 1924, Émile lui apporta une hache polie trouvée aux environs ; Clément lui proposa une excursion au retour de laquelle Émile lui montra « avec embarras » un fragment de galet trouvé près de la fosse où on lisait « à peu près » STX. « Voici une pièce de premier ordre, il faut fouiller les déblais », dit Clément. Mais, pendant trois mois, Émile ne trouva à Glozel qu'un fragment de hache et un petit galet triangulaire orné d'un signe. A la fin de janvier 1925, étant chez Clément, Émile lui dit qu'il avait brossé la petite brique bien cuite que Clément avait vue le 9 juillet et y avait remarqué « toute sorte de signes. » Clément alla à Glozel, reconnut la brique et se reprocha de n'avoir pas vu les inscriptions le 9 juillet. Plus tard seulement il s'est dit que les lettres avaient été tracées depuis.

— Séverine *(Petit Provençal)* est ravie de l'affaire de Glozel par deux raisons : 1° parce qu'elle oppose un démenti à ceux qui prétendent que la passion est morte en France (« tout plutôt que la mare stagnante ») ; 2° parce qu'il lui semble, dans ce tumulte, percevoir la voix de son mari le Dr Adrien Guebhard, ancien président de la Société préhistorique de France, qui redoutait l'influence de l'Église dans ce domaine. A ses yeux, l'Institut fondé par le prince Albert de Monaco a été mis par le fondateur, « manœuvré très habilement », entre des mains ecclésiastiques. [S. Reinach a vu tout cela de près et peut affirmer qu'il n'y eût pas de « manœuvres », mais hommage rendu aux mérites de deux clercs. — S. R.] « Beaucoup de robes, poursuit Séverine, s'agitent autour du champ Fradin : celle de l'abbé Breuil, celle de Miss Garrod son élève, sans compter celles qu'on ne voit pas ». [Les laïcs sont souvent bien plus Basiles que les clercs. — S. R.] Elle conclut en demandant qu'on déclasse le champ et qu'on rende à Morlet la liberté de l'explorer.

— Dans les *Ailes*, sous la signature *Wing*, l'affaire de Glozel est très justement rapprochée de celle de Makhonine : « Plongez dans le goudron de houille le drame héroï-comique de Glozel et vous aurez une idée de l'affaire Makhonine (1). »

— S. Reinach *(Times)* proteste contre l'accusation de « manque de méthode, etc. » dont le correspondant de ce journal s'est fait l'écho (30 déc.). C'est le contraire qui est vrai. L'accusation a été inventée par les ennemis de Morlet qui voudraient faire exproprier le champ de Glozel à leur profit. « Mais il y a de bons chiens de garde à Glozel ; je suis l'un d'eux. »

— E. H. L. Schwarz, professeur à *Rhodes University*, dit que les primitifs alentour du bassin de la Méditerranée parlaient, comme les Hottentots et les Boschimans, par *clicks*, ce qui explique que leurs inscriptions, ne répondant pas à un langage articulé, soient inintelligibles *(Daily Mail)*.

JANVIER 6. — Les envoyés du *Matin*, Guitet-Vauquelin et Clérisse, ont déblayé non loin de Glozel, à la Goutte Barnier, de vieilles galeries creusées dans l'argile où la stabilité de la terre est évidente (à propos de la tombe à moitié vide de Glozel). Le journal publie les trouvailles faites le 4. — Dans la région, on ne dit que du bien des Fradin, qui ont déclaré être excédés d'être traités de faussaires.

— S. Reinach descend du fauteuil présidentiel à l'Académie des Inscriptions et cède la place au vice-président Glotz. L'un et l'autre, dans leur discours,

---

(1) Dans cette affaire d'un nouveau carburant, on a d'abord essayé de voler sa découverte à Makhonine, puis de prouver qu'elle ne valait rien en l'expérimentant sur des engins avariés. — S. R.

ont fait allusion à la controverse de Glozel. S. Reinach
a demandé que les adversaires en présence expriment
leurs convictions à l'Académie et pas seulement dans
des feuilles éphémères : *foliis tantum ne carmina manda*,
dit Énée à la Sibylle.

JANVIER 7. — Le *Journal* analyse, d'après Champion lui-même qu'on est allé trouver à Saint-Germain,
le rapport envoyé par ce dernier à Peyrony, en cachette
du directeur du Musée. Champion dit avoir tenu en
main à peu près tout ce qui a été découvert de préhistorique ; or, les objets de Glozel n'en présentent pas les
caractères. *La plupart ont dû être copiés sur des manuels
de préhistoire.* Les harpons sont les uns magdaléniens,
les autres aziliens, alors qu'il y a « quelques dizaines
de milliers d'années entre ces périodes ». Harpons inutilisables, à revers et profils maladroits ; harpons en
pierre sans arêtes, ridicules. Il est absolument certain
que ces objets ont été travaillés avec des outils en métal,
les copeaux d'os enlevés par la lame plate d'un couteau ;
la gouge et le burin ont laissé leurs traces. Les cupules
des galets ont été faites avec une mèche d'acier montée
sur un vilbrequin. « Je peux présenter à côté l'un de
l'autre le véritable objet magdalénien ou arisien qui a
servi de modèle, l'objet de Glozel copié et l'instrument
d'acier qui l'a fait. » Toutes les blessures faites par
l'acier sont sans patine véritable. Les dessins sur galets
sont blanchâtres, les cupules blanches. Sur les os, les
coups de lime ont laissé des traces fraîches. Sur les
briques, certains traits profonds sont si récents qu'on

voit au-dessous la terre fraîche et vierge. Les objets de Glozel n'ont pas cinq ans, ils sont d'hier. Les os sont presque tous frais, du pot au feu de la veille ; certains suent des matières grasses. Il y a pourtant trois ou quatre os plus anciens, ceux qu'on a envoyé à Mendes Correa. Des os comme ceux-là, on en trouve à discrétion (il montre une armoire d'os de tombes mérovingiennes). Tous les os de Glozel sont neufs, nets, frais. « Je me charge de faire un objet semblable toutes les dix minutes. Des objets anciens trouvés dans la terre debout ! C'est qu'ils ont été introduits par la surface. » — « Que pensez-vous de Fradin ? — Émile est intelligent ; il apprenait beaucoup avec Clément. Il peint, paraît-il, d'agréables aquarelles ; il est adroit de ses mains ; il peut très bien avoir fait les objets de Glozel. » — « Que les partisans de Glozel se défendent ! » conclut P. Bringuier. [Ils n'auront pas de mal, car tout ce rapport ce résume ainsi : « Je n'ai rien vu encore de pareil ; donc, c'est faux ». — S. R.]

— Sir Arthur Evans, qui est allé à Glozel et à Vichy, écrit au *Times* que tous les objets sont faux et que la Commission a été trop réservée dans son jugement. [Tout l'article n'est qu'un écho des pires contre-vérités de Vayson, Dussaud, Forrer ; Evans n'a rien vérifié, rien critiqué. — S. R.]

1º Il faut déplorer le ton de la polémique et les grossières attaques contre des membres de la Commission (Miss Garrod).

2º *Accepter Glozel, c'est détruire tout l'édifice de nos*

connaissances sur l'âge de la pierre, nier les résultats des recherches de deux générations de savants dont était son père, Sir John, qui le conduisit tout jeune dans la vallée de la Somme pour authentifier les découvertes de Boucher de Perthes. A Knossos, il y a 36 pieds de néolithique stratifié au-dessous du niveau minoen de 3500, lui-même à 20 pieds dans le sol. Et l'on veut qu'à Glozel le magdalénien touche au néolithique !

3º D'après les images qu'il a vues, les trouvailles d'Alvao sont des monstruosités condamnées avec raison par Cartailhac.

4º L'examen des matériaux publiés l'a convaincu de la vérité essentielle des conclusions de Vayson sur les stages chronologiques visibles dans l'évolution de l'industrie de Glózel, si clairement exposés aussi par O. G. S. Crawford. Et quelle évolution ! Un four de verrier du xvıᵉ siècle pris pour une tombe, servant de modèle à deux prétendues tombes remplies d'objets glozéliens : les briques de ce four servant de modèles aux briques inscrites ! L'origine des inscriptions, c'est la collection Perot de Moulins, dont quelques objets [faux, suivant Evans] offraient des caractères glozéliens ou phéniciens. Il y a lieu d'admettre que la connaissance de ces objets fut communiquée à Émile Fradin par Clément.

5º Tous les objets de Glozel sont de la même main. On y remarque les plus frappantes incongruités : gravures magdaléniennes, mauvaises copies de néolithique, flèches en schiste de l'âge des métaux, sélections faites dans les alphabets historiques. « Comment admettre

cet îlot glozélien hybride au milieu d'une mer paléolithique ? »

[Cet article a été résumé, moins exactement que ci-dessus,
dans plusieurs journaux français du surlendemain ; voir *Débats*,
10 janvier. — S. R.]

— Le *Matin* reproduit en fac-similé une lettre de
Dussaud (31 déc.). Il regrette que ce journal, qui a joué
un rôle si brillant dans l'affaire de la tiare, soit cette
fois plein d'indulgence pour les faussaires. « Tant pis,
nous frapperons à une autre porte pour le coup définitif...
J'ai écrit à M. Jullian, au risque de l'attrister, que sa
lecture GLOZ est impossible et qu'il n'y a jamais eu
CLOSET sur la tablette... Morlet a raison, les signes
de l'équation sont un peu fantaisistes [aveu du faux des
trois lettres séparées par =]. Mais le principe est, je
crois, juste. ET C'EST AINSI SIGNÉ : « FRADIN, ÉLÈVE
DE L'ÉCOLE PRIMAIRE. »

[Cette fois, la diffamation est précise ; elle portera ses conséque-
ces. — S. R.]

— Vayson, à qui l'on est allé parler des découvertes des rédacteurs du *Matin*, répond dans *l'Intransigeant : «* Le fraudeur ne
manque pas de tours dans son sac... Le terrain de Glozel se prête
à tous les truquages... Il n'y a pas de rapport entre une grotte
dans un rocher et une construction en pierre sèche au sein de l'argile, qui ne peut rester vide. »

— Dans *l'Opinion*, Chassé poursuit son enquête auprès des
techniciens, dont il demande la participation aux commissions
futures. « L'histoire de Glozel, lui a dit l'ancien commissaire de
police Ernest Raynaud, est bien faite pour rabattre notre superbe ;
c'est l'affaire Dreyfus de la science. »

— Peyrony *(Journal)* répond à Morlet *(Dépêche de Vichy,* 25

déc. 1927) : « J'accuse Émile Fradin de m'avoir menti deux fois :
1° Le 27 nov., à Glozel, il nia connaître une brochure de G. Guillou où sont figurées des haches au tranchant strié comme celles de Glozel. Le même jour, Peyrony lui montra la brochure de Perot (hache gravée, amulette avec signes) ; Émile dit avoir vu la hache chez Clément, mais ni le schiste à inscription ni la brochure. Or, en juillet-août 1924, il a vu cela, et bien autre chose, chez Clément ; 2° Le même jour, Peyrony lui demanda s'il avait jamais eu chez lui Carolus Lamblin, *Révélation des vrais secrets des sciences occultes*. Émile nia par deux fois, alors qu'Augustin Bernard, visitant le musée de Glozel en 1926, remarqua dans la petite bibliothèque le livre de Lamblin. « Pourquoi nie-t-il ? Énigme ! »

[Il est difficile de pousser plus loin la sottise. — S. R.]

— Bernet Albert de Seméac, grand maître des compagnons tailleurs de pierres, dit à l'*Œuvre* que les alphabets mystérieux des maçons contiennent des caractères de Glozel. Il regrette qu'on n'ait pas fait voir le terrain à des terrassiers. Il croit à l'authenticité des inscriptions, mais ne se prononce pas sur l'époque. Des compagnons verriers, au moyen âge, ont pu être collectionneurs de vieilleries.

[Pis que Peyrony ! — S. R.]

JANVIER 8. — La famille Fradin poursuit Dussaud et Peyrony pour diffamation calomnieuse.

— Le *Matin* rend compte de la leçon de Loth au Collège de France (7 janv.), où il a établi l'incompétence de la Commission et insisté sur les récentes découvertes des envoyés du *Matin*. — Le journal dit qu'il importe de retrouver l'habitat des gens de Glozel, le champ des Durantons n'étant qu'une nécropole.

— Clément dit à Labadié *(Dépêche de Toulouse)* qu'il est venu à Glozel le 9 juillet 1924, alors que Morlet n'y est venu qu'en avril 1925. C'est lui qui a initié Émile à la préhistoire. Il lui montra les *Pierres jaumâtres de la Creuse* avec mêmes signes qu'à Glozel [ce n'est pas exact. — S. R.]. Il dit que le morceau de fer qui se trouvait dans la fosse ovale [même observation. — S. R.] a été examiné à Moulins et que c'est une canne de verrier du xvii⁰ siècle. Le musée de Glozel s'est garni d'une foule de pièces qui n'ont jamais été ensevelies [invention calomnieuse. — S. R.]. Là-dessus Labadié a été trouver Morlet qui lui a dit : « Si l'on ne compte pas de simples tessons, il n'y a guère que 2.000 pièces. Toutes, sauf une quarantaine, ont vu le jour en ma présence. Les premières pièces à signes alphabétiformes sont antérieures à la venue de Clément ; Mlle Picandet les a tenues en mains. »

—Begouen répond à S. Reinach *(Dépêche* et autres journaux): « J'ai considéré comme mon droit d'avertir le public d'un bruit qui courait dans les milieux universitaires de Porto, car je ne sache pas que Correa et Paris fassent partie des milieux sportifs, commerciaux ou autres de Porto... A la fin de novembre il n'y avait pas lieu d'influencer la commission qui, depuis le début du mois, avait son opinion faite sur le truquage du gisement. »

— H. Morand *(Débats)* rappelle l'histoire bien connue de l'inscription de Pickwick et des controverses auxquelles elle donna lieu au *Pickwick Club* (Dickens).

JANVIER 9. — Les *Débats* publient un compte-rendu partial et hostile du cours de Loth. « Il attaqua personnellement M. le comte Begouen, ce qui sembla inconvenant à un antiglozélien qui, de son banc, lança une fusée sur la chaire du professeur. » [Ce n'est pas exact ; le pétard partit alors qu'il n'était plus question du tout de Begouen. — S. R.]

— L'assemblée des professeurs du Collège de France a, dit-on, exprimé des regrets au sujet du *scandale* de samedi dernier.

— Morlet raconte aux *Débats* l'incident Garrod, auquel Peyrony, qui s'en mêle, n'assistait pas. Tricot-Royer l'a relaté tout au long dans le *Neptune* d'Anvers (30 déc.). Il est faux que Morlet ait pris l'engagement de n'en point parler.

— Séverine *(Paris-Soir)* dit que la controverse de Glozel a dépassé le champ Fradin pour intéresser jusqu'au peuple.

JANVIER 10. — Le *Matin* publie les portraits du grand-père Fradin et d'Émile, qui sont à Paris depuis la veille pour voir leur avocat. *Paris-Midi* dit que les

Fradin ont des mines si candides que leur seule présence convaincra l'auditoire qu'ils n'ont rien inventé.

— Le cours de Loth se passe sans autre incident que le jet de quelques boules puantes ; les perturbateurs sont expulsés par les auditeurs.

— Tricot-Royer *(Dépêche de Vichy)* estime que le rapport de la Commission est un phénomène d'hallucination collective. 1º Miss Garrod a bien creusé un trou ; 2º La terre qui recouvrait la brique n'était nullement meuble ; la moitié de la brique était encastrée dans le sol dur (couche 1), ce que ne dit pas le rapport ; 3º Tricot était hostile, mais a cessé de l'être le dimanche 6 novembre à 11 h. 10 ; 4º Il a donné connaissance de son rapport au président le 10 déc. à 14 h. 30. Celui-ci l'a prié de se tenir à la disposition de la Commission. « Le lendemain, je trouvai un mot me dispensant de cette corvée. » [*Hallucinations* est un mot bien poli ; on sent la fraude. — S. R.].

— M. Nicolas, ingénieur des Ponts et Chaussées *(ibid.)*, publie des réflexions techniques sur le rapport de la Commission ; il en fait ressortir le parti-pris et le manque d'esprit scientifique.

— Morlet a dit à Marcel Sauvage *(Comœdia)* que le rapport de Champion est un tissu d'erreurs. Par exemple, il prétend que, dans une gravure, le fond doit prendre la même patine que le reste. Morlet cite des exemples du contraire à Saint-Germain même. « Champion n'a pas beaucoup examiné les objets de Glozel ; son rôle s'est borné la plupart du temps à faire l'inventaire sur quelques feuilles de papier ; il n'a vraiment tenu en main que de rares pièces. »

— « Si Herriot n'accepte pas le rapport de Champion, il va avoir l'air d'une triste gourde aux regards de l'Europe étonnée et de l'Amérique. » *(Action Française)*.

— Mendes Correa adresse une longue lettre au président de l'Institut d'anthropologie. L'assemblée d'Amsterdam n'a pas chargé le bureau du choix de la Commission ; on ne l'a *pas* consulté. La Commission ne s'est pas acquittée de la mission qu'elle avait reçue d'après le texte du vœu adopté à Amsterdam. Elle s'est refusée à attendre le rapport de Correa sur l'analyse des os. « Mon but principal, dit-il, est de ne pas permettre l'impression qu'au sein de l'I. I. A. il n'y a que des antiglozéliens. Cela serait fâcheux pour notre Institut, au jour forcément prochain où le monde scientifique reconnaîtra unamiment l'importance vraiment transcendante des découvertes de Glozel. »

JANVIER 11. — Le *Matin* annonce que Mᵉ Garçon défendra Dussaud et que Campinchi et Marc de Molènes plaideront pour les Fradin. Le journal ajoute : « La passion que trahit la controverse violente entre spécialistes qualifiés suffit à montrer quel est l'enjeu scientifique du procès... Les fouilles de Glozel, en déplaçant, dans la préhistoire, la date de l'avénement du langage écrit, menacent la science d'être forcée d'admettre que l'humanité fut majeure plus tôt qu'il n'a été jusqu'ici convenu. »

— Correa écrit *(Débats)* pour protester contre l'assertion de Breuil relative au peu d'importance des analyses. « Le réquisitoire de la Commission n'est pas la conséquence d'une enquête réalisée sans préjugés. En rappelant le mot de Rochefort, les arguments antiglozéliens sont des histoires qui ne tiennent pas debout ni même couchées. »

Dans le même nᵒ est reproduit un article de la *Gazette de Lausanne* sur la vieille affaire des faux de « l'âge de la corne » à Neuchâtel.

JANVIER 12. — Louis Schaudel écrit dans l'*Est Républicain :*
« Ce document (le rapport) ne satisfait personne ; il a été une
déception pour les glozéliens comme pour les antiglozéliens...
Si la Commission avait voulu donner au terme choisi *(non ancien)*
sa signification littérale, elle aurait sans doute déclaré clairement
que les objets lui paraissaient être de fabrication moderne... Ce
n'est pas l'hypothétique coup de bêche imaginé pour l'enlèvement
d'une motte de terre, dont d'ailleurs aucun indice n'a été constaté,
qui suffit pour justifier la non ancienneté des objets découverts...
Le champ de Glozel est un lieu funéraire qui, en l'absence de tout
objet en métal, est susceptible d'être classé à une période néolithique à déterminer. »

— Dans *Las Noticias* de Barcelone, J. Rosell publie une entrevue
avec S. Reinach et donne en catalan un défi adressé à Bosch et
à tous les adversaires de Glozel : qu'ils mettent d'accord, avec
leur hypothèse de faux, l'absence du B dans toutes les inscriptions
de cette provenance ! [Mais Bosch avoue ne rien entendre à l'épigraphie et le prouve. — S. R.].

— Begouen *(Débats)* dit que les nouvelles découvertes du *Matin*
ne prouvent rien contre les conclusions de la Commission. Les déclarations de M. Clément et de Mlle Picandet permettront bientôt
d'éclaircir le mystère. Du reste, il importe peu aux savants de
connaître le fraudeur : « peu leur chaut que l'Esprit de Glozel
s'appelle Antoine ou Émile ; ils ne savent qu'une chose, c'est que
le gisement de Glozel n'est pas préhistorique. »

— Ledit Begouen *(Journal)*, se jugeant diffamé par Loth,
prend Garçon pour avocat. Loth regrette que l'affaire se soit enve-
nimée, mais il dit : « Le bon droit est de mon côté. Mes conférences ne seront pas interrompues. »

JANVIER 13. — Ce jour, Espérandieu, S. Reinach
et sans doute beaucoup d'autres ont reçu, dans une
enveloppe affranchie, la carte suivante :

Ateliers Fradin & Cᴵᴱ
Société à responsabilité très limitée

REPRODUCTION D'ANCIEN
SPÉCIALITÉ DE PRÉHISTORIQUE PALÉO ET NÉOLITHIQUE

CÉRAMIQUE AVEC OU SANS INSCRIPTIONS
GRAVURE EN TOUS GENRES, PIERRE ET OS
CUPULES, SIGNES RUPESTRES, PLAQUES, BATONS DE COMMANDEMENT, ETC.

ORGANISATIONS DE FOUILLES
CRÉATION DE STATIONS ET DE FONDS DE CABANES
INSTALLATION D'ABRIS ET DE GROTTES
MISE AU POINT

GLOZEL (ALLIER)

[Divers indices prouvent que cette infamie a pour auteur un préhistorien, non un vulgaire oisif ayant quelques dizaines de francs
à dépenser. — S. R.]

— Obligé d'aller à Rennes pour les obsèques de son successeur
Dottin, Loth annonce qu'il ne fera son cours ni le 14 ni le 17.

— Maurice Garçon *(Intransigeant)* rend hommage à Dussaud,
qui est intervenu parce que l'honneur de la science française était
en jeu. « Je réserve pour l'audience, dit-il, des surprises écrasan-
tes. Je suis devenu antiglozélien plus encore, si possible, en enten-
dant parler un glozélien notoire (1). » Puis il reprend l'argumentation, dix fois réfutée, du progrès épigraphique des tablettes.

JANVIER 14. — Robert de Beauplan *(Illustration)* publie
un long article rétrospectif sur Glozel. — P. 32, lettre de Dussaud,

1) [S. Reinach, qu'il a beaucoup fréquenté. — S. R.]

datée du 31 décembre : 1º La coupe de la tranchée publiée dans le rapport n'est pas infirmée par la photographie ; elle est d'ailleurs l'œuvre d'un glozélien (1) ; 2º La question des inscriptions est distincte de celle des objets ; si ceux-ci sont authentiques, les inscriptions ne sont pas moins fausses ; 3º Aucun texte de Glozel n'a été copié sur un texte ancien [qui l'a jamais dit ? — S. R.] ; 4º La grande majorité des objets n'a jamais été enterrée ; on n'en a enterré que pour des fouilles de contrôle ; 5º Il y aura prochainement des révélations [quelques faux complémentaires ? — S. R.]

— Peyrony *(France du Sud-Ouest)* dit qu'à Vichy, Champion et lui étaient délégués du ministère. «C'est à titre de collaborateur que je lui ai demandé un rapport technique. Champion n'a pas cru devoir en référer à S. Reinach puisque je m'adressais au délégué du ministre et à mon collaborateur, non au chef des ateliers du musée de Saint-Germain. J'ai conservé ce rapport jusqu'en décembre dernier sans le communiquer à personne. A ce moment, je l'ai fait connaître à la Commission qui terminait ses travaux. J'ai demandé de même un rapport à Mendes Correa sur l'analyse des os et à Depéret sur la formation géologique du champ de fouilles. Tous ont répondu aux questions que je leur posais. »

— G. de Pawlowsky, *Le secret des fouilles de Glozel*, Hotchkiss à Saint-Denis. « On se trouve en présence d'une collection de cadeaux faits à toutes les époques, à l'occasion des étrennes. » [C'est une réclame pour la maison d'automobiles Hotchkiss].

JANVIER 15. — Van Gennep *(Mercure)* analyse et réduit à néant le rapport de la Commission. « Ce n'est pas le terrain de Glozel qui est truffé, c'est le rapport qui est truqué. » Il n'est pas vrai qu'un anneau plat introduit d'en haut dans le sol reste vertical ; la construction des tombes n'a pas été étudiée ; les analyses

(1) On essaye de faire croire que l'auteur du dessin est Tricot-Royer, qui l'a formellement nié *(Moniteur du Puy-de-Dôme*, 23 janv. 1928). Ce dernier avait bien communiqué un dessin à la Commission, mais elle en a fait exécuter un autre, *qui est un faux.* — S. R.

qui s'imposaient n'ont pas été faites. Van Gennep reprend la phrase de Dussaud : « Il est heureux que dans
cette Commission il y ait eu si peu de Français ; comme
cela le ridicule est partagé. » [Il ne s'agit pas seulement
de ridicule, mais de fraude ; quel est le premier commissaire qui libérera sa conscience en racontant comment
et par qui il a été trompé ? — S. R.]

— A ceux qui feignent de s'étonner qu'on ne trouve pas à Glozel d'ossements de renne, Van Gennep répond : « Quand, dans une
église, il y a une représentation d'un saint, il ne s'y trouve pas
nécessairement des reliques de ce saint. »

— Begouen *(Débats)* dit qu'il attachait de l'importance aux
analyses d'os tant qu'il croyait à l'authenticité du gisement.
« Mais maintenant que la Commission a *démontré (sic)* que le gisement était truqué et qu'on y avait introduit soit des objets
fabriqués la veille, soit des pièces anciennes, mais provenant
d'autres gisements, l'état plus ou moins grand de fossilisation ne
signifie rien. Seule pourrait avoir de la valeur la comparaison des
analyses de ces harpons suant la graisse, semblant sortir du pot
au feu, comme dit M. Champion, et des os de toutes les catégories entassés dans le musée Fradin. »

— Le même, dans le *Pays de France*, écrit un article intitulé :
Enfin ! Glozel a livré son secret. On y trouve les contre-vérités
coutumières et des injures sans conséquence : « Quelques enragés
ne veulent pas s'avouer vaincus ; ils ne font que se discréditer
davantage. Ils parlent d'en appeler à une commission nouvelle.
Je voudrais savoir comment on pourrait la composer. Tous les
savants compétents, tous les préhistoriens ont déjà pris position.
Ils sont tous contre Glozel et avec la Commission. »

— On écrit de Genève aux *Débats* que Pittard reçoit des douzaines de lettres d'injures et qu'un des plus illustres glozéliens
français lui a écrit : « Monsieur, jusqu'à ce jour, je vous tenais
pour un honnête homme. » [Il y a lieu de mettre en doute ces
assertions. En ce qui concerne S. Reinach et Espérandieu, ils ont

échangé avec Pittard, depuis la publication du rapport, des lettres fort courtoises. — S. R.]

— Bosch y Gimpera *(Débats)* confirme le récit de Peyrony au sujet de l'incident Garrod. Il se rappelle qu' « on » a dit : « Bien entendu, cet incident n'existe pas pour la presse. » — « Je crois même que c'est Morlet qui a prononcé ces paroles. » [Ceci est d'accord avec Morlet, non avec Peyrony. — S. R.]

— L'abbé Moreux *(Ouest-Eclair)* prétend que l'antiglozélisme est l'effet de la répugnance de certaines gens à admettre une civilisation avec l'écriture il y a quinze mille ans. Il dit [avec plus de raison] qu'un préhistorien devrait être aussi épigraphiste et linguiste. [S'il n'est qu'un âne chargé de pierres, on en trouve à la foire. — S. R.]

JANVIER 16. — Les paysans de la région de Glozel creusent à l'envi. L'un d'eux, Mercier, du village de Guerrier, c^{ne} de Mayet de Montagne, a trouvé il y a un mois une hache avec tête d'équidé et signes glozéliens. Morlet, appelé sur les lieux, découvrit un galet avec figure de cervidé et signes sur la face opposée (voir *Dépêche de Vichy*, 22 janvier 1928).

— *Le Matin d'Anvers* a questionné Pittard sur les anneaux de Montcombroux. « Je suis assez incompétent, a-t-il répondu ; ces bracelets, je pense, sont de l'âge du métal. » [Il n'a même pas lu Déchelette. — S. R.] Et sur la question du rapport de la Commission et des objets trouvés après son départ : « Un rapport n'est jamais définitif... Je n'ai pas analysé les objets découverts après mon départ, mais j'avais procédé à l'examen détaillé du Musée. » Le *Matin d'Anvers* trouve que « l'affaire de Glozel a un secret arome de secte et de conspiration scientifique. »

— Le Dr Foat, helléniste, ayant passé plusieurs jours à Glozel et dans les environs, n'a recueilli que de bons renseignements sur la famille Fradin et revient convaincu.

— Ch. Picard, actuellement à Stockholm, dit qu'il adhère au rapport de la Commission *(Svenska Dagebladet)*.

— A l'Académie d'Aix, Ch. Cotte a déclaré que les objets de Glozel sont « des supercheries évidentes ».

JANVIER 17. — Reygasse, directeur du Musée d'Alger, montre un bracelet touareg à caractères tifinagh analogue aux bracelets en schiste de Glozel *(Journal)*.

— Begouen écrit à Loth *(Débats* du 23), protestant contre les diffamations dont il a été l'objet au Collège de France et racontant comment il est devenu préhistorien.

— Hunter Charles Rogers, qui prétendait avoir « truffé » Glozel, est condamné à Londres, pour des faux véritables, à douze mois de prison *(Paris-Midi)*. Voir 27 oct. 1927.

— Henri d'Almeras, sous le titre de *Médecins archéologues*, raconte aux *Débats* une histoire de 1726. Un médecin de Würzbourg, Louis Huber, fut trompé par deux confrères qui ensevelirent des fossiles et les firent déterrer par Huber ; celui-ci leur consacra un in-folio qui donna naissance à une polémique où les adversaires se traitèrent de gredins et d'imbéciles jusqu'à ce que les mystificateurs fissent des aveux. « Le médecin Louis Huber se résigna enfin à se tenir tranquille. »

JANVIER 18. — Répondant à Peyrony et à Boule, avec l'aide de l'article de Tricot-Royer dans le *Neptune* d'Anvers, Morlet montre qu'il n'a pas injustement accusé Miss Garrod d'avoir creusé un trou dans le bas d'une tranchée *(Débats)*. S'il ne s'était agi que de la chute de quelques morceaux de plâtre, aurait-elle nié d'abord avec acharnement, puis avoué ?

— Le théologien Völter expose à nouveau sa thèse de l'explication des tablettes de Glozel par la langue sinaïtique *(Neue Zürcher Zeitung)*. Des Sémites, vers 1400, auraient établi à Glozel une fabrique et un dépôt de marchandises. L'auteur donne des traductions effarantes, p. ex. : « *Zg* a donné à *Nez* des marchandises pour les colporter, une faucille, un harpon, un vase. » — « Sakaph est enterré, le fils de Lahak. » *Deliramenta.*

— S. Reinach *(Débats)* dénonce une nouvelle contre-vérité de Begouen et le montre craignant les analyses qu'il a longtemps réclamées parce qu'il sait qu'elles ruineront sa thèse. Il conclut : « Les savants se demandent parfois s'ils travaillent dans le Bois sacré des Muses ou dans la rue des Mauvais-Garçons. »

JANVIER 19. — Le rapport de Champion paraît chez Nourry ; les .*Débats* (datés du 20) le publient *in extenso.* (Voir 7 janvier 1928). On lit à la première page : *Publication autorisée par le ministre de l'Instruction Publique et des Beaux-Arts.*

— Begouen répond *(Débats)* : « La question de Glozel n'existe plus scientifiquement ; elle ne relève plus que des faits divers et de la chronique des tribunaux. Les observations techniques de Champion viennent de lui porter le coup de grâce. Retournons la phrase chère à M. Reinach : « Il faut être aveugle ou malhonnête pour croire encore à l'authenticité de Glozel. »

A la suite de cette sottise, le journal annonce la découverte dans un champ, à Mayet-de-Montagne, de deux objets avec gravures et signes d'écriture (voir 16 janv. 1928).

JANVIER 21. — Morlet adresse une lettre ouverte au Directeur des Beaux-Arts. Il avait été convenu par écrit que l'inventaire Peyrony-Champion ne devait servir à aucune publication ; or, la *Revue anthropologique* publie le rapport de Champion avec des dessins. La mention « publication autorisée, etc. » est une violation d'un engagement formel.

— Au Collège de France, Loth maintient la thèse du « sanctuaire » et continue la réfutation du rapport. Il y a eu quelque agitation et des carreaux cassés, mais la controverse de Glozel n'y était pour rien.

— S. Reinach écrit aux *Débats* que le rapport de Champion, évidemment de bonne foi, ne peut éblouir que l'incompétence. L'emploi d'outils d'acier ne saurait être démontré que par le microscope et le spectroscope ; la Commission aurait dû faire cette enquête. Champion n'examine pas si le travail n'a pu être exécuté avec une pierre volcanique pointue. Il dit à tort que le faussaire a copié ; ce qui distingue les objets de Glozel, c'est qu'ils ne ressemblent à rien de publié, et c'est même une des raisons des suspicions qu'ils éveillent, les archéologues estimant volontiers le connaissable à la mesure de leurs connaissances. Le faussaire qu'il imagine est psychologiquement impossible ; cela ne tient pas debout.

JANVIER 22. — *Léon* Fradin découvre près de Ferrières une galerie souterraine que l'on considère comme un habitat néolithique *(Moniteur du Puy-de-Dôme)*. D'autres souterrains ont été signalés dans le pays, tout enfiévré d'archéologie. C'est maintenant qu'il faut se méfier des faussaires, tel un promeneur venu de Moulins qui, d'après des informations dignes de foi, a « semé » un fragment de poterie romaine à Glozel.

— Le *Matin* annonce que Dussaud, dans ce même journal, ayant porté des accusations précises contre les Fradin, ceux-ci, d'accord avec le journal, attaquent Dussaud et le *Matin*, les sommant de comparaître le 29 février devant la 12e chambre. Le *Matin* sera représenté par José Théry.

JANVIER 23. — Morlet réfute en détail le rapport de Champion *(Moniteur du Puy-de-Dôme)*. Les *schémas* de ce rapport sont des « contre-vérités dessinées ».

Les cupules ne sont jamais de même dimension ; l'irrégularité des traits magdaléniens est une fantaisie ; des objets imparfaitement perforés réfutent la thèse de l'emploi du métal, etc., (voir janvier 25).

— Correa avise S. Reinach de la découverte à Alvao d'une longue inscription ibéro-glozélienne sur terre cuite et d'un galet gravé (scène de chasse ?).

— Les *Débats* publient *in extenso* la lettre vengeresse, mais très courtoise, de Correa, au président de L'I. I. A. (voir 10 janvier).

— Mercier montre à Morlet et à un rédacteur du *Matin* de nouveaux galets inscrits trouvés dans son champ à Mayet-de-Montagne (voir 19 janvier).

JANVIER 25. — Les *Débats* publient un extrait de la réponse de Morlet à Champion :

1º M. Champion n'a eu en mains que quelques rares objets et il les a dessinés pour l'inventaire très rapidement ; 2º Il n'existe aucune perforation cylindrique dans ces objets : trous et cupules n'ont jamais les mêmes dimensions ; 3º Les rayures sont semi-circulaires, tandis que, faites avec un outil à mèche, elles seraient hélicoïdales ; 4º Les gravures sur galets ont été déclarées de purs chefs-d'œuvre par de grands artistes modernes, et il ne peut s'agir de copies puisqu'on ne possède rien de semblable ; 5º La différence de patine entre les galets et les traits gravés ne constitue pas une exception : quelques galets du musée de Saint-Germain peuvent être donnés en exemple ; 6º Le polissage des haches a été effectué à l'aide de polissoirs en grès grossiers, dont les grains ont pu laisser des rayures parallèles puisqu'ils gardent le même écartement ; 7º Pour les ossements paléolithiques ou néolithiques, l'appréciation de M. Champion est insoutenable, même pour des antiglozéliens (Morlet s'en réfère aux *Hommes fossiles* de Boule).

JANVIER 26. — Dans la grotte artificielle de Puyravel, Morlet découvre une hache à tranchant poli, un galet gravé avec trois lettres et un dessin d'équidé *(Illustration*, 4 fév. gravures).

JANVIER 28. — L'*Illustration* (p. 82) publie les trouvailles de Mayet de Montagne : deux galets avec nombreux caractères, l'un avec équidé.

— Réunion au ministère des Beaux-Arts de la sous-commission des Monuments historiques, convoquée pour délibérer sur le classement définitif de Glozel. Président : Dislère ; vice-président : Capitan. En plus : Léon, directeur des Beaux-Arts, Boule, Verneau, S. Reinach, Breuil, Lantier, Drs H. Martin, Raymond, Hervé ; A. de Mortillet, Jullian, Cartault, Perdreau, des fonctionnaires des Beaux-Arts, des. sténographes. [Ce qui suit a été écrit au sortir de la séance.]

Léon fait d'abord l'historique de la question, depuis les deux rapports de Mosnier, les deux lettres de Capitan, le refus opposé par Morlet à l'envoi d'une commission comprenant ce dernier, jusqu'au classement provisoire du 4 octobre, valable jusqu'au 4 avril. Un dialogue s'engage : *S. Reinach.* Quels seraient les effets du classement ? — *Léon.* L'interdiction d'exporter, l'interdiction de fouilles non surveillées. — *S. Reinach.* Pourrait-on déposséder Morlet, locataire du terrain ? — *Léon.* Oui, moyennant indemnité. — *S. Reinach.* Pourrait-on exproprier le terrain ? — *Léon.* Oui, moyennant indemnité. — *S. Reinach.* Et le faire fouiller par X, Y ou Z ? — *Léon.* Évidemment. — *S. Reinach.* Alors je demande la parole.

« Je promets de ne pas élever la voix. Il y a deux raisons qui s'opposent au classement : 1° On ne classe pas un terrain truffé, suspect de ne contenir que des faux ; 2° La mesure provisoire prise le 4 octobre est nulle, puisqu'une condition essentielle a été violée par le rapport illustré de Champion et le fait qu'il a paru avec un *imprimatur* du ministère.

Léon : Je veux m'expliquer sur ce dernier point. J'ai été très surpris de cette note en tête du rapport Champion, le Ministre en a été vexé. Peyrony m'avait demandé si Champion pouvait publier son opinion, tout à fait distincte de son inventaire que j'ai ici dans mon dossier ; j'ai répondu qu'il était libre, comme tout le monde, de dire son avis. Mais cette réponse n'autorisait nullement à faire figurer la note en question au début de l'article... Il me semble que cette question est vidée.

S. Reinach : Pas du tout. En l'espèce, il ne s'agit pas d'une chose sans importance. A la lumière des explications données par le Directeur, je dis que cette note constitue un *faux*. En voici un autre (S. R. donne lecture de la carte : « Ateliers Fradin et Cⁱᵉ, etc. » ; *on rit.)* Messieurs, ce n'est pas risible. La rédaction de cette carte est archéologiquement très correcte ; elle est l'œuvre d'un homme du métier. Il y avait déjà, si j'ai bien compté, cinq faux ; cinq et deux font sept. *(Agitation).*

Breuil : Et ceux de Morlet, qu'en faites-vous ?

S. Reinach : Je n'en connais pas.

Breuil : Les odieuses imputations contre Miss Garrod ?

S. Reinach : Lisez Tricot-Royer dans le *Neptune* du 30 décembre.

Breuil : Tricot-Royer est un... » *(On rit).*

S. Reinach : Rira bien qui rira le dernier.

Là-dessus *Capitan* dit qu'il est d'accord avec S. Reinach pour demander qu'on renonce au classement, mais par de tout autres raisons. Il déballe des fragments de porphyre qu'il a apportés de Glozel et les fait circuler.. « Voilà, dit-il, ce qu'il y a d'authentique à Glozel, et ce n'est rien. Je vote pour qu'on déclasse le terrain où tout ce qui pourrait avoir de l'intérêt est faux. »

S. Reinach : Je suis heureux d'être d'accord avec mon vieil ami Capitan sur le point précis de ce débat.

Parlent alors Adrien de Mortillet, Boule, Breuil, Verneau, unanimes à dire que tout est faux et qu'il ne faut pas classer. Cela ne va pas sans quelques violences. Ainsi Mortillet dit qu'il y a deux Morlet, l'un aimable et même séduisant quand il parle, l'autre enragé quand il écrit (« vous ne connaissez encore que le premier, vous connaîtrez un jour le second », dit-il à S. Reinach). Approuvé par Breuil et Boule, il s'élève en termes indignés contre l'insulte faite par Morlet à Miss Garrod. — Léon demande l'avis de Jullian, jusque-là silencieux. Il répond qu'il y avait, au début, quelques objets bas-romains authentiques, mais qu'ils ont été noyés dans une mer de faux. Des renseignements reçus depuis peu le portent à croire que toute la collection a été acquise d'un faussaire de l'Italie méridionale.

Léon dit que le Gouvernement, comme jadis Charles X dans la querelle romantique, n'a que sa place au parterre. Le Conseil des ministres a repoussé toute intervention judiciaire. Si encore quelqu'un avait vu Fradin fabriquer des objets ! Si l'on savait que Morlet avait acheté une collection ! L'intervention serait alors possible ; elle ne l'est pas.

Après que Dislère [président de l'Institut de paléontologie] eût déclaré à son tour que toute l'affaire lui paraissait une « supercherie », on discute sur les termes du procès-verbal qui, enregistrant le vote, devait être communiqué à la presse. S. Reinach dit qu'il voterait le non-classement, mais naturellement pas le considérant visant la fausseté des objets. Dislère dit que la division était de plein droit. On mit d'abord aux voix le considérant, que la station n'était pas préhistorique : il fut voté par 11 voix contre celle de S. Reinach, Jullian étant parmi les onze, puisqu'il considère la partie authentique comme gallo-romaine. La seconde partie — qu'il n'y a pas lieu à classement — fut votée par 12 voix sur 12 votants. Quelques fonctionnaires, se déclarant incompétents, s'étaient abstenus.

Avant de sortir de la salle, S. Reinach dit à Boule et à Verneau : « Comment pouvez-vous entacher des carrières plus qu'honorables par une pareille... ? »

JANVIER 29. — L'helléniste anglais Foat *(Dépêche de Vichy)* dit qu'on nie catégoriquement dans le pays que des colis postaux ou autres paquets aient été déposés à la ferme Fradin.

— Loth déclare que la décision de la Commission exauce le vœu des glozéliens. « Il n'y avait plus moyen de travailler avec un pion à nos côtés. » *(Le Journal)*.

JANVIER 30. — On distribue l'*Anthropologie* où l'affaire Glozel occupe les p. 575-594, sous la signature de Boule. On y trouve la réimpression de plusieurs articles du *Temps* (S. Reinach, Dussaud, Boule, Vayson, Depéret), puis le rapport de la Commission. On apprend (p. 594) que les membres de la Commission, dès leur première réunion à Vichy, décidèrent de ne se prêter à aucune polémique postérieurement au dépôt du rapport. Cette décision « pleine de sagesse » est aussi celle de l'*Anthropologie*, qui considère comme close l'affaire de Glozel. Conclusion : « Parmi les victimes de cette lamentable histoire, la plus intéressante est notre science elle-même qui a été discréditée aux yeux du grand public, lequel ne soupçonne pas que cette science est difficile entre toutes, qu'on n'y peut avoir accès sans une préalable et forte préparation. »

[Bien au contraire, cette longue controverse a popularisé et mis à la mode l'archéologie préhistorique. Si elle a discrédité ses représentants officiels, cela importe peu, car les pontifes passent, le temple demeure. Seulement, on reconnaîtra que le préhistorique n'est que le chapitre I de l'archéologie, comme celle-ci n'est qu'une province de la philologie, et les spécialistes ignorants, qui disent n'avoir d'opinion ni sur un alphabet, ni sur une hypothèse linguistique, n'auront plus voix au chapitre. — S. R.]

— Un autre Fradin, fouillant le terrain de Puyravel, a fait des découvertes glozéliennes ; Morlet le prie d'attendre l'arrivée de Depéret *(Débats)*.

SANS DATES PRÉCISES

— R. Gattefosse, *Les origines préhistoriques de l'écriture*, rattache les Berbères aux Glozéliens et aux Finnois. *Deliramenta.*

— Mayet publie un rapport sur Glozel dans le *Bull. Soc. Linnéenne* de Lyon. Il énumère les injures employées dans la controverse : aliéné, crétin, piqué, délirant, imbécile, olibrius, canaille, ignare, faussaire, fumiste — à quoi Van Gennep (*Merc.*, 15 fév.) ajoute : naufrageur, truqueur, truffeur, saleur, anabaptiste [il en oublie], déclarant que 75 % de ces épithètes appartiennent au vocabulaire antiglozélien.

— Dans le *Bull. Soc. préhist.*, de décembre, Coutil approuve le « jugement officiel », traite de l'idole néolithique et attribue au faussaire la connaissance d'une vaste bibliothèque.

* *
*

FÉVRIER 1928

FÉVRIER 1. — Marcel Sauvage, dans l'*Art vivant*, expose, avec de bonnes photographies, l' « énigme de Glozel ». On y lit : « Il est avéré que Clément n'a prêté à son élève qu'une étude consacrée par lui aux pierres *jaunâtres*, pierres pourvues de cupules par suite du gel et du dégel et qu'il prit à tort pour préhistoriques. »

— Dans le *Mercure*, Morlet réfute le rapport de la Commision et déclare qu'il n'écrira plus d'articles, voulant donner son temps à un ouvrage d'ensemble (p. 627).

p. 621. Une demi-incinération était pratiquée à Glozel en même temps que l'inhumation de certaines portions osseuses, vraisemblablement après décarnisation et dessication.

p. 615. Les tablettes ont toujours l'écriture en haut ; les vases, l'ouverture en haut.

p. 625. Nous croyons, avec plusieurs préhistoriens, qu'il y a des objets ouvrés en bois de renne.

— Van Gennep termine une amusante *Chronique* par ces mots : « C'est à vous dégoûter de trouver quelque chose dans un champ ! »

— S. Reinach résume la controverse dans la *Contemporary Review* de Londres.

FÉVRIER 2. — Varigny *(Débats)* annonce la brochure d'Audollent, mais ajoute qu'elle était écrite « avant le rapport de la Commission et le rapport technique ».

FÉVRIER 3. — Une adresse signée de 19 personnes qui, sauf Hamal-Nandrin, n'étaient pas à Glozel, ayant été envoyée à Miss Garrod et publiée dans les *Débats* du 29 janvier, Morlet répond, dans le même journal, aux affirmations téméraires de ce document.

— Campinchi revient de Glozel : « Les gens devraient se jalouser là où il n'y a que quatre maisons. Eh bien ! Tous les Glozéliens sont des glozéliens convaincus. » *(Paris-Midi)*.

FÉVRIER 4. — S. Reinach *(Times)* répond à Evans dont le tort a été d'accepter pour argent comptant ce qu'il lisait dans des brochures pleines de faussetés. « Toutes ces calomnies tomberont bientôt en cendes, au milieu des rires. »

FÉVRIER 6. — Correa, dans *Primo de Janeiro* (Porto), publie une nouvelle et longue inscription d'Alvao sur poterie. Il y a des lettres glozéliennes, d'autres inconnues (aussi gravée dans le *Matin* du 9 février).

— Butavand critique les « observations techniques » de la Commission et en démontre l'inanité *(Moniteur du Centre)*.

FÉVRIER 7. — Sans qu'il soit assez question du beau recueil de gravures rupestres africaines publié après la mort de son auteur, Flamant (1921), on parle de dessins et même d'inscriptions analogues à ceux de Glozel trouvés à Zenaga (Maroc) et ailleurs (Figuig, Tiout, etc.). Depéret doit communiquer ces observations de Russo, ingénieur, à l'Académie des Sciences *(Matin, Moniteur du Centre,* etc. ; cf. *Matin,* 10 février).

FÉVRIER 8. — Au lieu de répondre au défi de S. Reinach (12 janvier), Bosch y Gimpera, dans *las Noticias* de Barcelone, prouve une fois de plus qu'il n'entend rien à l'épigraphie.

FÉVRIER 9. — Répondant à Peyrony, Morlet affirme de nouveau que celui-ci a rayé au couteau, en se cachant et malgré sa défense formelle, le renne gravé, du côté de la figure.

— Russo expose au *Matin* que le glozélien est analogue au tifinagh; Vauquelin dit que, sur les rochers de l'Allier, de la Loire et de la Haute-Loire, il y a « des signes nettement glozéliens. » [On en jugera sur photographies ; pour l'instant, s'abstenir. — S. R.]

FÉVRIER 10. — Le ministre avise Morlet que Glozel est « déclassé ».

— Une adresse d'estime et de confiance, signée des savants de divers pays qui ont assisté aux fouilles de Glozel, est envoyée à Morlet (texte *Débats* du 19).

F. Strowski écrit que Clermont-Ferrand est glozélien ; Vichy, se-
mi-glozélien ; Moulins, antiglozélien. Il croit se souvenir d'avoir
vu jadis à Cervières des roches couvertes de signes glozéliens *(Paris-Midi)*.

— Bosch Gimpera s'étonne que Morlet, si Miss Garrod a fait un
trou dans la tranchée, n'ait pas fait dresser procès-verbal de l'incident. *(Débats)*.

— Loth, à l'Académie des Inscriptions, étudie le nom de *Glozel*
et s'insurge contre la lecture de ce nom au bas d'une tablette.

FÉVRIER 11. — Morlet répond à Bosch Gimpera au sujet de
Miss Garrod *(Débats)*.

FÉVRIER 12. — Guitel-Vauquelin *(Malin)* raconte
la visite de Mayet, Roman, Gomez Lueca, Arcelin et
Morlet à la galerie souterraine de Puyravel ; ils ont trouvé
un galet noir avec gravure de félin (?) Lueca dit qu'à
Madrid on compare ceux qui dénigrent Glozel au cou-
cou, oiseau qui pousse de hauts cris quand on l'empêche
de s'installer dans le nid d'autrui.

FÉVRIER 15. — Dans le *Mercure*, Van Gennep signale la
description, par Ad. Blanchet, des demeures souterraines néolithiques de l'Allier *(Les souterrains refuges de France*, p. 243-52). Il
estime maintenant que *Glozel* (cf. *Cluseau, Clouzel)* peut signifier
« souterrain-refuge ».

p. 223 : « Le rapport de Champion est court, mais bête. »

p. 224. Vayson proteste contre la légende qui fait de lui un acheteur évincé et parle des « pièges enfantins de l'Esprit de Glozel. »

FÉVRIER 17. — A. Evans *(Times)* répond à S. Reinach. Il
y a un premier Glozel, faux comme le second, celui de Perot ; le
second a pris modèle, par l'entremise de Clément, sur le premier.
A Knossos, Evans avait un raccommodeur, Papadakis, qui, pour
fabriquer de fausses tablettes, tenait un cahier avec répertoire

de signes ; il ne les avait pas tous, comme Émile Fradin, dans le
sien, n'avait sans doute pas le B [!] Evans n'a pas besoin de fouiller
à Glozel ; les rapports publiés et le vote de la Commission minis-
térielle suffisent à asseoir sa conviction (résumé fautif dans les
Débats de cette date).

FÉVRIER 18. — Morlet établit que Glozel est bien en Auvergne. — On annonce la découverte d'une nouvelle galerie souterraine dans la commune de Serbannes *(Moniteur du Puy-de-Dôme)*.

FÉVRIER 19. — A Puyravel, Depéret découvre :
1º un galet avec tête de cheval et 29 caractères ; 2º un
galet rond couvert des mêmes signes ; 3º en avant de la
grotte, une hache en roche, un galet orné d'une tête de
cheval, un bracelet de schiste avec signes glozéliens
(Matin du 20).

FÉVRIER 20. — Le *Matin* annonce que Mᵉ José Théry va
demander au tribunal, le 29, d'ordonner une expertise judiciaire
du gisement de Glozel. « Nous traiterons une affaire scientifique
comme une affaire criminelle. Ce·procès n'est pas une parodie,
mais la sollicitation des preuves concrètes de l'authenticité ou
de la non-authenticité de Glozel... Nous sommes légalement fondés; aujourd'hui (1), à réclamer de la justice cette expertise sévère
et décisive. »

FÉVRIER 21. — Sous le titre : « L'affaire de Glozel
rebondit », Marcel Sauvage écrit dans l'*Intransigeant :*
« Il faut bien renoncer désormais à l'idée d'une mystification de la famille Fradin. Il est impossible que le
jeune Émile ait truffé tout le département. »

[Dédié à Sir Arthur Evans, le plus illustre adversaire de Glozel.]

(1) Il a, en effet, été convenu, la lettre diffamatoire de Dussaud ayant
paru dans le *Matin*, que Fradin assigne ce journal en même temps que
Dussaud, ce qui fournit le *locus standi*. — S. R.

Morlet et Fradin-Rougère, à Puyravel, ont exhumé une hache avec signes et de gros fragments de vases non faits au tour.

FÉVRIER 22. — « Il est certain que, dans toute notre région› le printemps va être marqué par une campagne de recherches dans toutes les galeries souterraines de l'Allier, de la Loire et de la Haute-Loire. » *(Matin)*.

FÉVRIER 23. — Fradin est d'accord avec le *Matin* pour demander une enquête judiciaire ; Dussaud s'en remet à son avocat.

FÉVRIER 25. — A la suite d'une plainte en escroquerie contre inconnu, déposée par Garçon au parquet de Moulins au nom de la Société préhistorique française, qui se porte partie civile, la brigade mobile de Clermont-Ferrand perquisitionne chez Fradin à Glozel, sous la conduite de Félix Regnault, président de la dite société. Les policiers sont allés tout droit à des trous du mur de l'étable où ils ont trouvé six ou sept galets, dont quelques-uns fraîchement gravés. Émile raconte que le dimanche précédent il avait dû encore éloigner des visiteurs qui insistaient pour s'attarder dans l'étable. Les policiers saisirent aussi trois limes, une casserole contenant un peu de terre et beaucoup d'objets du Musée, désignés par Regnault et emballés sans soin dans deux grandes caisses (*Matin* du 26).

La plainte de la Société vise l' « entreprise pécuniaire », les 4 francs demandés à l'entrée pour voir les produits d'une mystification et aussi les tentatives faites pour vendre la collection. Les plaignants estiment que la fabrication des objets doit se faire, à peu de distance du champ, à l'aide de galets des cours d'eau voisins ; c'est donc à Glozel qu'il fallait chercher d'abord.

— Hennet, chef de la brigade mobile, aurait dit que les trouvailles seraient de nature à porter le coup de grâce à la thèse des glozéliens. Un des policiers aurait ajouté qu'Émile avait apparu absolument « dégonflé ».

— .Morlet raconte que, dans une zône non fouillée du champ, derrière de la terre bien tassée, on a trouvé le 23 les 7 tire-bouchons de la Commission [négligence ou fraude] ?

FÉVRIER 26. — Campinchi dit à Marcel Sauvage *(Intransigeant* du 27) qu'il n'y a pas de délit d'escroquerie. Le parquet de Moulins a pour procureur Viple, ennemi acharné de Glozel, qui a fait opérer son substitut. « Mais une perquisition est chose grave. On jette le discrédit sur les gens, surtout en province... Le parquet de Moulins va faire toute diligence pour *gratter* celui de Paris. Il a besoin de lauriers ; il les aura. »
Campinchi communique ensuite une lettre de Viennot, affirmant l'authenticité du gisement et prêt à le prouver par une photographie, prise par lui récemment, d'une brique en place.

— La *Dépêche* de Vichy publie les lettres échangées entre Morlet et Léon, directeur des Beaux-Arts. Ce dernier écrit (3 fév.) en réponse à la protestation de Morlet (19 janv.) que l'article de Champion engage seulement la responsabilité de l'auteur et que les Beaux-Arts n'en ont eu connaissance qu'après la publication. Sur quoi Morlet rappelle (6 fév.) qu'une clause formelle de l'inventaire a été violée par cette publication : il demande que les coupables soient blâmés publiquement [les Beaux Arts n'en feront rien].

FÉVRIER 27. — Morlet télégraphie qu'il a trouvé ce matin sur une poutre de l'étable de Glozel des galets maladroitement gravés (représentation animale et signes fort différents de ceux de Glozel). Il ajoute : « Machination certaine ».

Dans un autre télégramme il écrit : « Saccage inouï du Musée par plaignant y travaillant seul, objets saisis mal emballés. »

— Suivant Morlet *(Paris-Midi)*, Regnault a cassé, entre autres, une racine qui traversait une tablette inscrite. Comme Émile protestait : « Vous y attachez donc bien de l'importance ! » répondit le plaignant. Regnault s'est conduit comme un vandale ; on dirait que des cambrioleurs ont passé au Musée. Toutes les pièces qu'on n'a pas emportées ont été renversées, les autres entassées pêle-mêle, de précieuses plaquettes étant recouvertes sans séparation par de gros vases. Les policiers ont laissé Regnault seul, écartant les Fradin, et Morlet se demande si cet individu n'en a pas profité pour introduire des objets faux dans les caisses.

— Les *Débats* (parus le 26) donnent intégralement le texte de la plainte adressée au juge d'instruction par la S. P. F., amas de vieux mensonges où l'on trouve entre autres ceci : « Toutes ses observations (de Champion) ont été résumées dans un rapport publié avec l'autorisation du ministre lui-même. » (Voir 28 janvier).

Dans le même numéro, Garçon dit qu'à son avis l'affaire est terminée et que la vérité sur Glozel est définitivement acquise.

FÉVRIER 28. — A Arfeuilles, près Lapalisse, on commence à explorer une grotte ; à Serbannes, sur la rive gauche de l'Allier, on découvre celle de Jaunet, avec un grand vase cylindrique, une flèche en silex noir, une bague de cuivre (énéolithique).

— On télégraphie d'Oslo que les analyses des os ont donné 16,40 de matières organiques ; les aiguilles (en dentine d'aigle de mer), 33,96. Le caractère subfossile est donc définitivement démontré.

— Morlet écrit au garde des sceaux *(Matin)* :

1° Viple peut-il agir en toute conscience en ordonnant une enquête judiciaire dans un Musée contre lequel il a violemment pris parti ? 2° Est-il légal que le plaignant prenne la direction d'une perquisition au cours de laquelle deux objets précieux ont été cassés ? 3° Morlet se plaint aussi de la brutalité des policiers et estime que des ennemis de Glozel ont « truffé » la grange ; il rappelle qu'un galet provenant de la deuxième tombe avait déjà été dérobé dans la grange par une personne connue de Peyrony et que le même Peyrony a montré à Émile un galet avec gravure fausse. [En vérité, Peyrony a gravé ce galet après l'avoir pris dans la grange ; Émile l'a reconnu. — S. R.].

— Dans le même journal, José Théry trouve « extraordinaires » les conditions dans lesquelles s'est ouverte l'instruction qui, d'après la loi sur la presse, a pour effet d'arrêter le procès en diffamation. « Ce qu'il fallait faire, c'est ce que je demandais au nom du *Matin :* opérer des fouilles aux endroits choisis par les experts en présence des parties. »

— Campinchi s'étonne de la conduite de Vinle et se dit « éberlué ». « On a trouvé des limes ; mais il y en a chez moi !... Je ne sais pas d'où pourraient provenir les galets saisis, mais ce que je sais, c'est qu'on n'en avait pas encore trouvé en plein air. Le jour où a lieu une perquisition, on découvre des galets. Le hasard apparaît un peu trop providentiel... On peut compter sur mon confrère de Molènes et sur moi pour tirer l'histoire au clair. »

— Émile raconte en détail la perquisition faite par 7 policiers que guidait Regnault.

« C'est par la grange qu'il faut commencer ! » dit l'un d'eux. Regnault, montant sur une caisse à claire-voie, avait atteint une petite excavation creusée dans la maçonnerie. On en retira un galet et plusieurs morceaux de schiste, dont l'un était un quart d'anneau troué. « Voilà un trou qui n'a pas été creusé il y a longtemps » dit un assistant. Examinant alors les outils de la ferme, un des enquêteurs prétendit trouver la mèche qui avait troué le schiste ; le grand-père Fradin haussa les épaules et dit que c'était une mèche à bois. Les policiers emportèrent trois limes servant à affûter les scies. Dans la salle à manger, le chef dit à Regnault de choisir les objets qu'il jugerait bon d'emporter. Émile en demanda vainement une liste. Pendant ce temps, un inspecteur, revenu à l'étable, sortit d'un autre trou du mur deux petits galets ronds dont l'un portait une cupule fraîchement creusée. Après le départ des policiers (6 h. 30), Émile trouva cassés, dans la salle du Musée,

une fusaïole et deux morceaux de briques à signes ; le lendemain
matin, il trouva sous la table les débris d'une des plus grandes briques et d'une des plus belles idoles. « Ce qui nous a paru extraordinaire, dit Émile, c'est que le docteur qui accompagnait les policiers ait pu indiquer du premier coup l'endroit où se trouvaient
des objets dont nous ignorions totalement, mes parents et moi,
l'existence. »

— Regnault dit avoir été fixé en août 1927, à la vue des objets
de Glozel conservés à Nîmes. C'est le parquet qui l'a commis, malgré sa santé chancelante, comme *indicateur*. Si la perquisition a
commencé par l'étable, il n'y est pour rien. « On me prouverait
demain que l'on a fait fausse route, je répondrais : Je n'en suis pas
la cause. » Sur les objets cassés, il refuse de s'expliquer [il les a
cassés, puis en a caché les morceaux. — S. R.]

— Un « maître du barreau » (*Matin* du 28) s'étonne de
la rapidité des opérations, commencées par l'arrivée du
plaignant à Moulins (fin de l'après-midi de vendredi),
suivies le samedi de l'opération faite à Glozel par la brigade de Clermont. Quand donc a-t-elle été alertée ?...
L'opération n'était-elle pas décidée avant même qu'une
plainte ait été déposée ? Ce serait très grave. »

— Massabuau va interpeller au Sénat le garde des sceaux sur
les irrégularités judiciaires signalées par Morlet.

— Les *Débats* racontent que la décision de porter plainte a été
prise à la Sorbonne au cours de la dernière réunion de la S. P. F.
Regnault, accompagné de Garçon, se rendit chez Viple, procureur,
qui confia l'affaire à un substitut, lequel commit le juge d'instruction Python. Les objets suspects, prélevés à Glozel, seront
transportés à Moulins ; ceux qu'on a pris dans le Musée seront
envoyés à la préfecture de police de Paris et confiés à Bayle, chef
du service de l'identité judiciaire.

— L'*Intransigeant* fait remarquer que le rapport de Champion,
visé dans la plainte de la S. P. F., n'avait rien d'officiel et ajoute :
« Les mystificateurs ne sont peut-être pas du côté que l'on pense. »

— Bringuier *(Journal)* se plaint que Morlet lui ait interdit l'accès du Musée, mais, quoique malveillant, ne se dissimule pas la médiocrité des résultats. « Il faut bien dire que la perquisition n'a pas donné les résultats que les magistrats attendaient (outils spéciaux, attirail de faussaire)... Ils ont saisi un livre d'archéologie, des documents photographiques, une sorte de poudre blanche, le dessin d'un animal sur une feuille blanche. Hennet a remarqué, sur une des briques inscrites, les trois lettres d'un mot bien français qui traduit le mépris du faussaire éventuel pour les crédules... La perquisition a apporté une preuve matérielle : celle qu'il y a une fabrique moderne d'objets néolithiques, ou celle qu'une machination diabolique est ourdie autour de Glozel... Si les policiers sont allés droit à l'étable, c'est que deux visiteurs, il y a trois mois, y virent un établi avec des outils de toutes sortes et plusieurs galets gravés. Ils racontèrent cela à un savant antiglozélien [Vayson] qui n'en dit mot. Depuis, les deux témoins ont demandé que leur témoignage ne soit pas utilisé. Il n'est pas impossible que Regnault en ait reçu une indication. »

— La *Liberté* publie une entrevue de Vayson. La perquisition brusquée a été décidée pour éviter de nouvelles querelles d'experts ; Garçon la conseilla. Si l'on alla droit à la grange, « c'est que des visiteurs nous avaient avisés que les Fradin les en écartaient avec soin. » En fouillant la maison, on trouva derrière les livres, posés sur un rayon, un petit lot de cailloux mal travaillés. Les Fradin dirent : « Ce sont les résultats des premières fouilles. » « Non, dit Vayson, des premiers essais de truquage... Si on rapproche les objets ainsi découverts des objets exposés au Musée et qu'on trouve les mêmes procédés de fabrication, il faudra bien convenir que le doute n'est plus possible. »

— Loth *(même journal)* s'étonne du flair de la Commission rogatoire. Le dénonciateur est sans doute le même que le fabricant des galets. Il rappelle les découvertes récentes de Puyravel, qui, pour tout homme de bonne foi, mettent hors de doute celles de Glozel.

— L'*Œuvre*, qui intitule son article *La farce de Glozel*, conseille, comme beaucoup de journaux, de relever les empreintes digitales.

[Il est évident qu'on trouverait celles de Morlet et de Fradin sur les objets d'argile du Musée et cette demande, sur laquelle on insiste, n'est pas à retenir, sauf dans le cas d'une tablette portant au revers une empreinte ancienne qui n'a pas été saisie, bien que Morlet l'eût signalée en août 1927. — S. R.]

— Le *Times* fait observer que les adversaires de Glozel, après avoir longtemps réclamé des analyses, se sont ingéniés, à la dernière heure, pour les empêcher.

— Loth termine sa leçon au Collège de France en rappelant le mot de Björn : *Aveugle ou malhonnête.*

— Begouen *(Petit Parisien)* prétend que les deux fouilleurs du *Matin*, Vauquelin et Clérisse, n'étaient pas d'accord et se sont brouillés, car l'un disait « J'ai trouvé » et l'autre « On nous a fait trouver » Il ajoute : « Je crois bien que nous touchons au dernier acte de cette mystification. »

— Aux *Deux-Anes*, on joue une Revue intitulée : *Kif-kif bourricot.* « Dans la scène sur Glozel, M. Dalio dresse un personnage de gâteux vraiment funambulesque ; mais il n'était pas indispensable qu'il prétendît représenter M. S. Reinach. » *(Journal).*

FÉVRIER 29. — A la 12e chambre José Théry demande que le tribunal ordonne une expertise des fouilles. Le substitut Falco dit qu'il n'est pas coutume, dans les affaires de diffamation, d'ordonner des expertises. Campinchi et de Molènes s'associent à la demande de Théry et le premier critique vivement la perquisition faite à Glozel. Garçon, au nom de Dussaud, combat la demande d'expertise et dit que le parquet de Moulins fera la lumière. Après de vifs incidents entre avocats, le tribunal remet son jugement à huitaine *(Débats).*

— S. Reinach écrit aux *Débats*, exposant que l'*imprimatur* du ministre, dans la brochure de Champion,

est un véritable faux, « le septième à l'actif de ceux dont
la jalousie exaspérée, s'est donné pour tâche de décrédi-
ter la plus belle découverte archéologique de notre temps. »

— Morlet a déclaré que, si les néolithiques de Glozel étaient de
grands artistes, les faussaires sont de piètres dessinateurs, à en
juger par les objets de la grange Fradin *(Débats)*.

— Le *Matin* constate que l'offensive brusquée [et
malhonnête] contre les Fradin a conquis de nouvelles
sympathies à la thèse glozélienne. La plainte en escroquerie est un « coup fourré ». Un conseiller municipal de
Vichy propose de créer une « Société des amis de Glozel ».

— Émile Fradin, venu à Paris pour le procès, donne
de nouveaux détails sur la perquisition *(Matin)*. Regnault insista pour rester seul dans le Musée, pour mettre
en caisse les objets sans les montrer à Émile. La « poudre blanche » saisie est celle qui servait à peindre la
pancarte du Musée ; les dessins saisis sont des calques de
gravures de journaux illustrés. Les deux galets trouvés
par Morlet sur une des poutres de la toiture paraissent
avoir été placés là entre le samedi soir et le dimanche
matin.

— Marcel Sauvage *(Intransigeant)* fait observer que l'opération dut être décidée avant le dépôt de la plainte, vu la déclaration faite par Begouen : « Je l'attendais et, hier soir, en descendant
du train à Paris, j'ai vite consulté les journaux. » [Begouen parle
trop et ne sait pas garder les secrets de la cabale. — S. R.]

— Le *Moniteur du Centre* donne quelques détails sur la découverte du vase cylindrique de Serbannes.

.*.

J'ai exposé ce qui concerne les découvertes et les controverses de Glozel, du 1ᵉʳ mars 1924 au dernier jour de février 1928. Je continuerai à noter les incidents de cette grande querelle, sûr que la vérité prévaudra et que l'aveuglement et l'imposture seront confondus. La morale à tirer de cette longue histoire sera la sanction la plus efficace des fautes commises, des insuffisances révélées. L'une de ces insuffisances, et non la moins criante, est celle de l'enseignement supérieur de tous pays, où l'excès de spécialisation engendre l'indifférence à la vérité. Il est à peine croyable qu'une des découvertes les plus considérables de tous les temps, qui intéresse tout être pensant, n'ait pas éveillé plus d'intérêt chez les historiens, les linguistes, les géologues. Le public a pourtant besoin de conseillers qui l'éclairent, de savants qui soient aussi des gens très instruits et dont la compétence ne se borne pas à forer un trou dans le domaine du connaissable pour y vivre à l'abri des agitations. Cette crise de Glozel n'a pas été, comme on l'a prétendu, la faillite de telle ou telle science, mais celle de la science égoïste et indûment, férocement spécialisée.

APPENDICE

SUR L'HISTOIRE DE LA TIARE

Au cours de la controverse de Glozel, beaucoup de journalistes et quelques archéologues sans scrupules ont cru spirituel de me rappeler l'histoire de la tiare de Saïtapharnès, bijou d'or acquis par le Louvre en mars 1896, à l'unanimité des membres du Comité consultatif et du Conseil des Musées. La tiare a été retirée de la vitrine le 23 mars 1903 et n'a pas été exposée, comme cela avait été décidé d'abord, au Musée des Arts décoratifs.

Depuis 1903, on n'a cessé de m'en reprocher l'acquisition. J'ai dû laisser dire, car, pour mettre fin à cette taquinerie, il m'eût fallu invoquer le témoignage de deux chers maîtres et amis, Ant. Héron de Villefosse et Léon Heuzey, qui ne voulaient plus entendre parler de cette affaire ; chose plus grave, j'aurais eu l'air de rejeter sur eux une responsabilité dont ils étaient, sans l'avoir voulu, déchargés à mes dépens. Aussi, dans les deux longs articles que, seul de tous les archéologues français, j'ai écrits sur l'historique de la tiare (1), j'ai passé sous silence ce que je vais dire aujourd'hui. Je m'étais contenté de remettre une relation complète à un savant plus jeune en le priant de la publier après moi. Mais MM. de Villefosse et Heuzey sont morts en 1919 et en 1922 ; de la séance du Louvre, où l'acquisition de la tiare fut votée, il ne subsiste, avec moi, qu'un seul témoin, qui ne me contredira pas ; enfin, j'ai assez longtemps porté ce chapeau pour en être quelque peu excédé et le mettre bas.

(1) L'*Anthropologie*, 1903, p. 238, 361 ; *Rev. arch.*, 1903, II, p. 104.

A en croire les journalistes, j'aurais présenté la tiare au Louvre,
je l'aurais fait acquérir, j'en aurais soutenu l'authenticité alors
qu'elle était abandonnée de tout le monde. Autant de mensonges
ou d'erreurs.

Lors de l'acquisition de la tiare, j'étais *conservateur-adjoint du
Musée de Saint-Germain ;* je n'ai pas vu la tiare avant d'entrer
en séance, alors qu'elle avait été étudiée par les conservateurs
des antiquités, MM. de Villefosse et Heuzey ; je n'avais que
voix au chapitre et l'achat ne concernait en rien mon département. Mais comme je m'étais occupé des antiquités du Bosphore
cimmérien (Russie méridionale), on pouvait attacher quelque
prix à mon jugement (1).

Il fut d'abord très défavorable ; je déclarai que la tiare ne m'ins-
pirait aucune confiance. Alors, en séance, Héron de Villefosse
m'entreprit et me donna toutes les raisons qui l'avaient convaincu
lui-même, avec bien d'autres savants. Pourtant, avant de me
décider à voter, je dis à Léon Heuzey : « Personne ici ne connaît
aussi bien que vous le costume grec ; ne voyez-vous rien à reprendre ? » — « Rien », me répondit-il... Plus tard, quand la controverse commença dans la presse, je citai une fois Heuzey parmi
ceux qui avaient assisté à cette séance ; aussitôt il me pria, avec
la douce fermeté qui lui était particulière, de ne jamais prononcer
son nom à propos de la tiare, car, dit-il, « quand on l'acheta, j'avais
très mal aux yeux » (ce qui était vrai).

L'acquisition faite, Villefosse présenta la tiare à l'Académie
à laquelle je n'appartenais pas encore (1er avril 1896), mais où
je fréquentais comme auditeur. La séance était présidée par M.
Gustave Schlumberger. Je lui dis à voix basse (nous étions alors
très liés) : « Cette acquisition me fait grand'peur. » — « Oh ! mur-
mura le président, ne dites pas cela, Villefosse en mourrait de
chagrin. » Toute l'Académie — sauf Clermont-Ganneau, qui n'ai-
mait pas Villefosse — était debout et admirait, s'associant aux
félicitations du président.

Dès lors, tourmenté par des soupçons, je ne cessai, tant en
France qu'en Russie, de me renseigner, admettant l'authenticité
jusqu'à preuve du contraire, mais cherchant, pour y croire sans
inquiétude, de nouvelles raisons.

(1) J'avais aussi signalé des fabriques de faux dans la Russie méridionale (*Chronique des arts,* 17 février 1894).

En juin 1896, G. de Kieseritzky, conservateur des antiquités
de l'Ermitage, vint à Paris, vit la tiare et la déclara incontesta-
blement authentique. Le comte Grégoire Stroganoff, un des amateurs les plus compétents de Russie, en dit autant. Les premières
attaques sérieuses se produisirent au mois d'avril de cette année,
date d'un article de Furtwaengler dans *Cosmopolis*, auquel Villefosse répondit en septembre, et d'une déclaration de Stern, conservateur du Musée d'Odessa, au Congrès archéologique de Riga.

En 1898, on apporta au Louvre des objets d'or du même style
que la tiare, mais qui, par l'accumulation des motifs tirés d'Hé-
rodote, trahissaient l'inspiration et la main d'un faussaire. J'écrivis alors dans l'*Anthropologie* (1898, p. 715) : « Ou bien la tiare a
servi de modèle à une officine de faussaires, ou elle est le chef-d'œuvre de cette officine... A l'heure actuelle, aucun archéologue n'a
le droit d'être absolument affirmatif au sujet de la tiare. » Ces
lignes semblèrent si justes à Max. Collignon qu'il les cita, en y
adhérant sans réserves, dans le mémoire qu'il publia sur la tiare
dans les *Monuments Piot* (1899, p. 1-59). On voit combien sont
loin de la vérité ceux qui m'accusent d'avoir défendu la tiare à
tout prix.

A la fin de 1901, le conservateur des antiquités de l'Ermitage
changea d'avis et écrivit à Villefosse que la tiare était « en grande
partie fausse. » Villefosse montra la lettre au directeur des Musées,
Kæmpfen, qui lui dit de n'en point parler, le Louvre possédant
bien d'autres objets fort restaurés et pourtant précieux. Le tort
du conservateur des antiquités fut de ne pas avertir confiden-
tiellement ses collègues. Quand il me révéla la chose, fin mars
1903, ce fut sur une promesse préalable de secret.

Le 17 mars 1903, un fumiste de Montmartre, Elina, se dit l'auteur de la tiare. Ce fut alors moi qui écrivis à un journal que le
prétendu auteur, désigné dès août 1896 en Russie, n'était pas
Elina, mais Razoumowsky d'Odessa *(sic)*. Sur quoi un orfèvre
russe établi à Paris rétablit le nom, *Rouchoumowsky*, et celui-ci
manda au *Figaro* qu'il était prêt à venir à Paris pour prouver que
la tiare était bien son œuvre (25 mars). Il y réussit aisément, non
sans affirmer, ce qu'il a toujours fait, qu'il avait travaillé d'après
ou sur un objet analogue très mutilé.

Au cours de la polémique qui se poursuivit dans la presse de
mars à juin 1903, les conservateurs du Louvre gardèrent le silence;
mon tempérament ne me portait pas à les imiter. Je soutins que

l'authenticité d'une œuvre d'art devenue célèbre devait être
admise, comme la probité d'un homme, tant qu'on n'avait pas de
preuves du contraire. Les arguments allégués jusque-là, par Furt-
wængler et d'autres, n'étaient pas probants ou ne valaient rien ; je
réclamais une expertise intégrale. Clermont-Ganneau, qui en avait
été chargé par le ministère, recueillit les aveux et les preuves
— convaincantes, celles-là — qu'apportait le ciseleur ; mais il
refusa de rechercher son inspirateur, sans doute un savant russe
dévoyé, n'ayant, disait-il, à s'occuper que de la chose, non des
personnes. Il laissa ainsi planer des doutes qui finirent par se porter
sur moi ! Un jour, je perdis patience. La *Libre Parole* (29 mars)
découvrit que j'avais des relations de famille à Odessa, que j'avais
réclamé, avec mon frère Théodore, l'acquisition immédiate de la
tiare par le Louvre, que Villefosse « pris de court » avait pensé
que je ne pouvais « ni me tromper, ni le tromper ». L'enquête,
concluait le journaliste « devra passer des mains de Clermont-
Ganneau à celles d'un juge d'instruction. » J'écrivis alors à Villefosse qu'étant nommé il avait le droit et le devoir de répondre. Il
le fit avec sa loyauté habituelle (31 mars) :

« Il est absolument faux que MM. Reinach aient réclamé les premiers
l'acquisition de la tiare par le Louvre. C'est moi qui devais être et qui
suis resté, en ma qualité de Conservateur des Antiquités, le représentant du Louvre dans les négociations qui ont eu lieu. Je ne décline aucune responsabilité. M. S. Reinach n'a été appelé à donner son avis que
comme membre du Comité consultatif des Musées Nationaux et au
même titre que ses collègues. M. Th. Reinach a avancé une partie des
fonds nécessaires pour l'acquisition avec le plus complet désintéresse-
ment (1) ; son seul but était de rendre service à l'administration des Musées... Personne ne pourra croire aux insinuations que vous formulez et
contre lesquelles je proteste hautement. »

L'excellent Villefosse perdit ce jour-là l'occasion de dire que
j'avais d'abord, en pleine séance, combattu l'acquisition, ce qui
eût coupé les ailes à la calomnie. Il crut peut-être n'avoir pas le
droit de révéler ce qui s'était passé en comité ; mais je le pouvais
encore moins que lui. Maintenant, après trente-deux ans, il n'y a
plus d'indiscrétion à tout dire. Cela n'empêchera pas les journa-

____

(1) Comme les vendeurs — deux courtiers polonais — insistaient pour
être payés tout de suite, la somme fut avancée par MM. Corroyer et Th.
Reinach, à la prière d'Héron de Villefosse, et remboursée plus tard par
le Louvre.

listes pressés de continuer, par habitude, à me coiffer de la tiare ;
mais les gens qui pèsent leurs paroles sont avertis que, s'ils se
livrent encore à ce petit jeu, ils mériteront d'être traités de menteurs.

S. R.

Février 1928.

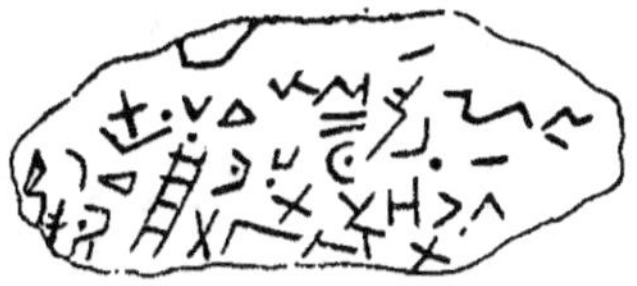

Inscription sur argile
découverte à Alvao (Portugal).

[Phot. dans le *Matin*, 9 février 1928 et dessin de Mendes Correa dans
Primeiro de Janeiro, Porto 1928, 6 février.]

INDEX ANALYTIQUE

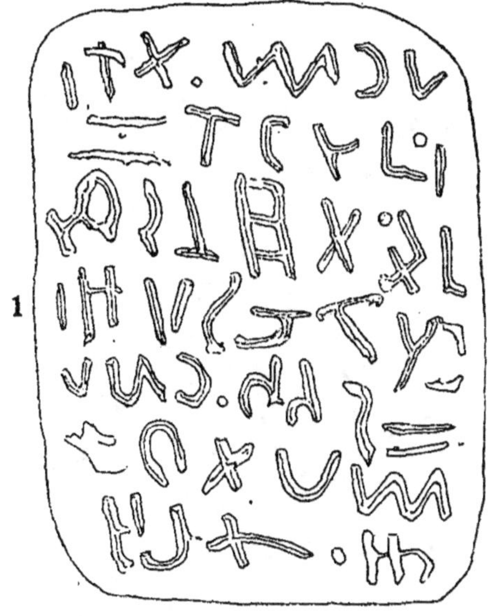

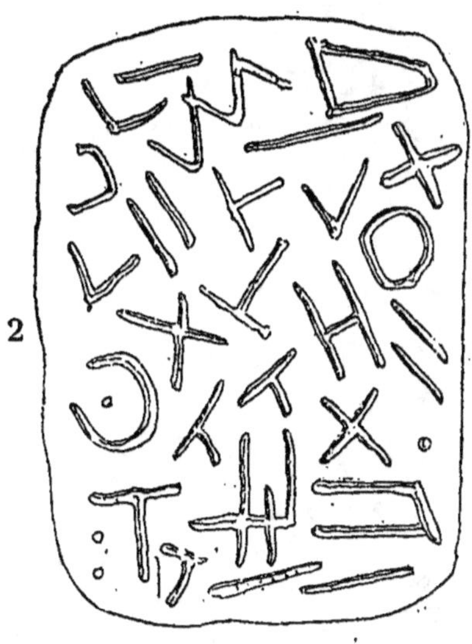

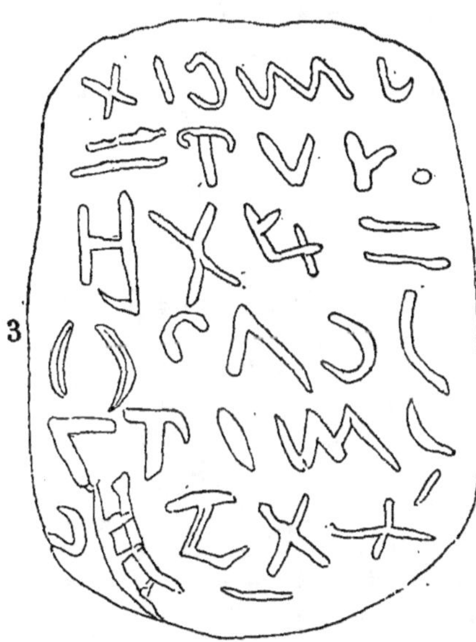

Abréviations usitées : A = Alvao *(Portugalia,* 1903, t. à p.). — Ḿ = *Mercure de France* (date, mois, année) — MF = Morlet-Fradin (4 brochures) — SR = S. Reinach, *La Sculpture en Europe,* 1896 (extr. de l'*Anthropologie*).

Inscriptions : 1. M. 1, 4, 26. — 2. MF. IV, 32. — 3. MF. II, 13

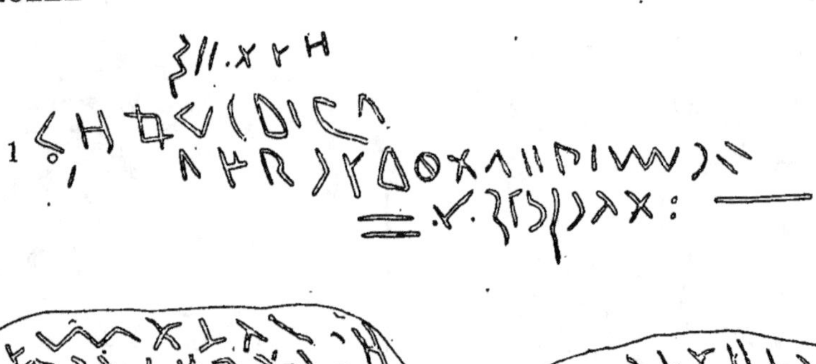

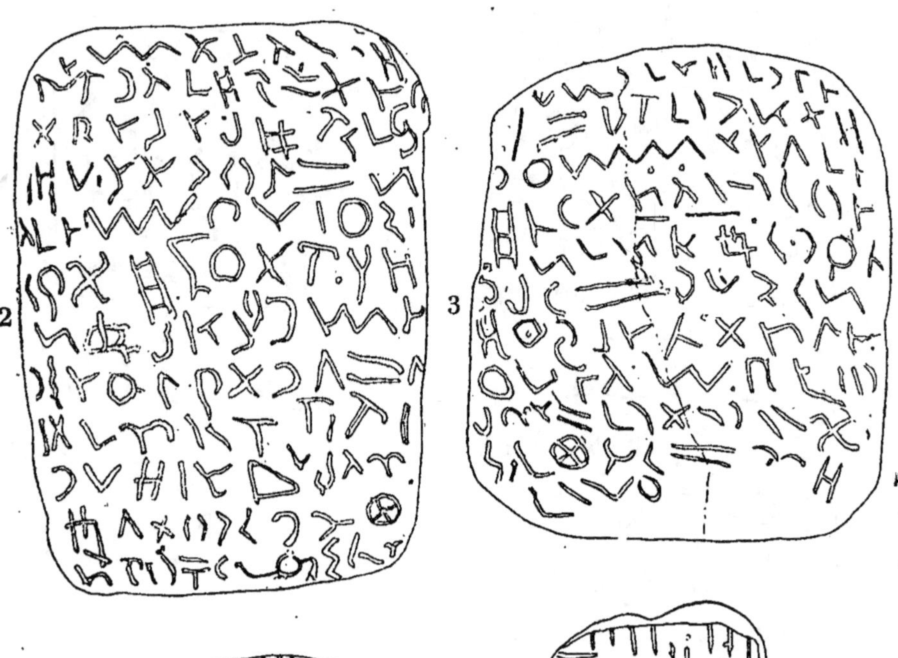

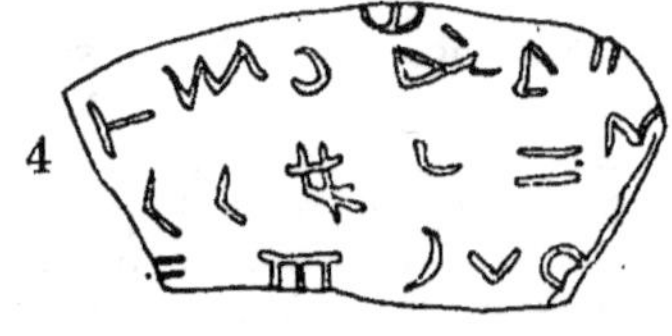

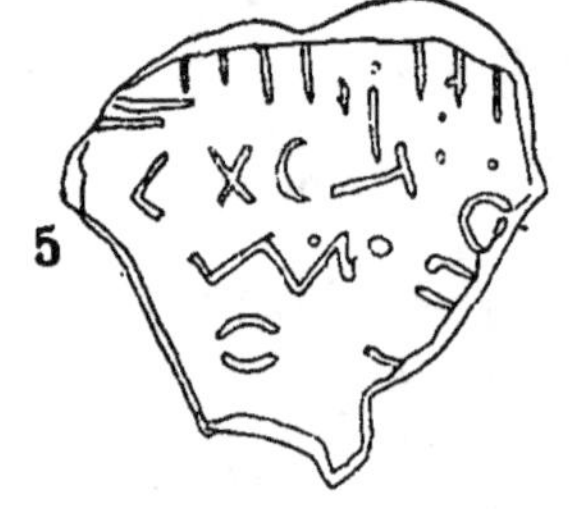

1. M. 15, 7, 27 (sur vase). — 2. MF. II, 33. — 3. MF. III, 32. — 4, 5. M. 1, 7, 27. —
Le n° 2, l'inscr. la plus longue, est celle où l'on a cru lire *Clozel* à la fin.

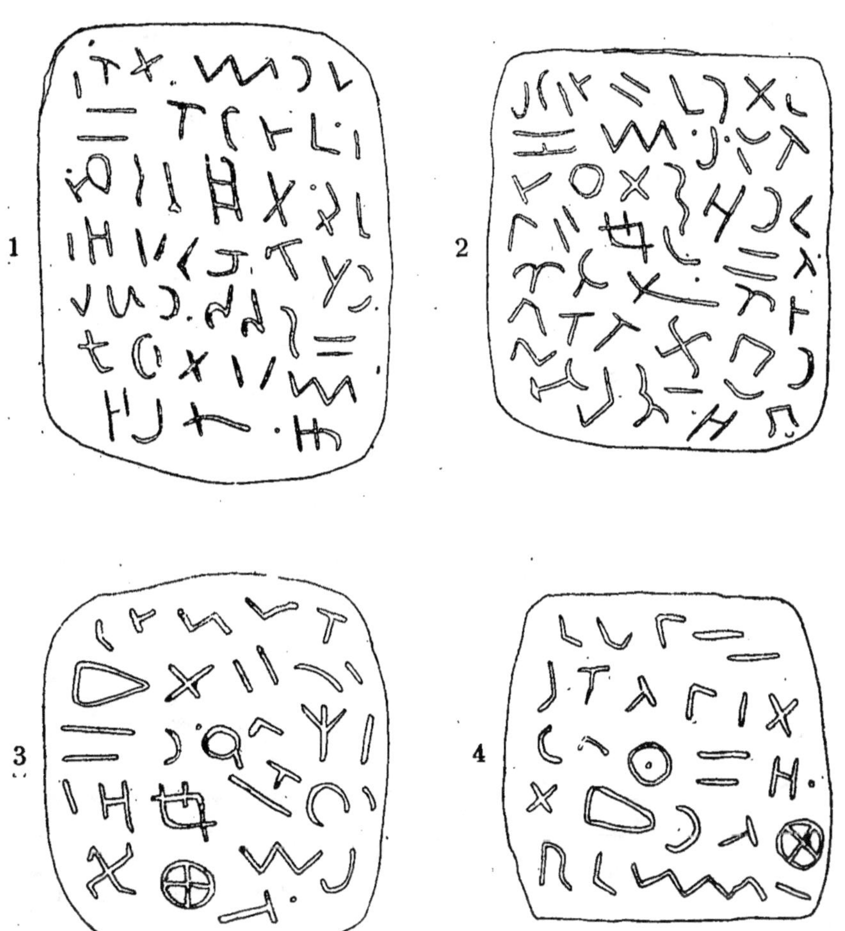

1. MF. 1I, 14. — 2. M. 1, 4, 26. — 3. M. 1, 8, 27. — 4. M. 1, 8, 27.

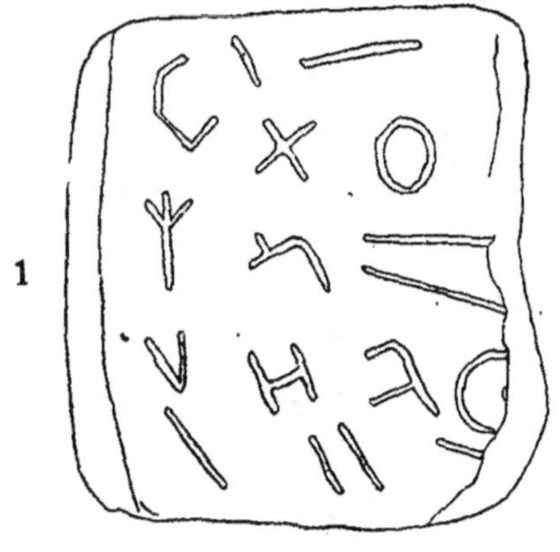

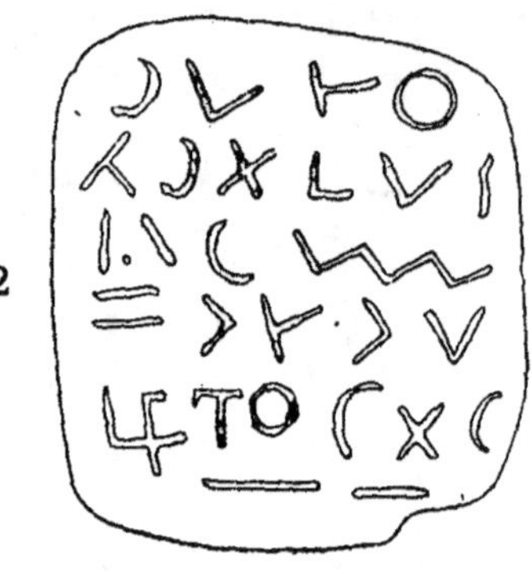

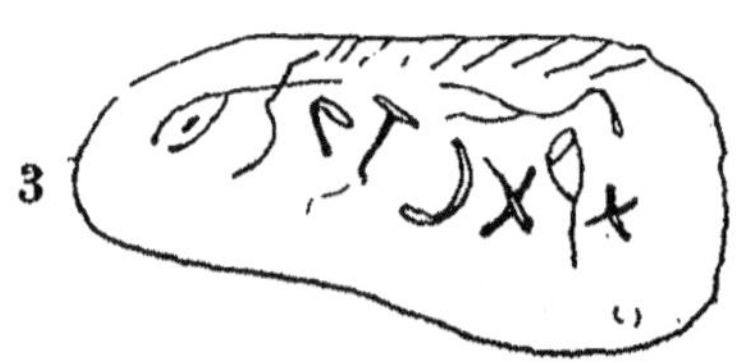

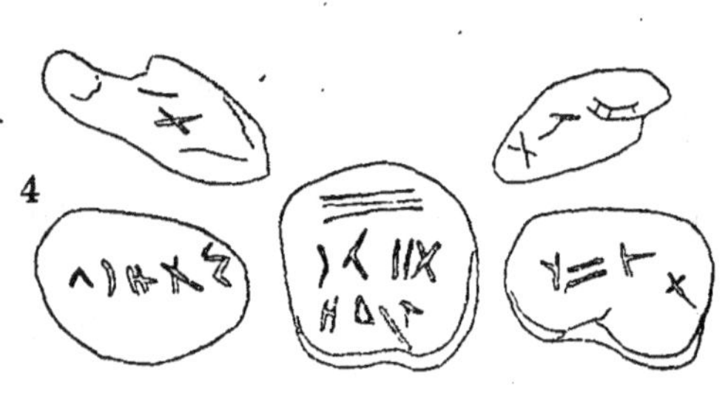

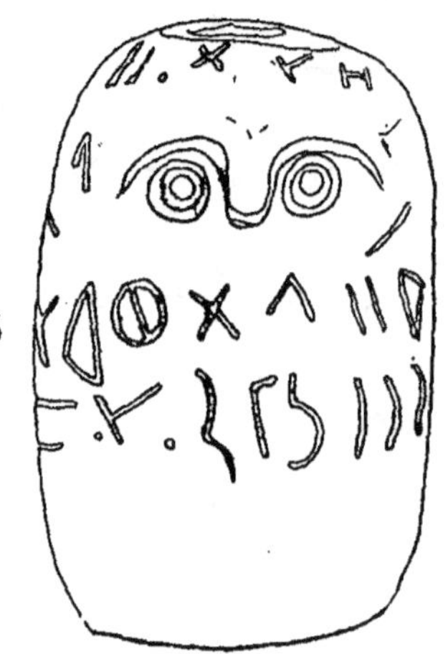

1. M. 1, 11, 27. — 2. M. 1, 11, 27. — 3. M. 1, 4, 26.
— 4. M. 1, 8, 27. — 5. M. 15, 7, 27.

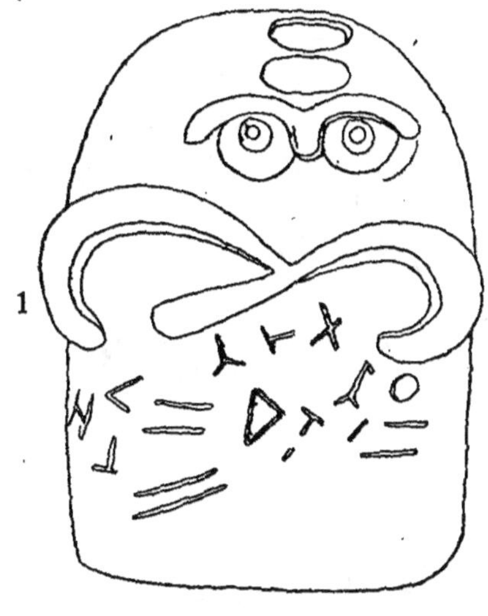

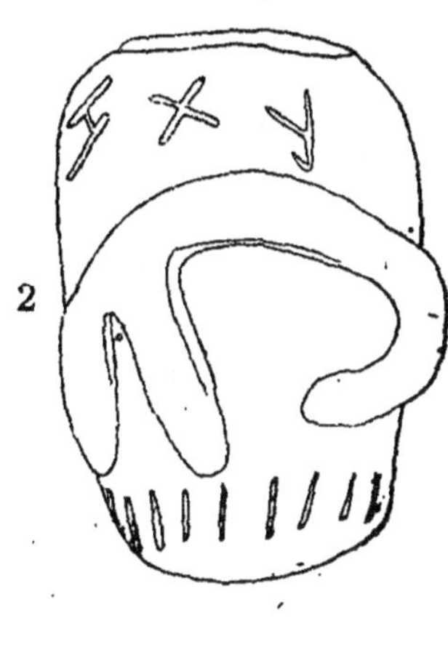

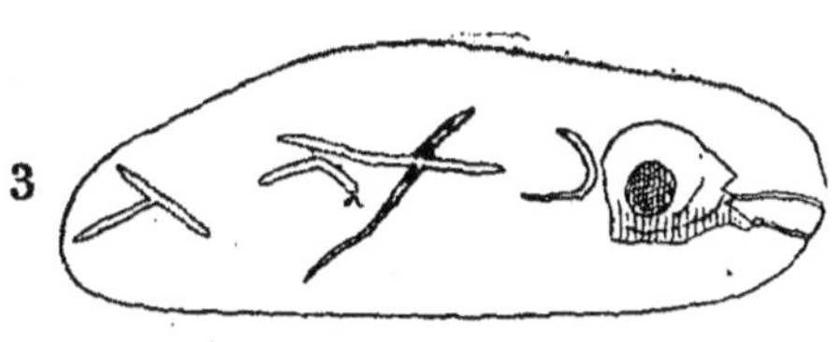

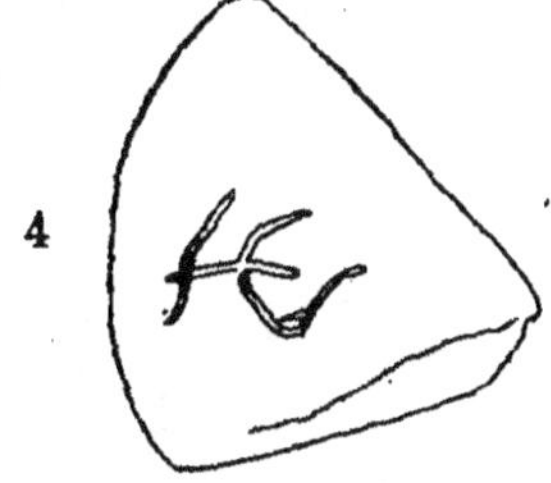

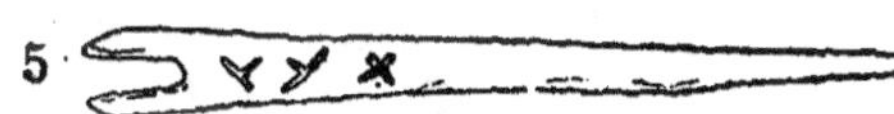

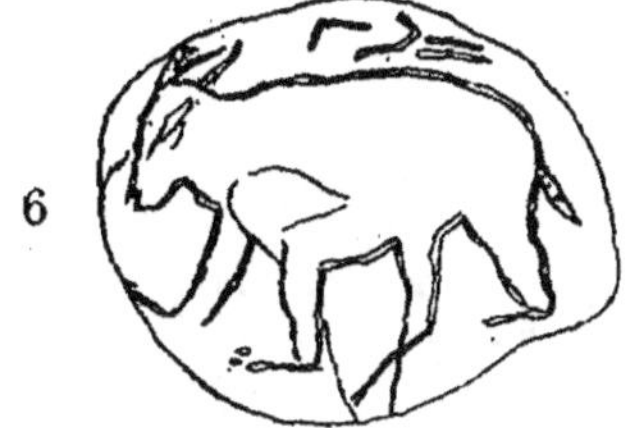

1. M. 15, 7, 27. — 2. M. 15, 7, 27. — 3. MF. II, 21.
— 4. MF. I, 23. — 5. MF. III, 17. — MF. 6. IV,
46 (ours). — 3 et 4, pierres ; 5, os ; 6, galet.

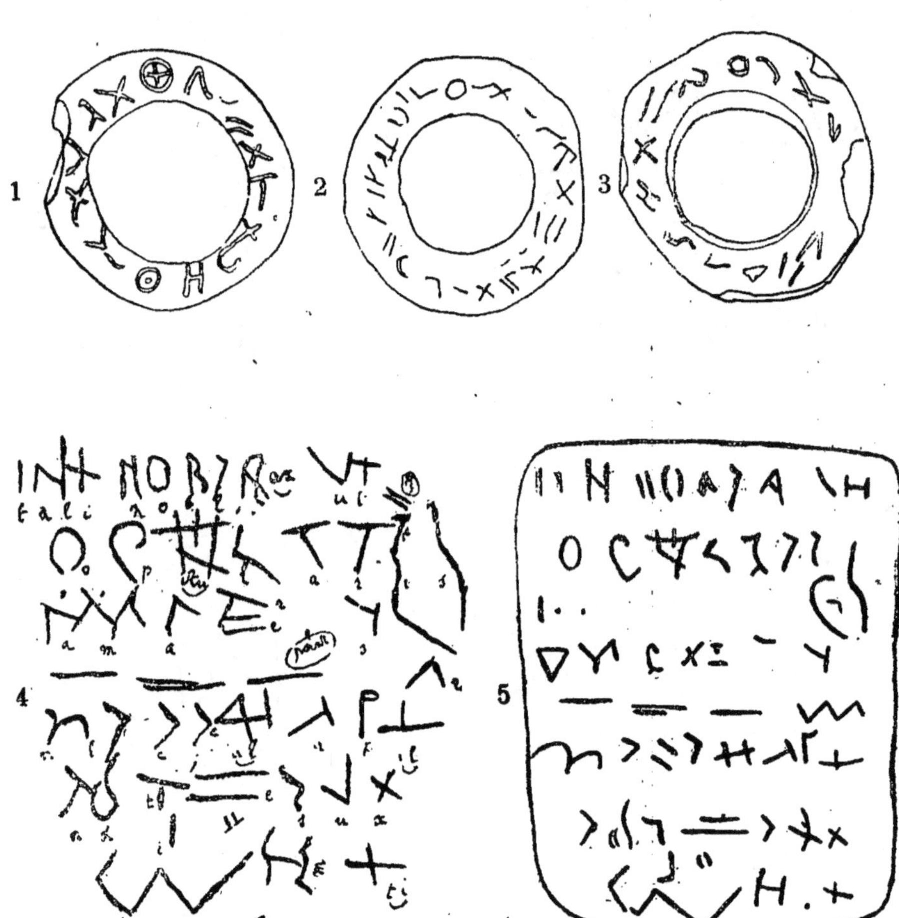

1-3. Anneaux de schiste. M F. III, 11 ; M. 1, 4, 26 ; M. 1, 8, 27. — 4, 5. Transcription très inexacte et transcription plus exacte de la brique gravée MF. I, 14, d'après *Débats*, 12 et 19 nov. 1927.

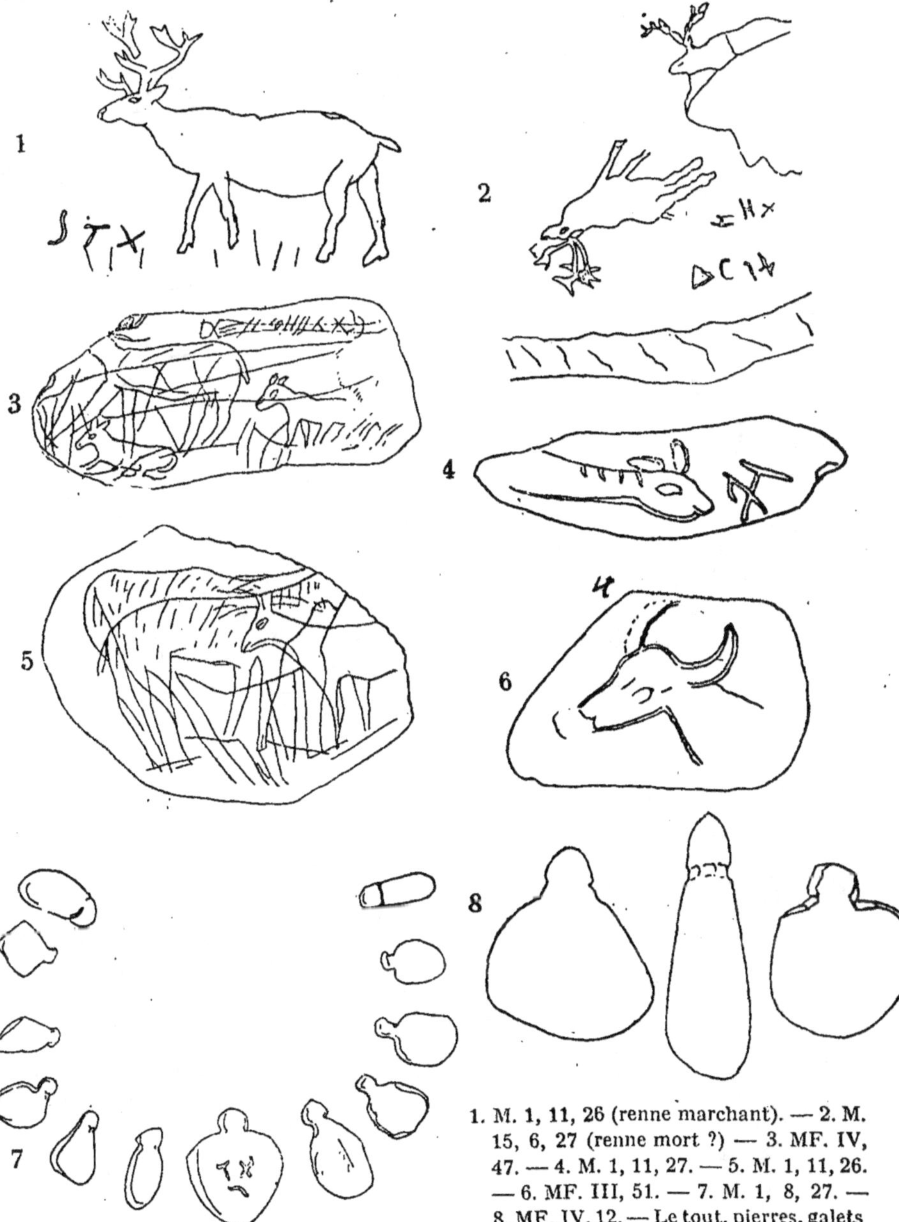

1. M. 1, 11, 26 (renne marchant). — 2. M.
15, 6, 27 (renne mort ?) — 3. MF. IV,
47. — 4. M. 1, 11, 27. — 5. M. 1, 11, 26.
— 6. MF. III, 51. — 7. M. 1, 8, 27. —
8. MF. IV, 12. — Le tout, pierres, galets

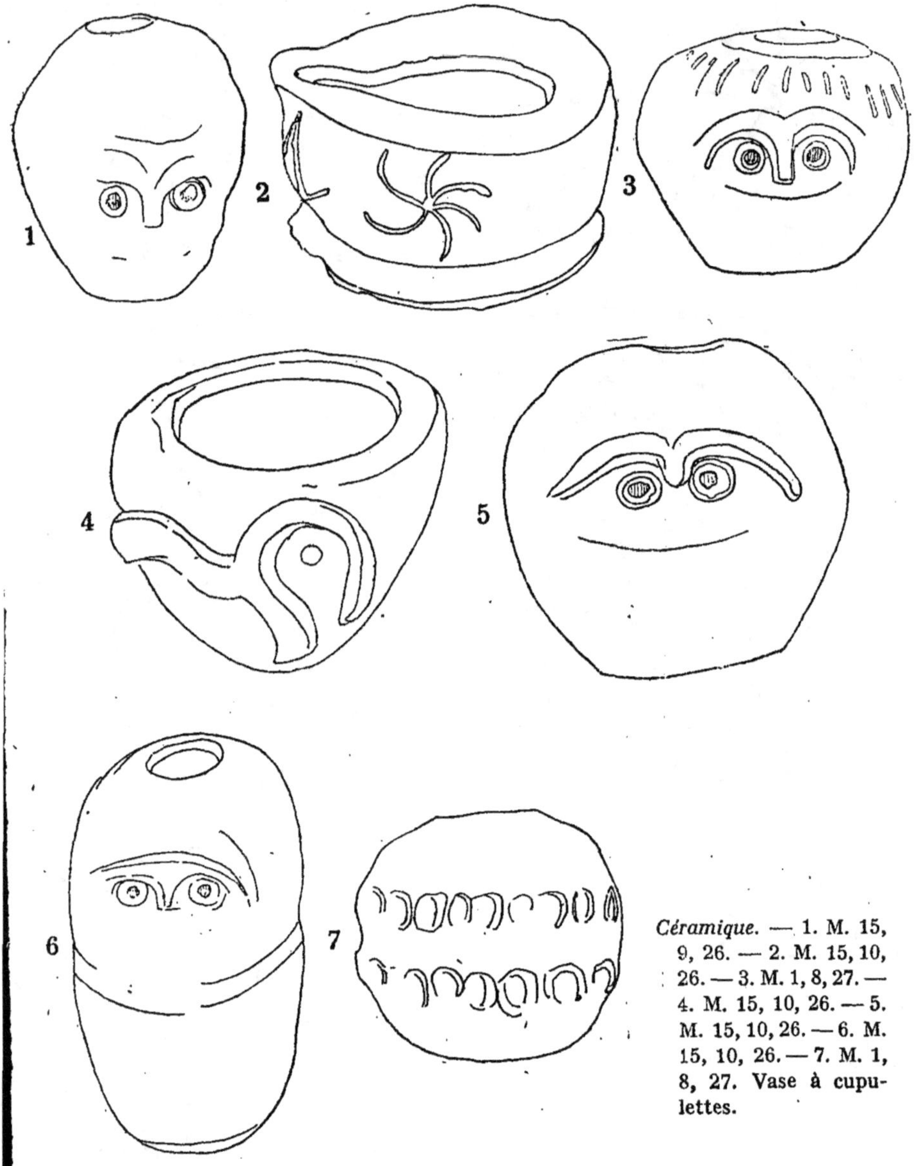

Céramique. — 1. M. 15, 9, 26. — 2. M. 15, 10, 26. — 3. M. 1, 8, 27. — 4. M. 15, 10, 26. — 5. M. 15, 10, 26. — 6. M. 15, 10, 26. — 7. M. 1, 8, 27. Vase à cupulettes.

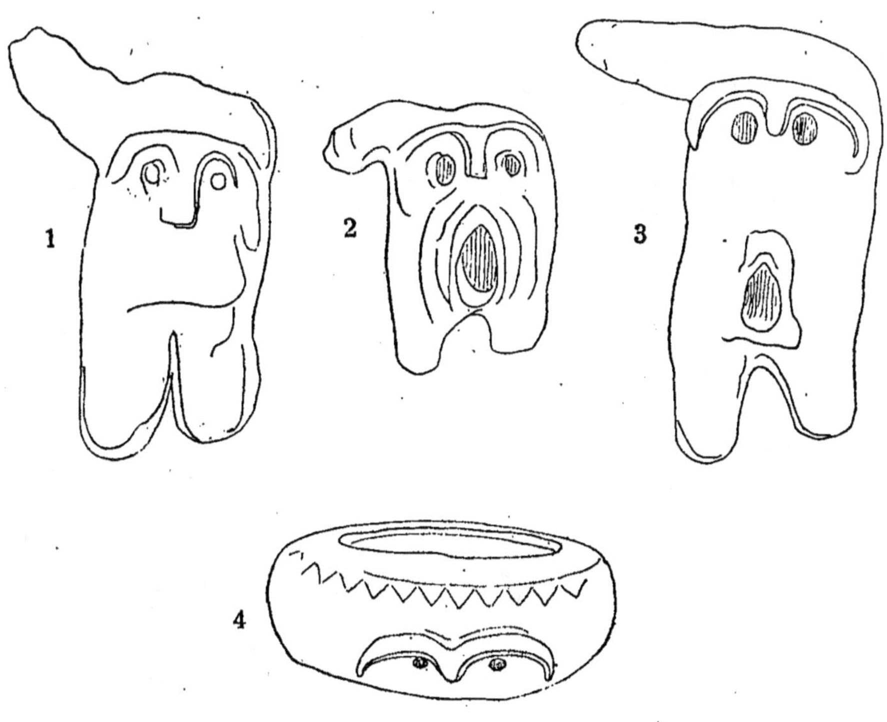

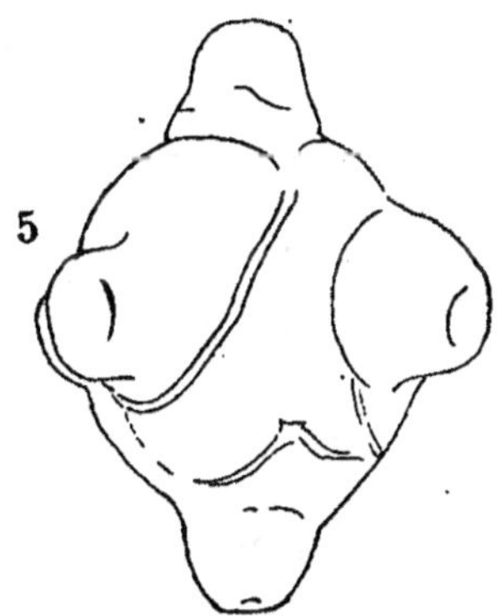

1. *Céramique.* — M. 15, 9, 26. — 2. M. 1, 8, 27. — 3. M. 15, 9, 26. —4. M. 15, 10, 26. — 5. MF. III, 30 (prétendue bobine, peut-être idole).

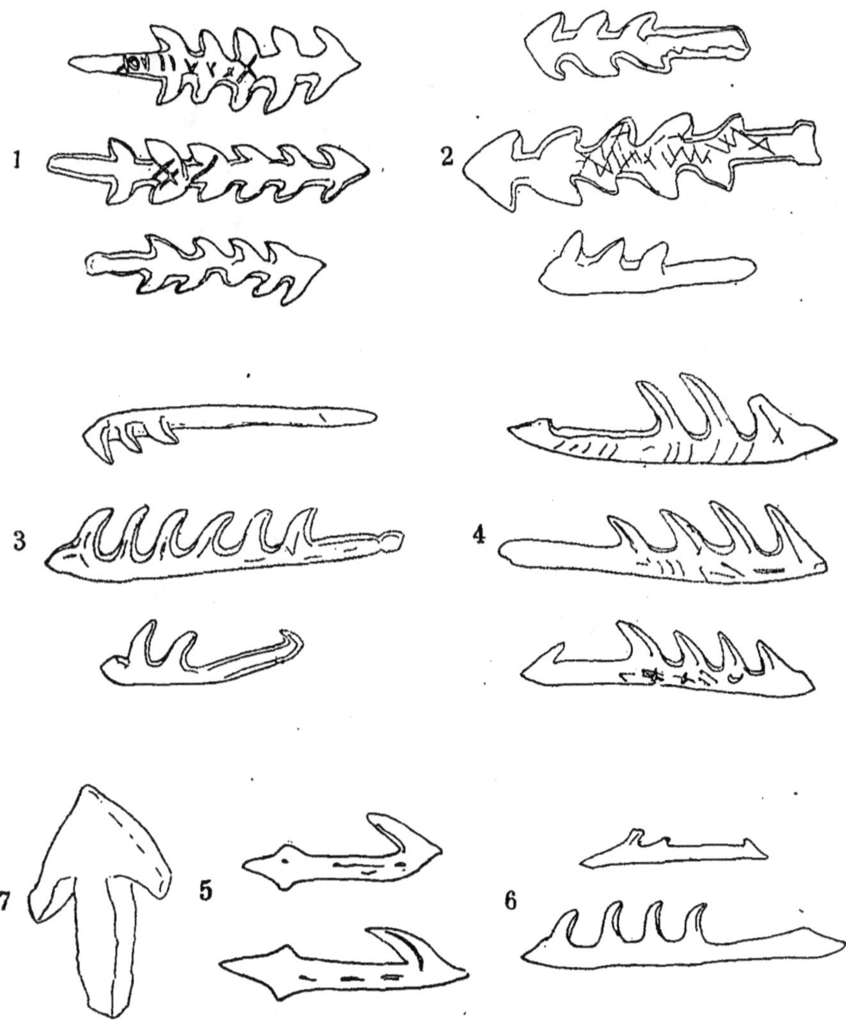

Harpons. 1. MF. III, 52. — 2. MF. IV, 20. — 3. MF. IV, 21. — 4. M. 1, 7, 27. — 5. M. 1, 7, 27. — 6. M. 1, 8, 27. — 7. MF. III, 15 (pointe de flèche en schiste, type scandinave).

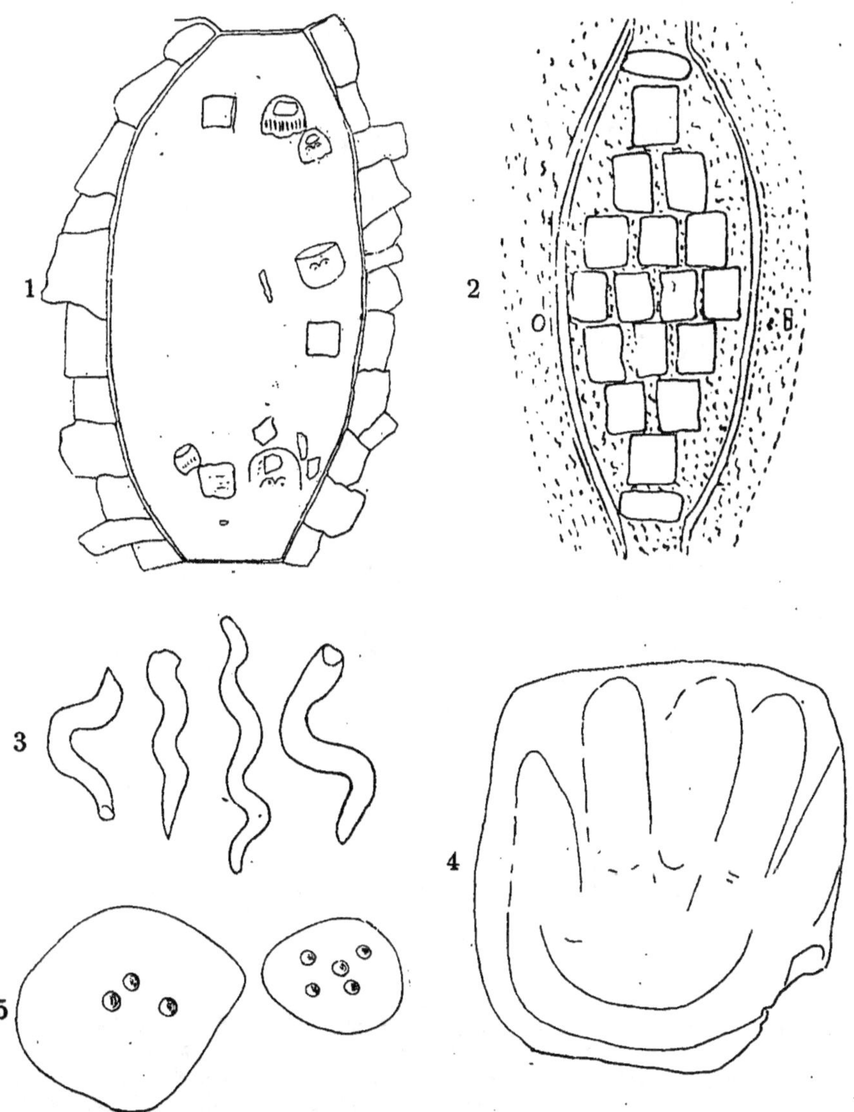

1. Tombe nº 1. M. 1, 8, 27. — 2. Restitution hypothétique de la tombe détruite. MF. I, 7. — 3. Os courbes. M. 1, 7, 27. — 4. Empreinte de main. M. 1 8, 27. — 5. Pierres à cupules. MF. IV. 11,

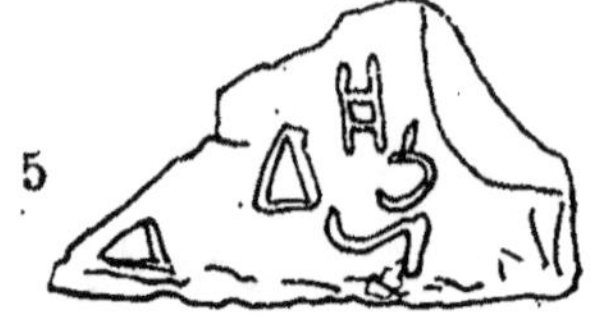

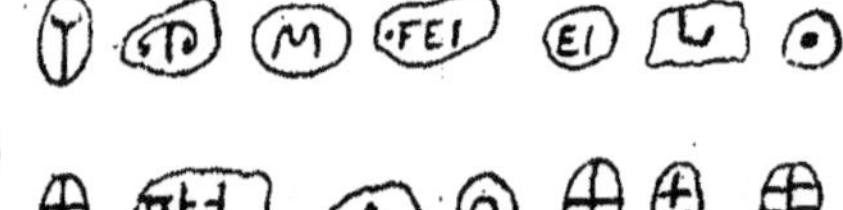

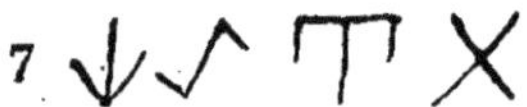

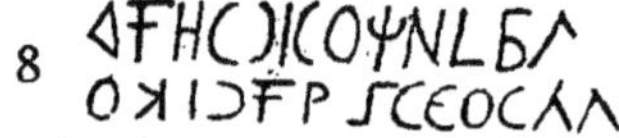

1. Os quaternaire. La Madeleine. Déchelette I, 234. — 2. *Id.* Rochebertier (Charente). *Ibid.* — 3. *Id.* Saint-Marcel (Indre). *Rép. quaternaire,* 174. — 4. Montespan-Ganties, sur paroi (H.-Garonne). *Rev. anthr.* 1923, 546. — 5. Glozel, sur sabot. M. 1, 7, 27. — 6. Galets peints du Mas d'Azil. *Anthrop.* 1896, 426. — 7. Schiste de Montcombroux (Allier). *Bull. Soc. préh.* déc. 1917. — Plomb de Carpentras. *Rev. ét. anc.* 1900, 136.

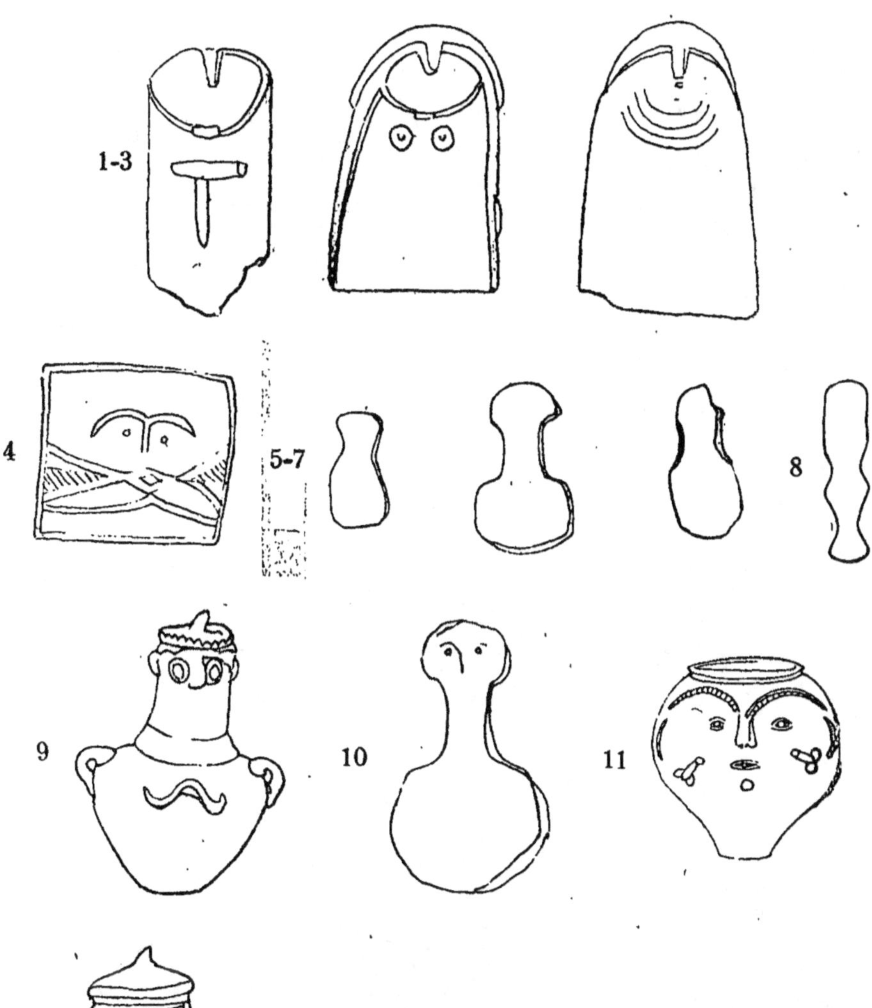

1-3. Grottes de la Marne. SR. 8. — 4. Yorkshire. Calcaire. SR. 29. — 5-7. Idoles de marbre et pierre. Troie (5, 6), El Garcil, Espagne (7). SR. 38. — 8. Troie. Os. *Ibid.* — 9. Vase à visage de Troie. *Ibid.*, 27. — 10. Troie. Marbre. *Ibid.* 24. — 11. Vase à visage avec sexes, de Prusse rhénane. *Ibid.* 28. — 12. Autre de Troie, avec sexe. *Ibid.* 27.

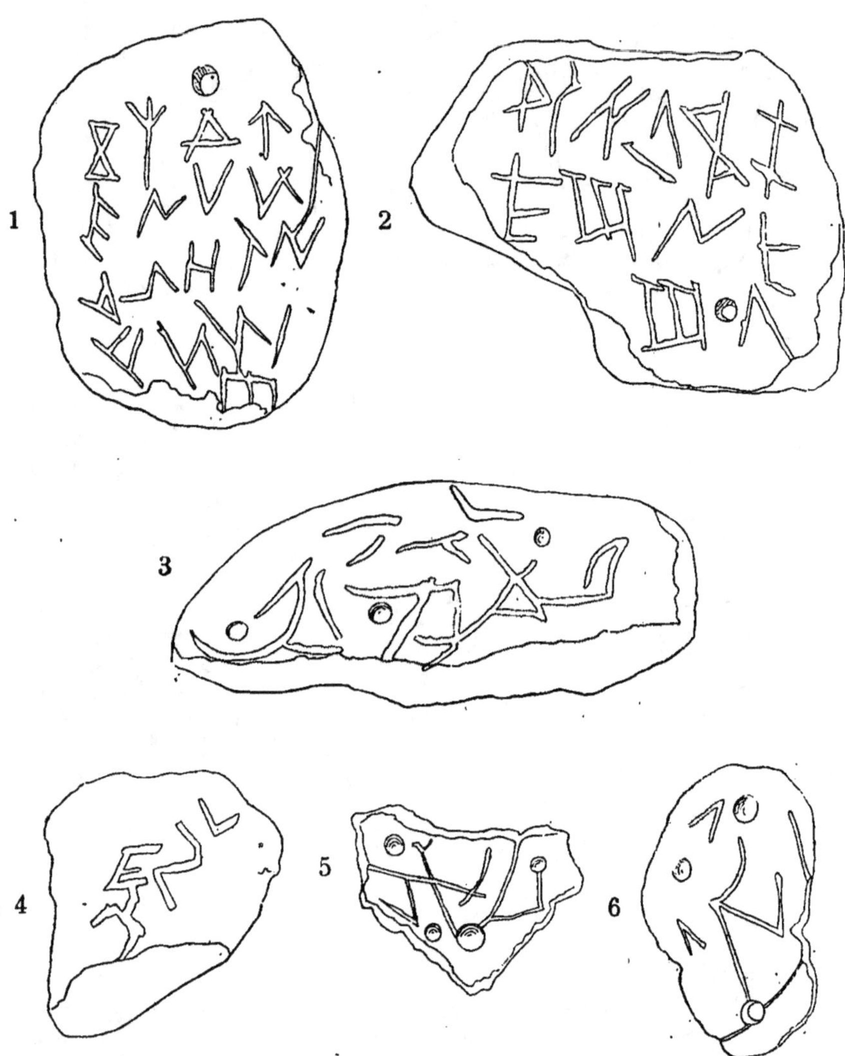

1. A. 34, 76. — 2. A. 35, 77. — 3. A. 35, 78. — 4. A. 44, 72. — 5. A. 44, 73. — 6.
A. 44, 74 (le premier chiflre après A désigne la planche de *Portugalia*).

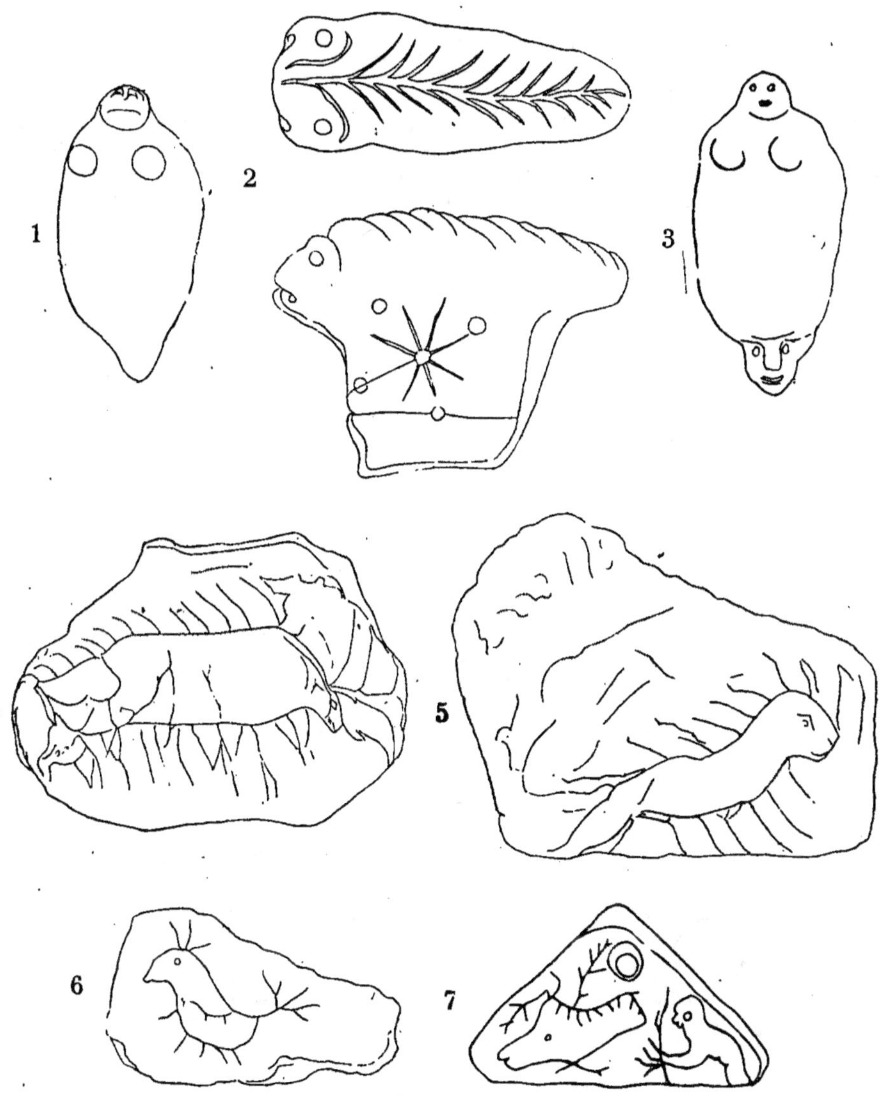

1. A. fig. 10. — 2. A. 35, 54. — 3. A. 36, 54. — 4. A. fig. 12. — 5. A. fig. 13. — 6.
A. 31, J. — 7. A. 38, 66.

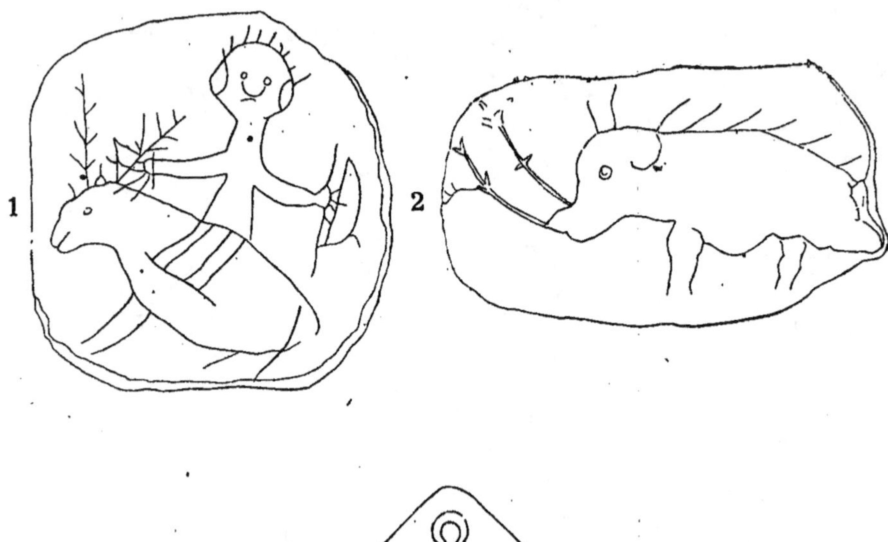

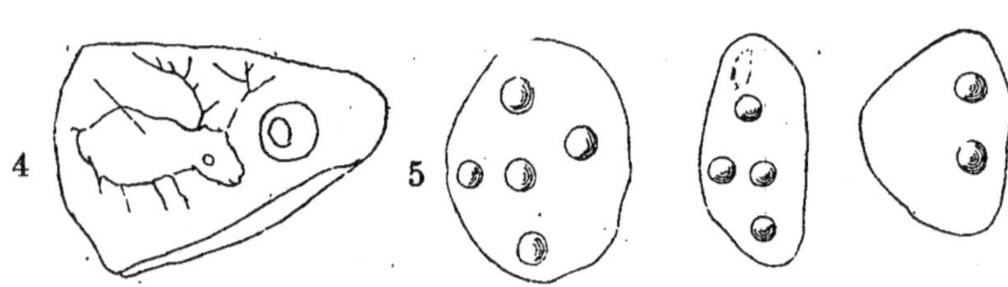

1. A. 43. — 2. A. 32, 69. — 3. A. 37, 42. — 4. A. 37, 64. — 5. Pierres à cupules analogues à celles de Glozel (pl. XI, 5). A. fig. 15-17.

ACHEVÉ D'IMPRIMER
LE VINGT MARS
MIL NEUF CENT VINGT HUIT
POUR
KRA, ÉDITEUR
6, RUE BLANCHE, PARIS
PAR
MAURICE DARANTIERE
A DIJON